NCS

한국환경공단
직업기초능력평가

NCS 한국환경공단
직업기초능력평가

초판 인쇄   2022년 1월 5일
초판 발행   2022년 1월 7일

편 저 자 | 취업적성연구소
발 행 처 | ㈜서원각
등록번호 | 1999-1A-107호
주   소 | 경기도 고양시 일산서구 덕산로 88-45(가좌동)
교재주문 | 031-923-2051
팩   스 | 031-923-3815
교재문의 | 카카오톡 플러스 친구[서원각]
영상문의 | 070-4233-2505
홈페이지 | www.goseowon.com
책임편집 | 정상민
디 자 인 | 이규희

PREFACE

우리나라 기업들은 1960년대 이후 현재까지 비약적인 발전을 이루었다. 이렇게 급속한 성장을 이룰 수 있었던 배경에는 우리나라 국민들의 근면성 및 도전정신이 있었다. 그러나 빠르게 변화하는 세계 경제의 환경에 적응하기 위해서는 근면성과 도전정신 이외에 또 다른 성장 요인이 필요하다.

최근 많은 공사·공단에서는 기존의 직무 관련성에 대한 고려 없이 인·적성, 지식 중심으로 치러지던 필기전형을 탈피하고, 산업현장에서 직무를 수행하기 위해 요구되는 능력을 산업부문별·수준별로 체계화 및 표준화한 NCS를 기반으로 하여 채용공고 단계에서 제시되는 '직무 설명자료'에서 제시되는 직업기초능력과 직무수행능력을 측정하기 위한 직업기초능력평가, 직무수행능력평가 등을 도입하고 있다.

한국환경공단에서도 업무에 필요한 역량 및 책임감과 적응력 등을 구비한 인재를 선발하기 위하여 NCS 기반의 직업기초능력평가와 직무수행능력평가를 치르고 있다. 본서는 한국환경공단 채용대비를 위한 필독서로 한국환경공단 직업기초능력평가의 출제경향을 철저히 분석하여 응시자들이 보다 쉽게 시험유형을 파악하고 효율적으로 대비할 수 있도록 구성하였다.

신념을 가지고 도전하는 사람은 반드시 그 꿈을 이룰 수 있습니다. 처음에 품은 신념과 열정이 취업 성공의 그 날까지 빛바래지 않도록 서원각이 수험생 여러분을 응원합니다.

STRUCTURE

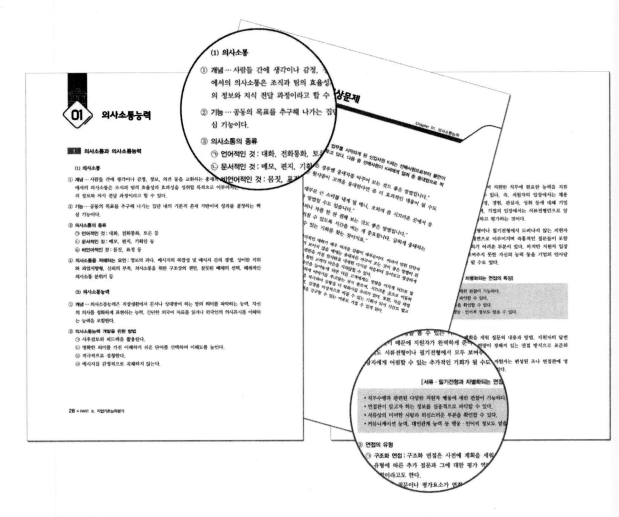

핵심이론정리

NCS기반 직업기초능력평가에 대해 핵심적으로 알아야할 이론을 체계적으로 정리하여 단기간에 학습할 수 있도록 하였습니다.

출제예상문제

다양한 유형의 출제예상문제를 다수 수록하여 실전에 완벽하게 대비할 수 있습니다.

인성검사 및 면접

취업 성공을 위한 실전 인성검사와 면접기출까지 수록하여 취업의 마무리까지 깔끔하게 책임집니다.

CONTENTS

PART Ⅰ 한국환경공단 소개

01 공단소개 ··· 8

02 채용정보 ··· 16

PART Ⅱ 직업기초능력평가

01 의사소통능력 ··· 22

출제예상문제 / 32

02 수리능력 ··· 82

출제예상문제 / 92

03 문제해결능력 ··· 128

출제예상문제 / 134

04 조직이해능력 ··· 176

출제예상문제 / 186

PART Ⅲ 인성검사

01 인성검사의 개요 ··· 232

02 실전 인성검사 ··· 251

PART Ⅳ 면접

01 면접의 기본 ··· 260

02 면접기출 ··· 277

PART

I

한국환경공단 소개

01 공단소개

02 채용정보

01 공단소개

1 소개

한국환경공단은 환경부 산하 준정부기관으로서, 기후·대기, 물·토양, 폐기물·자원순환, 환경보건, 환경산업지원 등 환경 전 분야에서 대한민국과 세계의 환경을 건강하고 깨끗하게 가꾸기 위해 노력하고 있는 글로벌 종합환경서비스기관이다.

2 설립근거 및 목적

한국환경공단은 환경오염방지·환경개선·자원순환 촉진 및 기후변화대응을 위한 온실가스 관련 사업을 효율적으로 추진함으로써 환경 친화적 국가발전에 이바지함을 목적으로 설립되었다(한국환경공단법 : 법률 제12519호).

3 미션

환경개선과 자원순환촉진 및 온실가스 감축을 통한 환경친화적 국가발전에 기여

4 비전 및 슬로건

① 비전

> 환경, 우리의 미래
> 미래를 여는 K-eco

우리 삶의 미래가 환경에 달려 있으며, 그 미래를 만들어 나가는 주역이 바로 한국환경공단이라는 의미를 담고 있다.

② 슬로건 ⋯ 자연 가까이, 사람 가까이(자연과 국민생활을 가까이서 보다 나은 삶의 환경을 조성하기 위해 노력하는 공단의 모습)

5 핵심가치

① 안전 ··· 인간 존중의 철학을 바탕으로 직원, 협력업체, 고객, 국민의 생명과 안전 보호

② 공정 ··· 투명한 경영과 청렴한 업무처리로 고객과 국민의 신뢰 확보

③ 소통 ··· 직원, 고객, 국민과 더불어 환경의 가치와 환경보전의 편익을 공유

④ 전문성 ··· 환경보전 기술과 노하우를 발전시켜 국민이 체감하는 깨끗한 환경 조성

6 경영방침

① 안전경영 ··· 안전한 일터, 안전한 환경을 구현하는 경영

② 원칙경영 ··· 핵심경쟁력 강화를 통한 미래성장동력 창출

③ 열린경영 ··· 대화와 소통, 믿음과 신뢰의 경영

④ 가치경영 ··· 사회적 가치를 구현하는 혁신 경영

7 전략목표

비전 달성을 위한 전략 목표를 정하고 적극 추진하고 있다.

전략과제		⇨	전략목표
국가 탄소중립 정책과 설립 목적에 반영된 온실가스 감축 반영		⇨	탄소중립 지향 기후대기환경
국가 탄소중립 추진기반 구축 선도	첨단 대기 모니터링 체계		
「탄소중립기본법」 반영 등 기후위기 대응 중심의 물관리 추진		⇨	기후위기 대응 스마트 물관리
글로벌 선도 수질관리 체계	똑똑한 물관리, 견실한 물산업		
정부의 순환경제 활성화 및 폐기물 제로 자원순환 정책 반영		⇨	순환경제 중심 자원순환 확산
폐기물 관리 패러다임 전환	자원 선수환 관리체계 구축		
경제·사회의 녹색전환 등 정부정책 부응과 국민생활 안전망 구축		⇨	녹색전환·안전환경 선도
저탄소 생태계 및 에너지 전환 실현	유해환경 개선 및 삶의 질 향상		
지속가능한 성장을 위한 ESG 경영체계 구축과 안전시스템 확립		⇨	국민신뢰 사회가치 구현
ESG 기반 사회적 가치 혁신	안전 최우선 일터 조성		

8 주요사업

① 기후대기

  ㉠ 온실가스 감축 정책지원
  - 온실가스·에너지 목표관리제 운영
  - 온실가스 배출권거래제
  - 국가 온실가스 배출량 통계 구축
  - 지자체 온실가스 감축기반 구축
  - 감축설비 지원사업
  - 냉매관리 및 처리기반 구축

  ㉡ 기후변화대응 역량강화
  - 온실가스관리 전문인력양성
  - 탄소포인트제 운영
  - 기후변화특성화 대학원
  - 그린캠퍼스 선정 및 운영지원
  - 기후변화 홍보포털사이트

  ㉢ 대기질 및 대기환경 관리
  - 국가대기오염측정망 운영·관리
  - 대기총량관리업무
  - 굴뚝원격감시체계
  - 도로 재비산먼지 관리

  ㉣ 자동차 환경사업 추진
  - 자동차 인증시험 및 검사
  - 운행차 배출가스 원격측정(RSD) 수시점검
  - 전기자동차 보급 활성화
  - 자동차 배출가스 종합전산시스템 운영

  ㉤ 악취관리
  - 공공환경시설 악취기술진단
  - 악취배출사업장 기술지원
  - 악취물질 측정·분석

② 물토양

  ㉠ 통합물관리지원
  - 통합물관리정책지원
  - 통합물관리협력사업

ⓛ 하수도 정책지원
- 하수도정책지원
- 개인하수 정책지원
- 하수도정비기본계획 기술검토
- 공공하수도 시설 설치사업의 기술검토
- 도시침수 예방을 위한 하수도 정비대책 기술검토
- 물 재이용 정책지원
- 고도처리시설 성능확인 기술지원
- 하수도정보시스템 및 통계정보

ⓒ 토양 · 지하수 관리
- 토양지하수정책지원
- 토양오염조사 및 관리
- 토양정화사업
- 지하수 수질전용측정망 설치 운영
- 지하수 수질조사 및 관리

ⓔ 수질오염 관리 및 방제
- 국가 수질자동측정망 운영 · 관리
- 수질원격감시체계 구축 및 운영
- 수질오염사고 감시 · 예방 및 방제지원

ⓜ 생태독성 및 TOC 기술지원
- 생태독성관리 기술지원
- TOC관리 기술지원
- 자료실
- 생태독성 종합정보 바로가기

③ 자원순환
ⓐ 자원순환사업
- 자원순환사업 창업지원사업 및 기술지도사업 지원
- 포장재질 · 포장방법 검사 및 분리배출표시 재질시험
- 의료폐기물 전용용기 검사
- 환경통계정보

ⓑ 자원순환제도 운영관리
- 폐기물부담금제도
- 자발적협약제도
- 생산자책임재활용제도
- 환경성보장제도

- 분리배출표시제도
- 빈용기보증금제도
- 순환자원 인정 기술검토
- 자원순환 성과관리제도
- 재활용환경성평가
- 폐기물처분부담금제도

ⓒ 폐기물관리
- Allbaro시스템 운영
- RFID기반 음식물쓰레기 관리체계 구축·운영
- 수출입폐기물 관리시스템 운영
- 가축분뇨전자인계관리시스템
- 순환자원정보센터 운영
- RFID기반 의료폐기물관리시스템 구축·운영

ⓔ 폐자원에너지 관리
- 고형연료(SRF) 신고 및 검사제도
- 고형연료(SRF) 품질등급제
- 폐자원에너지 종합정보관리시스템
- 압수물자원화사업
- 영농폐기물 수거·처리사업

④ 환경시설
ⓐ 수생태복원 및 수처리시설 설치지원 사업
- 생태하천복원
- 비점오염저감사업
- 수생태 환경기초시설
- 수처리기술진단 및 환경시설 기술지원

ⓑ 상하수도시설 설치·운영
- 상하수도시설
- 설계의 경제성 등 검토(VE)
- 하수도시설 통합·운영 관리
- 기술자문위원회 운영
- 환경기술전문서 발간

ⓒ 환경에너지화 시설 설치·지원
- 환경에너지화 기반 확대
- 환경에너지화 시설설치 지원사업
- 폐기물처리시설 최적화

- 폐자원에너지화 · 재활용 전문인력 양성사업

ⓔ 해외사업 및 국제협력

- 해외환경사업 추진
- 국제환경교류 협력
- 국제환경전문가 육성
- 환경동향 자료집
- 국외출장 결과

ⓜ 환경영향평가서 등 검토 및 통합환경 관리제도

- 환경영향 조사
- 통합환경관리제도

⑤ 국민건강

ⓖ 대국민 생활밀착형 환경서비스

- 환경사랑 홍보교육관 운영
- 층간소음 이웃사이 서비스 운영
- 소음 · 진동 측정망 운영 · 관리
- 실내공기질 자동측정망 운영 · 관리
- 빛공해 실태조사 및 기반구축

ⓛ 환경보건서비스 제공

- 석면안전관리
- 석면 측정 · 분석
- 라돈 무료측정 및 저감컨설팅

ⓒ 유해물질관리

- 잔류성유기오염물질(POPs) 측정 · 분석
- 폐기물 및 고형연료 시험 · 분석
- 화학물질 유해성 시험(GLP)
- 유해화학물질 취급시설 검사 및 안전진단
- 중소규모 사업장 화학안전관리
- 화평법 공동등록 지원
- 화학물질 등록면제 확인

ⓔ 환경오염물질 배출 방지 · 저감

- 유증기회수설비 및 저녹스버너 사업
- 환경측정기 검사
- 폐기물처리시설 검사 · 진단
- HAPs 비산배출시설 정기점검 및 기술지원

9 동반성장

(1) 추진전략

동반성장비전	"중소기업과 함께하는 환경산업 생태계 선도기관"	
목표	"유망 중소 파트너 발굴을 통한 지속가능 성장기반 확보"	

전략방향	원스톱 지원을 통한 유망 중소 파트너 발굴 육성	동반성장 협력기관 구축
추진기반	동반성장 파트너쉽 구축	환경분야 원스톱 지원 체계 구축

(2) 한국환경공단 동반성장 헌장

– 한국환경공단은 중소기업을 동반자적 상생 파트너로 인식하고 지속적인 소통과 협력으로 중소기업 동반성장 문화조성에 앞장서겠습니다.

– 한국환경공단은 환경생태계 조성 및 활성화를 통해 환경분야 산업계의 창조경제 발전에 앞장서겠습니다.

– 한국환경공단은 협력중소기업의 기술개발 지원 및 국내·외 판로확대 등 체계적인 시스템 지원등을 통해 중소기업경쟁력 향상에 앞장서겠습니다.

– 한국환경공단은 불공정거래 근절, 법과 윤리 준수 등을 통해 건강한 동반 성장 문화정책에 앞장서겠습니다.

(3) 4대 추진전략

① 환경분야 중소기업 경쟁력강화

② 중소 협력사 판로확대 지원

③ 공정한 협력관계 구축

④ 코로나19 대응 중소기업 지원 강화

(4) 8대 중점추진과제

① 중소기업 성과공유제 확산을 통한 매출증가

② 협력이익공유제 확산 및 보상체계 구축

③ 우수 중소기업 및 사회적 기업

④ 물분야 중소기업에 대한 국내외 판로지원

⑤ 혁신기술 중소기업 지원 시스템 구축

⑥ 하도급 관리강화를 통한 공정거래 실현

⑦ 중소사업장 코로나 대응역량 강화 지원

⑧ 동반성장몰 구축으로 온라인 판로확대

02 채용정보

1 응시자격

(1) 공통 지원자격

① 학력, 성별, 연령 제한 없음(단, 공단 정년 만 60세 미만인 자-임용 예정일자 기준)
   ※ 고졸제한 전형의 경우, 22년 1월 또는 2월 고등학교 졸업자(고등학교장 추천자)만 대상으로 함. 단, 북한이탈
   주민(채용목표제 해당자)의 경우, 지원자격 참고

② 임용예정일부터 즉시 업무 가능자

③ 공단 인사규정 제16조에 따른 결격 사유가 없는 자

④ 남자의 경우, 병역필 또는 병역 면제자('22. 2. 28. 기준)
   ※ 전역예정일이 '22. 2. 28. 이전인 경우 지원 가능, 단, 고졸제한 전형의 경우 병역사항 제한 없음

⑤ 모집구분 및 직렬 간 복수지원 불가

(2) 일반 전형-사무직 · 기술직 6급, 공무직, 운영직 8급

① 일반직 6급(사무직 · 기술직 6급) : 공통 지원자격을 충족한 자

② 일반직 8급
   ㉠ 장애인 전형(사무직 · 기술직 8급)
   • 공통 지원자격을 충족한 자
   • 「장애인고용촉진 및 직업재활법」에 따른 장애인
   • 장애인에 한하여 응시 가능(장애인증명서 등 제출 필수
   ㉡ 고졸 전형(사무직 · 기술직 8급)
   • 공통 지원자격을 충족한 자
   • '22년 1월 또는 2월 고등학교 졸업예정자로 고등학교장의 추천을 받은 자
   • 다문화가정(1명) : 「다문화가족지원법」에 의한 다문화가족 자녀이며, 입사지원서 접수 마감일
   기준 대한민국 국적을 취득한 사람으로 한국어 구사가 자유로운 사람
   ※ 상기 고졸자로 고등학교장 추천서 필수 제출
   • 북한이탈주민(2명) : 「다문화가족지원법」에 의한 다문화가족 자녀이며, 입사지원서 접수 마감
   일 기준 대한민국 국적을 취득한 사람으로 한국어 구사가 자유로운 사람
   ※ 상기 고졸자로 고등학교장 추천서 필수 제출

ⓒ 운영직 8급
- 공통 지원자격을 충족한 자
- '20.12.22.이전부터('20.12.21.까지 주민등록상 전입처리가 완료되어야 함) 채용 공고시작일('21.12.21.)까지 계속하여 본인이 지원하는 지자체에 주민등록상 주소지를 두고 있는 자 또는 채용 공고시작일('21.12.21.)까지 본인이 지원하는 지자체에 주민등록상 주소지를 두고 있었던 기간을 모두 합산하여 3년 이상인 자(단, 기간 중 말소 및 거주 불명 등록 사실이 없어야 함)
  ※ 지원 가능 지자체 : 영월군, 정선군, 평창군, 태백시
- 수도운영시설 교대근무(4조 3교대 또는 3조 2교대) 가능자

③ 공무직(사무기술원) : 공통 지원자격을 충족한 자

2 전형절차

구분	서류전형	필기전형	면접전형	최종합격자	신체검사 등
평가 요소	공통자격 전문자격 어학사항 기타사항	인성검사(적/부) 직업기초능력평가 직무수행능력평가	직무수행능력 (50%) 직업기초능력 (50%)평가(PT 발표 및 인성면접)	종합평가 (필기점수 30%+면접점 수 70%)	신체검사, 결격사유 확인 등
배수	10배수	2~3배수	6할 이상 득점자	1배수	적/부

※ 직군별로 전형절차가 상이하므로 세부 전형절차를 참고하시기 바랍니다.

① **서류전형** … 입사지원서 불성실 작성자를 제외하고, 서류전형 심사 기준에 따라 계량 평가하여 채용예정인원의 10배수 선발

② 필기전형

　　㉠ 직업기초능력평가(50%) + 직무수행능력평가(50%) + 인성검사(적/부)

　　※ 직무수행능력평가 전공시험 과목

구분		시험과목
직군	직렬	
사무직 6급	법정	행정법, 행정학
	상경	경영학, 회계학, 경제학
기술직 6급	환경	환경공학(대기, 수질, 소음진동, 폐기물, 토양 통합)

　　㉡ 인성검사 적합자 중 필기전형 고득점순으로 채용예정인원의 2배수 이내 선발

③ **면접전형** … 직무수행능력(50%) + 직업기초능력(50%) 평가하여 6할 이상 득점자에 한해 종합평가 실시

④ **최종합격자 결정** … 종합평가(필기점수 30% + 면접점수 70%)하여 고득점순으로 채용예정인원의 1배수 선발

⑤ **신원조회, 신체검사 등** … 부적격 사유가 없는 자에 한해 최종 임용 예정

3　채용 결격사유(공단 인사규정 제16조)

다음의 어느 하나에 해당하는 자는 직원으로 임용될 수 없다.

1. 피성년후견인 또는 피한정후견인

2. 파산로서 복권되지 아니한 자

3. 금고 이상의 실형을 받고 그 집행이 종료되거나 집행을 받지 아니하기로 확정된 후 5년이 지나지 아니한 자

4. 금고 이상의 형을 선고받고 그 집행유예 기간이 끝난 날부터 2년이 지나지 아니한 자

5. 금고 이상의 형의 선고유예를 받은 경우에는 그 선고유예기간 중에 있는 자

6. 법률 또는 법원의 판결에 의하여 자격이 상실 또는 정지된 자

6의2. 「성폭력범죄의 처벌 등에 관한 특례법」 제2조에 규정된 죄를 범한 사람으로서 100만 원 이상의 벌금형을 선고받고 그 형이 확정된 후 3년이 지나지 아니한 자

6의3. 미성년자에 대한 다음의 어느 하나에 해당하는 죄를 저질러 파면·해임되거나 형 또는 치료감호를 선고받아 그 형 또는 치료감호가 확정된 자(집행유예를 선고받은 후 그 집행유예기간이 경과한 자를 포함한다)

　　가. 「성폭력범죄의 처벌 등에 관한 특례법」 제2조에 따른 성폭력범죄

　　나. 「아동·청소년의 성보호에 관한 법률」 제2조제2호에 따른 아동·청소년 대상 성범죄

7. 징계로 파면처분을 받은 때부터 5년이 지나지 아니한 자

8. 징계로 해임처분을 받은 때부터 3년이 지나지 아니한 자

9. 병역법에 의한 병역의무를 기피중인 자

10. 「부패방지 및 국민권익위원회의 설치와 운영에 관한 법률」 제82조에 따른 비위면직자 등의 취업제한 적용을 받는 자

11. 다른 공공기관에서 부정한 방법으로 채용된 사실이 적발되어 채용이 취소된 자

PART

II

직업기초능력평가

01 의사소통능력
02 수리능력
03 문제해결능력
04 조직이해능력

01 의사소통능력

1 의사소통과 의사소통능력

(1) 의사소통

① 개념 … 사람들 간에 생각이나 감정, 정보, 의견 등을 교환하는 총체적인 행위로, 직장생활에서의 의사소통은 조직과 팀의 효율성과 효과성을 성취할 목적으로 이루어지는 구성원 간의 정보와 지식 전달 과정이라고 할 수 있다.

② 기능 … 공동의 목표를 추구해 나가는 집단 내의 기본적 존재 기반이며 성과를 결정하는 핵심 기능이다.

③ 의사소통의 종류
　　㉠ 언어적인 것 : 대화, 전화통화, 토론 등
　　㉡ 문서적인 것 : 메모, 편지, 기획안 등
　　㉢ 비언어적인 것 : 몸짓, 표정 등

④ 의사소통을 저해하는 요인 : 정보의 과다, 메시지의 복잡성 및 메시지 간의 경쟁, 상이한 직위와 과업지향형, 신뢰의 부족, 의사소통을 위한 구조상의 권한, 잘못된 매체의 선택, 폐쇄적인 의사소통 분위기 등

(2) 의사소통능력

① 개념 … 의사소통능력은 직장생활에서 문서나 상대방이 하는 말의 의미를 파악하는 능력, 자신의 의사를 정확하게 표현하는 능력, 간단한 외국어 자료를 읽거나 외국인의 의사표시를 이해하는 능력을 포함한다.

② 의사소통능력 개발을 위한 방법
　　㉠ 사후검토와 피드백을 활용한다.
　　㉡ 명확한 의미를 가진 이해하기 쉬운 단어를 선택하여 이해도를 높인다.
　　㉢ 적극적으로 경청한다.
　　㉣ 메시지를 감정적으로 곡해하지 않는다.

2 의사소통능력을 구성하는 하위능력

(1) 문서이해능력

① 문서와 문서이해능력
  ㉠ 문서 : 제안서, 보고서, 기획서, 이메일, 팩스 등 문자로 구성된 것으로 상대방에게 의사를 전달하여 설득하는 것을 목적으로 한다.
  ㉡ 문서이해능력 : 직업현장에서 자신의 업무와 관련된 문서를 읽고, 내용을 이해하고 요점을 파악할 수 있는 능력을 말한다.

예제 1

다음은 신용카드 약관의 주요내용이다. 규정 약관을 제대로 이해하지 못한 사람은?

[부가서비스]
카드사는 법령에서 정한 경우를 제외하고 상품을 새로 출시한 후 1년 이내에 부가서비스를 줄이거나 없앨 수가 없다. 또한 부가서비스를 줄이거나 없앨 경우에는 그 세부내용을 변경일 6개월 이전에 회원에게 알려주어야 한다.

[중도 해지 시 연회비 반환]
연회비 부과기간이 끝나기 이전에 카드를 중도해지하는 경우 남은 기간에 해당하는 연회비를 계산하여 10 영업일 이내에 돌려줘야 한다. 다만, 카드 발급 및 부가서비스 제공에 이미 지출된 비용은 제외된다.

[카드 이용한도]
카드 이용한도는 카드 발급을 신청할 때에 회원이 신청한 금액과 카드사의 심사 기준을 종합적으로 반영하여 회원이 신청한 금액 범위 이내에서 책정되며 회원의 신용도가 변동되었을 때에는 카드사는 회원의 이용한도를 조정할 수 있다.

[부정사용 책임]
카드 위조 및 변조로 인하여 발생된 부정사용 금액에 대해서는 카드사가 책임을 진다. 다만, 회원이 비밀번호를 다른 사람에게 알려주거나 카드를 다른 사람에게 빌려주는 등의 중대한 과실로 인해 부정사용이 발생하는 경우에는 회원이 그 책임의 전부 또는 일부를 부담할 수 있다.

① 혜수 : 카드사는 법령에서 정한 경우를 제외하고는 1년 이내에 부가서비스를 줄일 수 없어.
② 진성 : 카드 위조 및 변조로 인하여 발생된 부정사용 금액은 일괄 카드사가 책임을 지게 돼.
③ 영훈 : 회원의 신용도가 변경되었을 때 카드사가 이용한도를 조정할 수 있어.
④ 영호 : 연회비 부과기간이 끝나기 이전에 카드를 중도해지하는 경우에는 남은 기간에 해당하는 연회비를 카드사는 돌려줘야 해.

답 ②

② 문서의 종류

　　㉠ 공문서 : 정부기관에서 공무를 집행하기 위해 작성하는 문서로, 단체 또는 일반회사에서 정부기관을 상대로 사업을 진행할 때 작성하는 문서도 포함된다. 엄격한 규격과 양식이 특징이다.

　　㉡ 기획서 : 아이디어를 바탕으로 기획한 프로젝트에 대해 상대방에게 전달하여 시행하도록 설득하는 문서이다.

　　㉢ 기안서 : 업무에 대한 협조를 구하거나 의견을 전달할 때 작성하는 사내 공문서이다.

　　㉣ 보고서 : 특정한 업무에 관한 현황이나 진행 상황, 연구·검토 결과 등을 보고하고자 할 때 작성하는 문서이다.

　　㉤ 설명서 : 상품의 특성이나 작동 방법 등을 소비자에게 설명하기 위해 작성하는 문서이다.

　　㉥ 보도자료 : 정부기관이나 기업체 등이 언론을 상대로 자신들의 정보를 기사화 되도록 하기 위해 보내는 자료이다.

　　㉦ 자기소개서 : 개인이 자신의 성장과정이나, 입사 동기, 포부 등에 대해 구체적으로 기술하여 자신을 소개하는 문서이다.

　　㉧ 비즈니스 레터(E-mail) : 사업상의 이유로 고객에게 보내는 편지다.

　　㉨ 비즈니스 메모 : 업무상 확인해야 할 일을 메모형식으로 작성하여 전달하는 글이다.

③ 문서이해의 절차 : 문서의 목적 이해→문서 작성 배경·주제 파악→정보 확인 및 현안문제 파악→문서 작성자의 의도 파악 및 자신에게 요구되는 행동 분석→목적 달성을 위해 취해야 할 행동 고려→문서 작성자의 의도를 도표나 그림 등으로 요약·정리

(2) 문서작성능력

① 작성되는 문서에는 대상과 목적, 시기, 기대효과 등이 포함되어야 한다.

② 문서작성의 구성요소

　　㉠ 짜임새 있는 골격, 이해하기 쉬운 구조

　　㉡ 객관적이고 논리적인 내용

　　㉢ 명료하고 설득력 있는 문장

　　㉣ 세련되고 인상적인 레이아웃

예제 2

다음은 들은 내용을 구조적으로 정리하는 방법이다. 순서에 맞게 배열하면?

> ㉠ 관련 있는 내용끼리 묶는다.
> ㉡ 묶은 내용에 적절한 이름을 붙인다.
> ㉢ 전체 내용을 이해하기 쉽게 구조화한다.
> ㉣ 중복된 내용이나 덜 중요한 내용을 삭제한다.

① ㉠㉡㉢㉣   ② ㉠㉡㉣㉢
③ ㉡㉠㉢㉣   ④ ㉡㉠㉣㉢

[출제의도]
음성정보는 문자정보와는 달리 쉽게 잊어 지기 때문에 음성정보를 구조화 시키는 방법을 묻는 문항이다.
[해설]
내용을 구조적으로 정리하는 방법은 '㉠ 관련 있는 내용끼리 묶는다. → ㉡ 묶은 내용에 적절한 이름을 붙인다. → ㉣ 중복된 내용이나 덜 중요한 내용을 삭제한다. → ㉢ 전체 내용을 이해하기 쉽게 구조화한다.'가 적절하다.

답 ②

③ 문서의 종류에 따른 작성방법

  ㉠ 공문서

- 육하원칙이 드러나도록 써야 한다.
- 날짜는 반드시 연도와 월, 일을 함께 언급하며, 날짜 다음에 괄호를 사용할 때는 마침표를 찍지 않는다.
- 대외문서이며, 장기간 보관되기 때문에 정확하게 기술해야 한다.
- 내용이 복잡할 경우 '−다음−', '−아래−'와 같은 항목을 만들어 구분한다.
- 한 장에 담아내는 것을 원칙으로 하며, 마지막엔 반드시 '끝'자로 마무리한다.

  ㉡ 설명서

- 정확하고 간결하게 작성한다.
- 이해하기 어려운 전문용어의 사용은 삼가고, 복잡한 내용은 도표화한다.
- 명령문보다는 평서문을 사용하고, 동어 반복보다는 다양한 표현을 구사하는 것이 바람직하다.

  ㉢ 기획서

- 상대를 설득하여 기획서가 채택되는 것이 목적이므로 상대가 요구하는 것이 무엇인지 고려하여 작성하며, 기획의 핵심을 잘 전달하였는지 확인한다.
- 분량이 많을 경우 전체 내용을 한눈에 파악할 수 있도록 목차구성을 신중히 한다.
- 효과적인 내용 전달을 위한 표나 그래프를 적절히 활용하고 산뜻한 느낌을 줄 수 있도록 한다.
- 인용한 자료의 출처 및 내용이 정확해야 하며 제출 전 충분히 검토한다.

ⓔ 보고서

• 도출하고자 한 핵심내용을 구체적이고 간결하게 작성한다.

• 내용이 복잡할 경우 도표나 그림을 활용하고, 참고자료는 정확하게 제시한다.

• 제출하기 전에 최종점검을 하며 질의를 받을 것에 대비한다.

예제 3

다음 중 공문서 작성에 대한 설명으로 가장 적절하지 못한 것은?

① 공문서나 유가증권 등에 금액을 표시할 때에는 한글로 기재하고 그 옆에 괄호를 넣어 숫자로 표기한다.

② 날짜는 숫자로 표기하되 년, 월, 일의 글자는 생략하고 그 자리에 온점(.)을 찍어 표시한다.

③ 첨부물이 있는 경우에는 붙임 표시문 끝에 1자 띄우고 "끝."이라고 표시한다.

④ 공문서의 본문이 끝났을 경우에는 1자를 띄우고 "끝."이라고 표시한다.

[출제의도]
업무를 할 때 필요한 공문서 작성법을 잘 알고 있는지를 측정하는 문항이다.
[해설]
공문서 금액 표시
아라비아 숫자로 쓰고, 숫자 다음에 괄호를 하여 한글로 기재한다.
예) 금 123,456원(금 일십이만삼천사백오십육원)

답 ①

---

④ 문서작성의 원칙

㉠ 문장은 짧고 간결하게 작성한다(간결체 사용).

㉡ 상대방이 이해하기 쉽게 쓴다.

㉢ 불필요한 한자의 사용을 자제한다.

㉣ 문장은 긍정문의 형식을 사용한다.

㉤ 간단한 표제를 붙인다.

㉥ 문서의 핵심내용을 먼저 쓰도록 한다(두괄식 구성).

⑤ 문서작성 시 주의사항

㉠ 육하원칙에 의해 작성한다.

㉡ 문서 작성시기가 중요하다.

㉢ 한 사안은 한 장의 용지에 작성한다.

㉣ 반드시 필요한 자료만 첨부한다.

㉤ 금액, 수량, 일자 등은 기재에 정확성을 기한다.

㉥ 경어나 단어사용 등 표현에 신경 쓴다.

㉦ 문서작성 후 반드시 최종적으로 검토한다.

⑥ 효과적인 문서작성 요령

    ㉠ **내용이해** : 전달하고자 하는 내용과 핵심을 정확하게 이해해야 한다.

    ㉡ **목표설정** : 전달하고자 하는 목표를 분명하게 설정한다.

    ㉢ **구성** : 내용 전달 및 설득에 효과적인 구성과 형식을 고려한다.

    ㉣ **자료수집** : 목표를 뒷받침할 자료를 수집한다.

    ㉤ **핵심전달** : 단락별 핵심을 하위목차로 요약한다.

    ㉥ **대상파악** : 대상에 대한 이해와 분석을 통해 철저히 파악한다.

    ㉦ **보충설명** : 예상되는 질문을 정리하여 구체적인 답변을 준비한다.

    ㉧ **문서표현의 시각화** : 그래프, 그림, 사진 등을 적절히 사용하여 이해를 돕는다.

(3) 경청능력

① **경청의 중요성** … 경청은 다른 사람의 말을 주의 깊게 들으며 공감하는 능력으로 경청을 통해 상대방을 한 개인으로 존중하고 성실한 마음으로 대하게 되며, 상대방의 입장에 공감하고 이해하게 된다.

② **경청을 방해하는 습관** … 짐작하기, 대답할 말 준비하기, 걸러내기, 판단하기, 다른 생각하기, 조언하기, 언쟁하기, 옳아야만 하기, 슬쩍 넘어가기, 비위 맞추기 등

③ **효과적인 경청방법**

    ㉠ **준비하기** : 강연이나 프레젠테이션 이전에 나누어주는 자료를 읽어 미리 주제를 파악하고 등장하는 용어를 익혀둔다.

    ㉡ **주의 집중** : 말하는 사람의 모든 것에 집중해서 적극적으로 듣는다.

    ㉢ **예측하기** : 다음에 무엇을 말할 것인가를 추측하려고 노력한다.

    ㉣ **나와 관련짓기** : 상대방이 전달하고자 하는 메시지를 나의 경험과 관련지어 생각해 본다.

    ㉤ **질문하기** : 질문은 듣는 행위를 적극적으로 하게 만들고 집중력을 높인다.

    ㉥ **요약하기** : 주기적으로 상대방이 전달하려는 내용을 요약한다.

    ㉦ **반응하기** : 피드백을 통해 의사소통을 점검한다.

[출제의도]
상대방이 하는 말을 듣고 질문 의도에 따라 올바르게 답하는 능력을 측정하는 문항이다.
[해설]
민아는 압박질문이나 예상치 못한 질문에 대해 걱정을 하고 있으므로 침착하게 대응하라고 조언을 해주는 것이 좋다.

예제 4

다음은 면접스터디 중 일어난 대화이다. 민아의 고민을 해소하기 위한 조언으로 가장 적절한 것은?

> 지섭 : 민아씨, 어디 아파요? 표정이 안 좋아 보여요.
>
> 민아 : 제가 원서 넣은 공단이 내일 면접이어서요. 그동안 스터디를 통해서 면접 연습을 많이 했는데도 벌써부터 긴장이 되네요.
>
> 지섭 : 민아씨는 자기 의견도 명확히 피력할 줄 알고 조리 있게 설명을 잘 하시니 걱정 안하셔도 될 것 같아요. 아, 손에 꽉 쥐고 계신 건 뭔가요?
>
> 민아 : 아, 제가 예상 답변을 정리해서 모아둔거에요. 내용은 거의 외웠는데 이렇게 쥐고 있지 않으면 불안해서...
>
> 지섭 : 그 정도로 준비를 철저히 하셨으면 걱정할 이유 없을 것 같아요.
>
> 민아 : 그래도 압박면접이거나 예상치 못한 질문이 들어오면 어떻게 하죠?
>
> 지섭 : _____

① 시선을 적절히 처리하면서 부드러운 어투로 말하는 연습을 해보는 건 어때요?
② 공식적인 자리인 만큼 옷차림을 신경 쓰는 게 좋을 것 같아요.
③ 당황하지 말고 질문자의 의도를 잘 파악해서 침착하게 대답하면 되지 않을까요?
④ 예상 질문에 대한 답변을 좀 더 정확하게 외워보는 건 어떨까요?

답 ③

(4) 의사표현능력

① **의사표현의 개념과 종류**

㉠ 개념 : 화자가 자신의 생각과 감정을 청자에게 음성언어나 신체언어로 표현하는 행위이다.

㉡ 종류

• 공식적 말하기 : 사전에 준비된 내용을 대중을 대상으로 말하는 것으로 연설, 토의, 토론 등이 있다.

• 의례적 말하기 : 사회 · 문화적 행사에서와 같이 절차에 따라 하는 말하기로 식사, 주례, 회의 등이 있다.

• 친교적 말하기 : 친근한 사람들 사이에서 자연스럽게 주고받는 대화 등을 말한다.

② **의사표현의 방해요인**

㉠ 연단공포증 : 연단에 섰을 때 가슴이 두근거리거나 땀이 나고 얼굴이 달아오르는 등의 현상으로 충분한 분석과 준비, 더 많은 말하기 기회 등을 통해 극복할 수 있다.

㉡ 말 : 말의 장단, 고저, 발음, 속도, 쉼 등을 포함한다.

㉢ 음성 : 목소리와 관련된 것으로 음색, 고저, 명료도, 완급 등을 의미한다.

ⓔ 몸짓 : 비언어적 요소로 화자의 외모, 표정, 동작 등이다.

ⓜ 유머 : 말하기 상황에 따른 적절한 유머를 구사할 수 있어야 한다.

③ 상황과 대상에 따른 의사표현법

　ⓐ 잘못을 지적할 때 : 모호한 표현을 삼가고 확실하게 지적하며, 당장 꾸짖고 있는 내용에만 한정한다.

　ⓑ 칭찬할 때 : 자칫 아부로 여겨질 수 있으므로 센스 있는 칭찬이 필요하다.

　ⓒ 부탁할 때 : 먼저 상대방의 사정을 듣고 응하기 쉽게 구체적으로 부탁하며 거절을 당해도 싫은 내색을 하지 않는다.

　ⓓ 요구를 거절할 때 : 먼저 사과하고 응해줄 수 없는 이유를 설명한다.

　ⓔ 명령할 때 : 강압적인 말투보다는 '○○을 이렇게 해주는 것이 어떻겠습니까?'와 같은 식으로 부드럽게 표현하는 것이 효과적이다.

　ⓕ 설득할 때 : 일방적으로 강요하기보다는 먼저 양보해서 이익을 공유하겠다는 의지를 보여주는 것이 좋다.

　ⓖ 충고할 때 : 충고는 가장 최후의 방법이다. 반드시 충고가 필요한 상황이라면 예화를 들어 비유적으로 깨우쳐주는 것이 바람직하다.

　ⓗ 질책할 때 : 샌드위치 화법(칭찬의 말 + 질책의 말 + 격려의 말)을 사용하여 청자의 반발을 최소화한다.

예제 5

당신은 팀장님께 업무 지시내용을 수행하고 결과물을 보고 드렸다. 하지만 팀장님께서는 "최대리 업무를 이렇게 처리하면 어떡하나? 누락된 부분이 있지 않은가."라고 말하였다. 이에 대해 당신이 행할 수 있는 가장 부적절한 대처 자세는?

① "죄송합니다. 제가 잘 모르는 부분이라 이수혁 과장님께 부탁을 했는데 과장님께서 실수를 하신 것 같습니다."

② "주의를 기울이지 못해 죄송합니다. 어느 부분을 수정보완하면 될까요?"

③ "지시하신 내용을 제가 충분히 이해하지 못하였습니다. 내용을 다시 한 번 여쭤보아도 되겠습니까?"

④ "부족한 내용을 보완하는 자료를 취합하기 위해서 하루정도가 더 소요될 것 같습니다. 언제까지 재작성하여 드리면 될까요?"

[출제의도]
상사가 잘못을 지적하는 상황에서 어떻게 대처해야 하는지를 묻는 문항이다.

[해설]
상사가 부탁한 지시사항을 다른 사람에게 부탁하는 것은 옳지 못하며 설사 그렇다고 해도 그 일의 과오에 대해 책임을 전가하는 것은 지양해야 할 자세이다.

답 ①

④ 원활한 의사표현을 위한 지침

    ㉠ 올바른 화법을 위해 독서를 하라.

    ㉡ 좋은 청중이 되라.

    ㉢ 칭찬을 아끼지 마라.

    ㉣ 공감하고, 긍정적으로 보이게 하라.

    ㉤ 겸손은 최고의 미덕임을 잊지 마라.

    ㉥ 과감하게 공개하라.

    ㉦ 뒷말을 숨기지 마라.

    ㉧ 첫마디 말을 준비하라.

    ㉨ 이성과 감성의 조화를 꾀하라.

    ㉩ 대화의 룰을 지켜라.

    ㉪ 문장을 완전하게 말하라.

⑤ 설득력 있는 의사표현을 위한 지침

    ㉠ 'Yes'를 유도하여 미리 설득 분위기를 조성하라.

    ㉡ 대비 효과로 분발심을 불러 일으켜라.

    ㉢ 침묵을 지키는 사람의 참여도를 높여라.

    ㉣ 여운을 남기는 말로 상대방의 감정을 누그러뜨려라.

    ㉤ 하던 말을 갑자기 멈춤으로써 상대방의 주의를 끌어라.

    ㉥ 호칭을 바꿔서 심리적 간격을 좁혀라.

    ㉦ 끄집어 말하여 자존심을 건드려라.

    ㉧ 정보전달 공식을 이용하여 설득하라.

    ㉨ 상대방의 불평이 가져올 결과를 강조하라.

    ㉩ 권위 있는 사람의 말이나 작품을 인용하라.

    ㉪ 약점을 보여 주어 심리적 거리를 좁혀라.

    ㉫ 이상과 현실의 구체적 차이를 확인시켜라.

    ㉬ 자신의 잘못도 솔직하게 인정하라.

    ㉭ 집단의 요구를 거절하려면 개개인의 의견을 물어라.

    ⓐ 동조 심리를 이용하여 설득하라.

    ⓑ 지금까지의 노고를 치하한 뒤 새로운 요구를 하라.

    ⓒ 담당자가 대변자 역할을 하도록 하여 윗사람을 설득하게 하라.

    ⓓ 겉치레 양보로 기선을 제압하라.

    ⓔ 변명의 여지를 만들어 주고 설득하라.

    ⓕ 혼자 말하는 척하면서 상대의 잘못을 지적하라.

(5) 기초외국어능력

① 기초외국어능력의 개념과 필요성

　　㉠ 개념 : 기초외국어능력은 외국어로 된 간단한 자료를 이해하거나, 외국인과의 전화응대와 간단한 대화 등 외국인의 의사표현을 이해하고, 자신의 의사를 기초외국어로 표현할 수 있는 능력이다.

　　㉡ 필요성 : 국제화 · 세계화 시대에 다른 나라와의 무역을 위해 우리의 언어가 아닌 국제적인 통용어를 사용하거나 그들의 언어로 의사소통을 해야 하는 경우가 생길 수 있다.

② 외국인과의 의사소통에서 피해야 할 행동

　　㉠ 상대를 볼 때 흘겨보거나, 노려보거나, 아예 보지 않는 행동

　　㉡ 팔이나 다리를 꼬는 행동

　　㉢ 표정이 없는 것

　　㉣ 다리를 흔들거나 펜을 돌리는 행동

　　㉤ 맞장구를 치지 않거나 고개를 끄덕이지 않는 행동

　　㉥ 생각 없이 메모하는 행동

　　㉦ 자료만 들여다보는 행동

　　㉧ 바르지 못한 자세로 앉는 행동

　　㉨ 한숨, 하품, 신음소리를 내는 행동

　　㉩ 다른 일을 하며 듣는 행동

　　㉪ 상대방에게 이름이나 호칭을 어떻게 부를지 묻지 않고 마음대로 부르는 행동

③ 기초외국어능력 향상을 위한 공부법

　　㉠ 외국어공부의 목적부터 정하라.

　　㉡ 매일 30분씩 눈과 손과 입에 밸 정도로 반복하라.

　　㉢ 실수를 두려워하지 말고 기회가 있을 때마다 외국어로 말하라.

　　㉣ 외국어 잡지나 원서와 친해져라.

　　㉤ 소홀해지지 않도록 라이벌을 정하고 공부하라.

　　㉥ 업무와 관련된 주요 용어의 외국어는 꼭 알아두자.

　　㉦ 출퇴근 시간에 외국어 방송을 보거나, 듣는 것만으로도 귀가 트인다.

　　㉧ 어린이가 단어를 배우듯 외국어 단어를 암기할 때 그림카드를 사용해 보라.

　　㉨ 가능하면 외국인 친구를 사귀고 대화를 자주 나눠 보라.

출제예상문제

1 고객과의 접촉이 잦은 민원실에서 업무를 시작하게 된 신입사원 K씨는 선배사원으로부터 불만이 심한 고객을 응대하는 방법을 배우고 있다. 다음 중 선배사원이 K씨에게 알려 준 응대법으로 적절하지 않은 것은 어느 것인가?

① "불만이 심한 고객을 맞은 경우엔 응대자를 바꾸어 보는 것도 좋은 방법입니다."

② "나보다 더 책임 있는 윗사람이 고객을 응대한다면 좀 더 효과적인 대응이 될 수도 있습니다."

③ "불만이 심한 고객은 대부분 큰 소리를 내게 될 테니, 오히려 좀 시끄러운 곳에서 응대하는 것이 덜 민망한 방법일 수도 있습니다."

④ "일단 별실로 모셔서 커피나 차를 한 잔 권해 보는 것도 좋은 방법입니다."

⑤ "우선 고객의 화가 누그러질 수 있도록 시간을 버는 게 중요합니다. 급하게 응대하는 것보다 감정이 가라앉을 수 있는 기회를 찾는 것이지요."

 불만이 심한 고객은 합리적인 대화가 매우 어려운 상황이 대부분이다. 따라서 민원 담당자의 힘으로 해결될 기미가 보이지 않을 때에는 응대자를 바꾸어 보는 것이 좋은 방법이 된다. 또한, 더 책임 있고 권한을 가진 윗사람을 내세워 다시금 처음부터 들어보고 정중하게 사과하도록 한다면 의외로 불만 고객의 마음을 가라앉힐 수 있다.

한편, 고객이 큰 소리로 불만을 늘어놓게 되면 다른 고객에게도 영향을 미치게 되므로 별도 공간으로 안내하여 편안하게 이야기를 주고받는 것이 좋으며, 시끄러운 곳으로 이동하는 것은 오히려 고객의 불만을 자극하여 상황을 더 악화시킬 우려가 있다. 또한, 차를 대접하여 시간적 여유를 갖게 되면, 감정을 이성적으로 바꿀 수 있는 기회가 되어 시간도 벌고 고객의 불만을 가라앉혀 해결책을 강구할 수 있는 여유도 가질 수 있게 된다.

2 다음 대화 중 비즈니스 현장에서의 바람직한 의사소통 자세를 보여주지 못하는 것은 어느 것인가?

① "내가 말을 어떻게 하느냐 하는 것도 중요하겠지만, 상대방의 말을 얼마나 잘 경청하느냐 하는 것이 올바른 의사소통을 위해 매우 중요하다고 봅니다."

② "서로를 잘 알고 호흡도 척척 맞는 사이에서는 말하지 않아도 미리 알아서 행동하고 생각하는 자세가 필요해요."

③ "나의 표현방법도 중요하지만, 상대방이 어떻게 받아들일지에 대한 고려가 바탕이 되어야 하죠."

④ "충분하고 우호적인 대화가 되었어도 사후에 확인하는 과정과 적절한 피드백이 있어야 완전한 의사소통이 되었다고 볼 수 있어요."

⑤ "문서로 하는 의사소통은 때로는 꼭 필요하기도 하지만, 때로는 불필요한 혼란과 곡해를 일으키기도 하는 거 같아요."

 말하지 않아도 마음이 통하는 관계는 '최고의 관계'이지만, 비즈니스 현장에서 필요한 것은 정확한 확인과 그에 따른 업무처리이다.

3 다음 중 언어적 의사표현능력을 향상시키기 위한 노력을 올바르게 설명하지 못한 것은 어느 것인가?

① 각자의 목소리에는 그 사람만의 색깔과 온도가 있음을 명심하고, 내용과 상황에 따라 음성의 톤이나 억양이 동일하지 않게 들리는 일이 없도록 주의해야 한다.

② 내가 아닌 상대방이 들어서 편안함을 느낄 수 있는 성량으로 말해야 한다.

③ 목소리가 듣기 좋다거나 그렇지 못하다는 것보다 얼마나 분명하고 명확한 음성으로 의사를 전달하느냐가 훨씬 중요하다.

④ 때로는 목소리가 그 사람의 내면을 알려주기도 하므로 개인의 여건과 상황에 맞는 진솔한 음성을 낼 수 있도록 노력해야 한다.

⑤ 녹음기 등으로 자신이 말하는 것을 녹음하여 들어보는 것은 음성의 결함이나 개선점 등을 찾아내는 데 효과적인 방법이다.

 음성에는 온도와 색깔이 있으므로 내용에 따라 음성을 변화시키는 요령을 습득한다. 즉, 단어의 의미를 확산시키고 주의를 집중시키기 위하여 음성을 변화시켜야 한다. 최근의 스피치 연구가들은 일정한 음도를 유지하다가 (높은 목소리보다는) 낮은 목소리로 갑자기 전환함으로써 말하고자 하는 바를 효과적으로 강조할 수 있다고 주장한다.

Answer ↱ 1.③ 2.② 3.①

4 다음 글을 읽고 알 수 있는 매체와 매체 언어의 특성으로 가장 적절한 것은?

> 텔레비전 드라마는 텔레비전과 드라마에 대한 각각의 이해를 전제로 하고 보아야 한다. 즉 텔레비전이라는 매체에 대한 이해와 드라마라는 장르적 이해가 필요하다.
>
> 텔레비전은 다양한 장르, 양식 등이 교차하고 공존한다. 텔레비전에는 다루고 있는 내용이 매우 무거운 시사토론 프로그램부터 매우 가벼운 오락 프로그램까지 섞여서 나열되어 있다. 또한 시청률에 대한 생산자들의 강박관념까지 텔레비전 프로그램 안에 들어있다. 텔레비전 드라마의 경우도 마찬가지로 이러한 강박이 존재한다. 드라마는 광고와 여러 문화 산업에 부가가치를 창출하며 드라마의 장소는 관광지가 되어서 지방의 부가가치를 만들어 내기도 한다. 이 때문에 시청률을 걱정해야 하는 불안정한 텔레비전 드라마 시장의 구조 속에서 상업적 성공을 거두기 위해 텔레비전 드라마는 이미 높은 시청률을 기록한 드라마를 복제하게 되는 것이다. 이것은 드라마 제작자의 수익성과 시장의 불확실성을 통제하기 위한 것으로 구체적으로는 속편이나 아류작의 제작이나 유사한 장르 복제 등으로 나타난다. 이러한 복제는 텔레비전 내부에서만 일어나는 것이 아니라 문화 자본과 관련되는 모든 매체, 즉 인터넷, 영화, 인쇄 매체에서 동시적으로 나타나는 현상이기도 하다.
>
> 이들은 서로 역동적으로 자리바꿈을 하면서 환유적 관계를 형성한다. 이 환유에는 수용자들, 즉 시청자나 매체 소비자들의 욕망이 투사되어 있다. 수용자의 욕망이 매체나 텍스트의 환유적 고리와 만나게 되면 각각의 텍스트는 다른 텍스트나 매체와의 관련 속에서 의미화 작용을 거치게 된다.
>
> 이렇듯 텔레비전 드라마는 시청자의 욕망과 텔레비전 안팎의 다른 프로그램이나 텍스트와 교차하는 지점에서 생산된다. 상업성이 검증된 것의 반복적 생산으로 말미암아 텔레비전 드라마는 거의 모든 내용이 비슷해지는 동일화의 길을 걷게 된다고 볼 수 있다.

① 텔레비전과 같은 매체는 문자 언어를 읽고 쓰는 능력을 반드시 필요로 한다.
② 디지털 매체 시대에 독자는 정보의 수용자이면서 동시에 생산자가 되기도 한다.
③ 텔레비전 드라마 시청자들의 욕구는 매체의 특성을 변화시키는 경우가 많다.
④ 영상 매체에 있는 자료들이 인터넷, 영화 등과 결합하는 것은 사실상 불가능하다.
⑤ 텔레비전 드라마는 독자들의 니즈를 충족시키기 위해 내용의 차별성에 역점을 두고 있다.

 인간은 매체를 사용하여 타인과 소통하는데 그 매체는 음성 언어에서 문자로 발전했으며 책이나 신문, 라디오나 텔레비전, 영화, 인터넷 등으로 발전해 왔다. 매체의 변화는 사람들 간의 소통양식은 물론 문화 양식에까지 영향을 미친다. 현대에는 음성, 문자, 이미지, 영상, 음악 등이 결합된 매체 환경이 생기고 있다. 이 글에서는 텔레비전 드라마가 인터넷, 영화, 인쇄매체 등과 연결되어 복제되는 형상을 낳기도 하고 수용자의 욕망이 매체에 드러난다고 언급한다. 즉 디지털 매체 시대의 독자는 정보를 수용하기도 하지만 생산자가 될 수도 있음을 언급하고 있다고 볼 수 있다.

5 다음 대화 중 적극적인 경청자의 자세를 보여주는 사례가 아닌 것은 어느 것인가?

① "설명을 듣고 있자니 저들의 얘기가 거래 중단을 의미하려는 걸로 예상되는군."

② "교수님 말씀을 귀담아 들으면 될 일이지 뭘 그리 예습을 열심히 하고 있니? 정작 강의 시간엔 한눈을 팔려고 그래?"

③ "질문거리를 좀 많이 만들어 가야겠어. 뭐라고 답을 하는지 잘 들어볼 수 있도록 말이지."

④ "일단 지금까지 나온 얘기를 좀 요약해 보자. 내용을 일단락 시켜두고 다음 얘기를 들어보면 정리가 좀 될 거야"

⑤ "그 사람 강연을 들으면 늘 내가 주인공이 된 듯 느껴진단 말이야. 마치 내 얘기를 하기라도 하는 것처럼 말이지."

 미리 준비하는 것도 적극적인 경청을 위한 좋은 방법이다. 수업시간이나 강연에 참석하여 올바른 경청을 하려면 강의의 주제나 강의에 등장하는 용어에 친숙하도록 하기 위해 미리 읽어 두어야 한다.
① 예측하기 : 대화를 하는 동안 시간 간격이 있으면, 다음에 무엇을 말할 것인가를 추측하려고 노력한다. 이러한 추측은 주의를 집중하여 듣는 데 도움이 된다.
③ 질문하기 : 질문에 대한 답이 즉각적으로 이루어질 수 없다고 하더라도 질문을 하려고 하면 경청하는데 적극적이 되고 집중력이 높아진다.
④ 요약하기 : 대화 도중에 주기적으로 대화의 내용을 요약하면 상대방이 전달하려는 메시지를 이해하고, 사상과 정보를 예측하는 데 도움이 된다.
⑤ 나와 관련짓기 : 상대방이 전달하려는 메시지가 무엇인가를 생각해보고 자신의 삶, 목적, 경험과 관련시켜 본다. 자신의 관심이라는 측면에서 메시지를 이해하면 주의를 집중하는 데 도움이 될 것이다.

Answer 4.② 5.②

6 다음 중 밑줄 친 단어의 의미로 옳지 않은 것은?

> 1. 상품특징
>   주택을 <u>담보</u>로 거래기여도 등에 따른 우대<u>금리</u>를 적용받고자 하는 고객 및 다양한 <u>상환</u>방식을 원하는 고객을 위한 담보대출상품
>
> 2. <u>대출</u>대상
>   주택을 담보로 자금이 필요한 개인 고객
>
> 3. 대출기간
>   • 일시상환 : 10년 이내
>   • 원(리)금균등할부상환 : 33년 이내 (대출기간의 1/3 이내에서 최고 10년 이내 <u>거치</u>가능)
>   • 일시·할부(적용비율 50 : 50) 동시적용 상환 : 33년 이내 (대출기간의 1/3 이내에서 최고 10년 이내 거치가능)

① 담보 : 민법에서, 채무 불이행 때 채무의 변제를 확보하는 수단으로 채권자에게 제공하는 것

② 금리 : 빌려준 돈이나 예금 따위에 붙는 이자. 또는 그 비율

③ 상환 : 갚거나 돌려줌

④ 대출 : 물건을 밖으로 많이 냄

⑤ 거치 : 공채, 사채 따위의 상환 또는 지급을 일정 기간 하지 않는 일

 • 대출(貸出) : 돈이나 물건 따위를 빌려주거나 빌림.
　　 • 대출(大出) : 물건을 밖으로 많이 냄.

7 다음 중 의사소통의 두 가지 수단인 문서적인 의사소통과 언어적인 의사소통에 대하여 올바르게 설명하지 못한 것은 어느 것인가?

① 문서적인 의사소통은 언어적인 의사소통에 비해 권위감이 있다.

② 의사소통 시에는 일반적으로 언어적인 방법보다 문서적인 방법이 훨씬 많이 사용된다.

③ 문서적인 방법은 때로는 혼란과 곡해를 일으키는 경우가 있을 수 있다.

④ 언어적인 의사소통은 정확성을 기하기 힘든 경우가 있다.

⑤ 상대방의 주장에 대한 의사를 표현하는 능력은 언어적인 방법에서 더 중요한 요소이다.

 문서적인 의사소통과 언어적인 의사소통의 특징은 다음과 같다.
- 문서적인 의사소통 : 언어적인 의사소통에 비해 권위감이 있고, 정확성을 기하기 쉬우며, 전달성이 높고, 보존성도 크다. 문서적 의사소통은 언어적인 의사소통의 한계를 극복하기 위해 문자를 수단으로 하는 방법이지만 이 또한 그리 쉬운 것은 아니다. 문서적인 방법은 때로는 필수불가결한 것이기는 하지만 때로는 혼란과 곡해를 일으키는 경우도 얼마든지 있기 때문이다.
- 언어적인 의사소통 : 여타의 의사소통보다는 정확을 기하기 힘든 경우가 있는 결점이 있기는 하지만 대화를 통해 상대방의 반응이나 감정을 살필 수 있고, 그때그때 상대방을 설득할 수 있으므로 유동성이 있다. 또한 의사소통 중에서도 모든 계층에서 관리자들이 많은 시간을 바치는 '듣고 말하는 시간'이 비교할 수 없을 만큼 상대적으로 많다는 점에서 경청능력과 의사표현력은 매우 중요하다.

Answer 6.④ 7.②

8 다음 보도자료 작성 요령을 참고할 때, 적절한 보도자료 문구를 〈보기〉에서 모두 고른 것은 어느 것인가?

1. 인명과 호칭

〈우리나라 사람의 경우〉

• 우리나라 사람의 인명은 한글만 쓴다. 동명이인 등 부득이한 경우에만 괄호 안에 한자를 써준다.
• 직함은 소속기관과 함께 이름 뒤에 붙여 쓴다.
• 두 명 이상의 이름을 나열할 경우에는 맨 마지막 이름 뒤에 호칭을 붙인다.

〈외국인의 경우〉

• 중국 및 일본사람의 이름은 현지음을 한글로 외래어 표기법에 맞게 쓰고 괄호 안에 한자를 쓴다. 한자가 확인이 안 될 경우에는 현지음만 쓴다.
• 기타 외국인의 이름은 현지발음을 외래어 표기법에 맞게 한글로 적고 성과 이름 사이를 띄어 쓴다.

2. 지명

• 장소를 나타내는 국내 지명은 광역시·도→시·군·구→동·읍·면·리 순으로 표기한다.
• 시·도명은 줄여서 쓴다.
• 자치단체명은 '서울시', '대구시', '경기도', '전남도' 등으로 적는다.
• 중국과 일본 지명은 현지음을 한글로 외래어 표기법에 맞게 쓰고 괄호 안에 한자를 쓴다(확인이 안 될 경우엔 현지음과 한자 중 택일).
• 외국 지명의 번역명이 통용되는 경우 관용에 따른다.

3. 기관·단체명

• 기관이나 단체 이름은 처음 나올 때는 정식 명칭을 적고 약칭이 있으면 괄호 안에 넣어주되 행정부처 등 관행화된 것은 넣지 않는다. 두 번째 표기부터는 약칭을 적는다.
• 기관이나 단체명에 대표 이름을 써야할 필요가 있을 때는 괄호 안에 표기한다.
• 외국의 행정부처는 '부', 부처의 장은 '장관'으로 표기한다. 단 한자권 지역은 그 나라에서 쓰는 정식명칭을 따른다.
• 국제기구나 외국 단체의 경우 처음에는 한글 명칭과 괄호 안에 영문 약어 표기를 쓴 다음 두 번째부터는 영문 약어만 표기한다.
• 언론기관 명칭은 AP, UPI, CNN 등 잘 알려진 경우는 영문을 그대로 사용하되 잘 알려지지 않은 기관은 그 앞에 설명을 붙여 준다.
• 약어 영문 이니셜이 우리말로 굳어진 것은 우리말 발음대로 표기한다.

〈보기〉

㉠ 최한국 사장, 조대한 사장, 강민국 사장을 등 재계 주요 인사들은 모두 내일 개최되는 행사에 참석할 것으로 보인다.

㉡ 버락오바마 미국 대통령은 지난 2017년을 끝으로 대통령 임기를 마쳤다.

㉢ 절강성 온주에서 열리는 박람회에는 다양한 종류의 이벤트가 열릴 것으로 기대된다.

㉣ 국제노동기구(ILO) 창설 기념일과 때를 같이하여 ILO 회원국들은 국제 노동규범을 확립하는 일에 더욱 힘쓰기로 결의하였다.

① ㉡   ② ㉣

③ ㉠, ㉡   ④ ㉠, ㉢, ㉣

⑤ ㉡, ㉢, ㉣

 ㉠ [×] 두 명 이상의 이름을 나열할 경우에는 맨 마지막 이름 뒤에 호칭을 붙인다는 원칙에 따라 '최한국, 조대한, 강민국 사장을 등 재계 주요 인사들은 모두~'로 수정해야 한다.

㉡ [×] 외국인의 이름은 현지발음을 외래어 표기법에 맞게 한글로 적고 성과 이름 사이를 띄어 쓴다는 원칙에 따라 '버락∨오바마 미국 대통령의 임기는~'으로 수정해야 한다.

㉢ [×] 중국 지명이므로 현지음을 한글로 외래어 표기법에 맞게 쓰고 괄호 안에 한자를 써야한다는 원칙에 따라, '절강성(浙江)성 온주(溫州)'로 수정해야 한다.

㉣ [○] 국제기구나 외국 단체의 경우 처음에는 한글 명칭과 괄호 안에 영문 약어 표기를 쓴 다음 두 번째부터는 영문 약어만 표기한다는 원칙에 따른 올바른 표기이다.

Answer⤳ 8.②

9 다음 글의 주제로 가장 적절한 것은 어느 것인가?

> 조직개발 컨설턴트들은 아무리 좋은 기술, 전략, 조직구조, 생산 프로세스를 도입해도 기업문화가 같이 바뀌지 않으면 실패할 가능성이 매우 높다고 말한다. 기업문화는 곧 기업의 체질을 의미하고, 기업에서 가장 변화시키기 어려운 것이다. 권위주의 문화도 마찬가지다. 요즘 기업의 사회적 책임이 화두로 등장하면서 윤리경영에 대한 관심도 높아지고 있다. 많은 기업이 너나할 것 없이 윤리경영을 천명하고 있다. 부조리신고 포상제도, 자율 재산 등록제도, 청렴 평가제도, 윤리교육 의무화제도, 협력업체의 부당거래 신고제도, 전자입찰 확대 등 다양한 절차와 제도를 마련하고 있다. 하지만 이런 제도적, 절차적 변화가 진정한 윤리경영으로 정착되기 위해서는 권위주의 문화도 함께 변화해야 한다.
>
> 바람직한 윤리경영 문화를 정립하기 위해서는 권위주의가 아닌 권위를 존중하는 문화가 정립되어야 한다. 업무 지시는 대부분의 사람들이 동의할 수 있는 객관적 사실에 기초해야 하고, 주어진 역할 범위 안에서 이루어져야 한다. 그렇지 않을 경우 반대할 수 있는 권리나 그 이유를 설명하도록 요구할 수 있는 권리가 동시에 주어져야 한다. 근거의 타당성과 함께 자기가 한 말이나 행동에 대해 책임을 지는 것도 중요하다. 물론 최고위 경영자의 솔선수범이 우선되어야 한다. 책임지는 상급자는 권위를 갖는다. 권위가 바로 선 기업은 투명하고, 공정하며, 합리적인 윤리경영을 할 수 있다.
>
> 소니 픽처스는 권위주의 문화를 변화시키기 위해 '코드의례'라는 것을 실시했다. 상급자가 동의할 수 없는 일방적 지시나 명령을 내릴 때, 하급자는 "코드"라는 말을 외칠 수 있다. 이것은 "근거를 알려 주십시오. 내가 동의할 수 있는 설명을 해 주십시오."라는 말을 대신하는 그들만의 '은어'이다. 권위주의 문화에서 부하직원이 상사에게 객관적 근거를 대달라고, 혹은 동의하지 못하겠다고 면전에서 직접 말하기는 쉽지 않으니, 같은 의미의 은어를 사용하는 것이다. 코드의례는 상사와 부하직원의 합리적 의사소통을 가능케 한다. 물론 오랜 역사를 통해 형성된 권위주의 문화가 하나의 제도만으로 쉽게 사라지지는 않는다. 하지만 이런 작은 문화적 의례들이 실천되고 확산될 때, 권위주의 문화가 서서히 사라지면서 투명하고, 공정하며, 합리적인 윤리경영의 토대가 마련될 수 있다.

① 윤리경영을 실천하기 위해 기업은 권위주의 문화를 극복해야 한다.
② 기업은 상사와 부하직원 간의 원활한 소통을 위해 그들만의 용어를 찾아내야 한다.
③ 윤리경영 실천의 핵심은 해외의 사례를 벤치마킹하는 일이 되어야 한다.
④ 건전한 조직문화를 유지하기 위해서는 권위주의 문화를 타파해야 한다.
⑤ 상사는 부하 직원에게 객관적이고 합리적인 업무 지시만을 해야 한다.

 윤리경영의 올바른 실천은 조직문화의 개선이 동반되어야 하며 조직문화의 개선을 위해서는 권위주의 문화의 극복이 매우 중요하다는 것이 강조된 글로서, '권위주의 문화 극복→윤리경영 실천'의 관계를 설명한 것이 전체 글의 주제로 가장 적절하다.
②③ '은어를 활용한다는 것은 소니 픽처스의 사례를 든 내용의 일부이며, 글이 지향하는 궁극적인 내용은 아니며, 해외 사례의 벤치마킹이 필요하다는 주장 역시 제시되어 있지 않다.

④ 권위주의 문화를 타파하는 것의 목적은 윤리경영의 실천이지, 건전한 조직문화 유지에 있지 않다.

⑤ 객관적이고 합리적인 상사의 지시 자체를 지향하는 것은 글 전체의 주제로 보기 어렵다.

10 다음 설명의 빈 칸 ㉠~㉣에 들어갈 문서의 종류를 알맞게 나열한 것은 어느 것인가?

㉠	• 외부로 전달하는 문서로 '누가, 언제, 어디서, 무엇을, 어떻게'가 정확하게 드러나도록 작성한다. • 이후 내용이 없을 때 반드시 '끝' 자로 마무리한다.
㉡	• 명령문보다 평서문으로 작성하며 소비자가 이해하기 쉽도록 전문용어는 삼가는 것이 좋다. • 복잡한 내용은 도표를 통해 시각화한다.
㉢	• 상대가 요구하는 것이 무엇인지 고려하여 작성한다. • 효과적인 내용 전달을 위해 목차를 체계적으로 구성하며 도표나 그래프를 활용한다. • 업무 진행과정은 구체적으로 제시하며, 핵심사항만 간결하게 작성하며 인용자료일 경우 출처를 밝힌다.
㉣	• 도출하고자 한 핵심 내용을 구체적이고도 간결하게 작성한다.

	㉠	㉡	㉢	㉣
①	설명서	공문서	기획서	보고서
②	공문서	설명서	기획서	보고서
③	공문서	설명서	보고서	기획서
④	보고서	설명서	기획서	공문서
⑤	설명서	기획서	보고서	공문서

• 공문서 : 정부 행정기관에서 대내적, 혹은 대외적 공무를 집행하기 위해 작성하는 문서를 의미하며, 정부기관이 일반회사·단체로부터 접수하는 문서 및 일반회사에서 정부기관을 상대로 사업을 진행하려고 할 때 작성하는 문서도 포함된다. 엄격한 규격과 양식에 따라 정당한 권리를 가지는 사람이 작성해야 하며 최종 결재권자의 결재가 있어야 문서로서의 기능이 성립된다.

• 설명서 : 대개 상품의 특성이나 사물의 성질과 가치, 작동 방법이나 과정을 소비자에게 설명하는 것을 목적으로 작성한 문서이다. 상품소개서, 제품설명서 등이 이에 해당한다.

• 기획서 : 적극적으로 아이디어를 내고 기획해 하나의 프로젝트를 문서형태로 만들어, 상대방에게 기획의 내용을 전달하여 기획을 시행하도록 설득하는 문서이다.

• 보고서 : 특정한 일에 관한 현황이나 그 진행 상황 또는 연구·검토 결과 등을 보고하고자 할 때 작성하는 문서이다. 영업보고서, 결산보고서, 업무보고서, 출장보고서, 회의보고서 등이 이에 해당된다.

Answer ↪ 9.① 10.②

11 다음은 한국 환경공단의 정보공개제도에 대한 내용이다. 제시된 제도와 다른 내용은?

1. 정보공개제도 – 공공기관의 정보공개에 관한 법률에 따라 국민의 알 권리를 보장하고 국민의 참여와 원영의 투명성을 확보하기 위해 공공기관이 보유한 정보를 국민에게 공개하는 제도이다.

2. 공개대상 정보 – 직무상 작성 또는 취득하여 관리하는 문서, 도면, 사진, 필름, 컴퓨터에 의해 처리되는 매체 등에 기록된 정보들로 다음 사항은 제외된다.
  (1) 법령에 의하여 비밀 또는 비공개 사항으로 분류된 정보
  (2) 공개된 경우 국민의 생명과 신체의 보호에 지장을 초래할 우려가 있다고 인정되는 정보
  (3) 국가안전보장, 국방, 통일, 외교관계 등에 관한 사항으로서 공개될 경우 국가의 이익을 현저히 해할 우려가 있다고 인정되는 정보
  (4) 진행 중인 재판 등에 관련된 정보
  (5) 특정 개인의 사생활의 자유 또는 비밀을 침해할 우려가 있다고 인정되는 정보
  (6) 감사, 감독, 검사, 시험, 규제, 입찰계약, 기술개발, 인사관리, 의사결정과정 또는 내부검토과정에 있는 사항 등으로써 공개도리 경우 업무의 공정한 수행에 지장을 초래할 수 있는 정보
  (7) 법인, 단체 또는 개인의 영업상 비밀에 관한 정보
  (8) 부동산 투기, 매점, 매식 등으로 특정인에게 재산상 이익 또는 불이익을 초래할 우려가 있는 정보

3. 정보공개 청구서의 처리 – 접수한 날로부터 10일 내에 정보공개 여부를 결정하여 청구인에게 통보한다. 다만, 부득이한 경우 관련 법령에 의거 10일 이내에서 기간을 연장 할 수 있다.

4. 공개방법
  (1) 공개형태 : 열람 · 시청, 사본, 출력물, 전자파일, 복제/인화물, 기타
  (2) 교부방법 : 직접방문, 우편, 전자우편, 기타

① 타인의 비밀 또는 사생활을 침해할 우려가 있는 정보는 공개정보에서 제외된다.

② 청구인이 정보공개와 관련하여 공단이 비공개 결정을 한 경우 청구인은 이의신청을 할 수 있다.

③ 정보공개 청구서는 접수한 날로부터 10일 내에 공개 여부를 결정하여 청구인에게 통보한다.

④ 특정인에게 재산상 이익 또는 불이익을 초래할 우려가 있는 정보는 공개대상정보가 될 수 있다.

⑤ 정보공개제도는 공공기관의 정보공개에 관한 법률에 따라 국민의 알 권리를 보장한다.

 정보공개제도 2-(8) 항목을 확인하면 특정인의 재산상 이익·불이익을 초래할 우려가 있는 정보는 제외된다는 안내가 있다.

12 다음은 주간회의를 끝마친 영업팀이 작성한 회의록이다. 다음 회의록을 통해 유추해 볼 수 있는 내용으로 적절하지 않은 것은?

영업팀 10월 회의록			
회의일시	2018년 10월 11일 10 : 00 ～ 11 : 30	회의장소	5층 대회의실
참석자	팀장 이하 전 팀원		
회의안건	– 3사분기 실적 분석 및 4사분기 실적 예상 – 본부장/팀장 해외 출장 관련 일정 수정 – 10월 바이어 내방 관련 계약 준비상황 점검 및 체류 일정 점검 – 월 말 부서 등반대회 관련 행사 담당자 지정 및 준비사항 확인		
안건별 F/up 사항	– 3사분기 매출 및 이익 부진 원인 분석 보고서 작성(오 과장) – 항공 일정 예약 변경 확인(최 대리) – 법무팀 계약서 검토 상황 재확인(박 대리) – 바이어 일행 체류 일정(최 대리, 윤 사원) → 호텔 예약 및 차량 이동 스케줄 수립 → 업무 후 식사, 관광 등 일정 수립 – 등반대회 진행 담당자 지정(민 과장, 서 사원) → 참가 인원 파악 → 배정 예산 및 회사 지원 물품 수령 등 유관부서 협조 의뢰 → 이동 계획 수립 및 회식 장소 예약		
협조부서	총무팀, 법무팀, 회계팀		

① 오 과장은 회계팀에 의뢰하여 3사분기 팀 집행 비용에 대한 자료를 확인해 볼 것이다.

② 최 대리와 윤 사원은 바이어 일행의 체류 기간 동안 업무 후 식사 등 모든 일정을 함께 보내게 될 것이다.

③ 윤 사원은 바이어 이동을 위하여 차량 배차 지원을 총무팀에 의뢰할 것이다.

④ 민 과장과 서 사원은 담당한 업무를 수행하기 위하여 회계팀과 총무팀의 협조를 의뢰하게 될 것이다.

⑤ 총무팀은 본부장과 팀장의 변경된 항공 일정에 따른 예약 상황을 영업팀 최 대리에게 통보해 줄 것이다.

최 대리와 윤 사원은 바이어 일행 체류 일정을 수립하는 업무를 담당하게 되었으며, 이것은 적절한 계획 수립을 통하여 일정이나 상황에 맞는 인원을 배치하는 일이 될 것이므로, 모든 일정에 담당자가 동반하여야 한다고 판단할 수는 없다.

① 3사분기 매출 부진 원인 분석 보고서 작성은 오 과장이 담당한다. 따라서 오 과장은 매출과 비용 집행 관련 자료를 회계팀으로부터 입수하여 분석할 것으로 판단할 수 있다.

③ 최 대리와 윤 사원은 바이어 일행의 체류 일정에 대한 업무를 담당하여야 하므로 총무팀에 차량 배차를 의뢰하게 된다.

④ 민 과장과 서 사원은 등반대회 진행을 담당하게 되었으므로 배정된 예산을 수령하기 위하여 회계팀, 회사에서 지원하는 물품을 수령하기 위하여 총무팀의 업무 협조를 의뢰하게 될 것으로 판단할 수 있다.

⑤ 본부장과 팀장의 변경된 항공 일정 예약은 최 대리 담당이므로 항공편 예약을 주관하는 총무팀과 업무 협조가 이루어질 것으로 판단할 수 있다.(일반적으로 출장 관련 항공편 예약 업무는 대부분 기업체의 총무팀, 총무부 등의 조직 소관 업무이다.)

13 다음에 제시된 네 개의 문장 ⑦~⑨를 문맥에 맞게 순서대로 바르게 나열한 것은?

> ⑦ 공산품을 제조·유통·사용·폐기하는 과정에서 생태계가 정화시킬 수 있는 정도 이상의 오염물이 배출되고 있기 때문에 다양한 형태의 생태계 파괴가 일어나고 있다.
> ⑧ 생태계 파괴는 곧 인간에게 영향을 미치므로 생태계의 건강관리에도 많은 주의를 기울여야 할 것이다.
> ⑨ 최근 '웰빙'이라는 말이 유행하면서 건강에 더 많은 신경을 쓰는 사람들이 늘어나고 있다.
> ⑩ 그러나 인간이 살고 있는 환경 자체의 건강에 대해서는 아직도 많은 관심을 쏟고 있지 않는 것 같다.

① ⑧ - ⑦ - ⑨ - ⑩
② ⑦ - ⑧ - ⑩ - ⑨
③ ⑧ - ⑦ - ⑩ - ⑨
④ ⑨ - ⑩ - ⑦ - ⑧
⑤ ⑨ - ⑦ - ⑩ - ⑧

⑨에서 웰빙에 대한 화두를 던지고 있으나, ⑩에서 반전을 이루며 인간의 건강이 아닌 환경의 건강을 논하고자 하는 필자의 의도를 읽을 수 있다. 이에 따라 환경 파괴에 의한 생태계의 변화와 그러한 상태의 변화가 곧 인간에게 영향을 미치게 된다는 논리를 펴고 있으므로 이어서 ⑦, ⑧의 문장이 순서대로 위치하는 것이 가장 적절한 문맥의 흐름이 된다.

Answer 12.② 13.④

14 다음은 K공사의 신입사원 채용에 관한 안내문의 일부 내용이다. 다음 내용을 근거로 할 때, K공사가 안내문의 내용에 부합되게 취할 수 있는 행동이라고 볼 수 없는 것은?

○ 모든 응시자는 1인 1개 분야만 지원할 수 있습니다.
○ 응시희망자는 지역제한 등 응시자격을 미리 확인하고 응시원서를 접수하여야 하며, 응시원서의 기재사항 착오·누락, 공인어학능력시험 점수·자격증·장애인·취업지원대상자 가산점수·가산비율 기재 착오, 연락불능 등으로 발생되는 불이익은 일체 응시자의 책임으로 합니다.
○ 입사지원서 작성내용은 추후 증빙서류 제출 및 관계기관에 조회할 예정이며 내용을 허위로 입력한 경우에는 합격이 취소됩니다.
○ 응시자는 시험장소 공고문, 답안지 등에서 안내하는 응시자 주의사항에 유의하여야 하며, 이를 준수하지 않을 경우에 본인에게 불이익이 될 수 있습니다.
○ 원서접수결과 지원자가 채용예정인원 수와 같거나 미달이더라도 적격자가 없는 경우 선발하지 않을 수 있습니다.
○ 시험일정은 사정에 의하여 변경될 수 있으며 변경내용은 7일 전까지 공사 채용홈페이지를 통해 공고할 계획입니다.
○ 제출된 서류는 본 채용목적 이외에는 사용하지 않으며, 채용절차의 공정화에 관한 법령에 따라 최종합격자 발표일 이후 180일 이내에 반환청구를 할 수 있습니다.
○ 최종합격자 중에서 신규임용후보자 등록을 하지 않거나 관계법령에 의한 신체검사에 불합격한 자 또는 공사 인사규정 제21조에 의한 응시자격 미달자는 신규임용후보자 자격을 상실하고 차순위자를 추가합격자로 선발할 수 있습니다.
○ 임용은 교육성적을 포함한 채용시험 성적순으로 순차적으로 임용하되, 장애인 또는 경력자의 경우 성적순위에도 불구하고 우선 임용될 수 있습니다.
※ 공사 인사규정 제22조 제2항에 의거 신규임용후보자의 자격은 임용후보자 등록일로부터 1년으로 하며, 필요에 따라 1년의 범위 안에서 연장될 수 있습니다.

① 동일한 응시자가 기계직과 운영직에 동시 응시를 한 사실이 뒤늦게 발견되어 임의로 기계직 응시 관련 사항 일체를 무효처리하였다.
② 대학 졸업예정자로 채용된 A씨는 마지막 학기 학점이 부족하여 졸업이 미뤄지는 바람에 채용이 취소되었다.
③ 50명 선발이 계획되어 있었고, 45명이 지원을 하였으나 42명만 선발하였다.
④ 최종합격자 중 신규임용후보자 자격을 상실한 자가 있어 불합격자 중 임의의 인원을 추가 선발하였다.
⑤ 채용시험 성적이 합격권이 아닌 경력자 B씨를 채용하였다.

 결원이 생겼을 때에는 그대로 추가 선발 없이 채용을 마감할 수 있으며, 추가합격자를 선발할 경우 반드시 차순위자를 선발하여야 한다.
① 모든 응시자는 1인 1개 분야만 지원할 수 있다.
② 입사지원서 작성 내용과 다르게 된 결과이므로 취소 처분이 가능하다.
③ 지원자가 채용예정인원 수와 같거나 미달하더라도 적격자가 없는 경우 선발하지 않을 수 있다.
⑤ 장애인 또는 경력자의 경우 성적순위에도 불구하고 우선 임용될 수 있다.

15 다음은 T전자회사가 기획하고 있는 '전자제품 브랜드 인지도에 관한 설문조사'를 위하여 작성한 설문지의 표지 글이다. 다음 표지 글을 참고할 때, 설문조사의 항목에 포함되기에 가장 적절하지 않은 것은?

전자제품 브랜드 인지도에 관한 설문조사

안녕하세요? T전자회사 홍보팀입니다.

저희 T전자에서는 고객들에게 보다 나은 제품을 제공하기 위하여 전자제품 브랜드 인지도에 대한 고객 분들의 의견을 청취하고자 합니다. 전자제품 브랜드에 대한 여러분의 의견을 수렴하여 더 좋은 제품과 서비스를 공급하고자 하는 것이 설문조사의 목적입니다. 바쁘시더라도 잠시 시간을 내어 본 설문조사에 응해주시면 감사하겠습니다. 응답해 주신 사항에 대한 철저한 비밀 보장을 약속드립니다. 감사합니다.

　　　　　　　　　　　　　　　　　T전자회사 홍보팀 담당자 홍길동
　　　　　　　　　　　　　　　　　전화번호 : 1588-0000

---

① 귀하는 지난 1년 간 전자제품을 약 몇 회 구매하셨습니까?
　　　　　　　　　　　　　　　　　　　　　　　　　　　　　(　　)회

② 귀하가 주로 이용하는 전자제품은 어느 회사 제품입니까?
　㉠ T전자회사　　　㉡ R전자회사　　　㉢ M전자회사　　　㉣ 기타 (　　　)

③ 귀하에게 전자제품 브랜드 선택에 가장 큰 영향을 미치는 요인은 무엇입니까?
　㉠ 광고　　　㉡ 지인 추천　　　㉢ 기존 사용 제품　　　㉣ 기타 (　　　)

④ 귀하가 일상생활에 가장 필수적이라고 생각하시는 전자제품은 무엇입니까?
　　　㉠ TV　　　㉡ 통신기기　　　㉢ 청소용품　　　㉣ 주방용품

⑤ 귀하는 전자제품의 품목별 브랜드를 달리 선택하는 편입니까?
　　　　　　　　　　㉠ 예　　　　㉡ 아니오

(Tip) 설문조사지는 내가 의도한 분석 목적에 사용이 가능한 답변을 유도할 수 있도록 작성되어야 할 것이다. 제시된 설문조사의 목적은 보다 나은 제품과 서비스 공급을 위하여 브랜드 인지도를 조사하는 것이므로, 자사의 제품이 얼마나 고객들에게 인지되어 있는지, 어떻게 인지되었는지, 전자제품의 품목별 선호 브랜드가 동일한지 여부 등과 설문에 응한 응답자가 전자제품을 얼마나 자주 구매하는지 등은 브랜드 인지도 향상을 위한 T전자회사의 전략 수립에 사용이 가능한 자료라고 할 수 있다. 그러나 ④와 같은 질문은 특정 제품의 필요성을 묻고 있으므로 자사의 브랜드 인지도 제고와의 연관성이 낮아 설문조사 항목으로 가장 적절하지 않은 것으로 볼 수 있다.

Answer ↪ 14.④　15.④

16 다음 글의 단락 ㈎~㈑를 문맥에 맞는 순서로 적절하게 재배열한 것은?

㈎ 가벼울수록 에너지 소모가 줄어들기 때문에 철도차량은 끊임없이 경량화를 추구하고 있다. 물론 차량속도를 높이기 위해서는 추진 장치의 성능을 높일 수도 있지만, 이는 가격상승과 더 많은 전력 손실을 가져온다. 또한 차량이 무거울수록 축중이 증가해 궤도와 차륜의 유지보수 비용도 증가하고, 고속화 했을 때 그만큼 안전성이 떨어지는 등 문제가 있어 경량화는 열차의 설계에 있어서 필수적인 사항이 되었다.

㈏ 이를 위해 한 종류의 소재로 전체 차체구조에 적용하는 것이 아니라, 소재의 기계적 특성과 해당 부재의 기능적 역할에 맞게 2종류 이상의 소재를 동시에 적용하는 하이브리드 형 차체가 개발되었다. 예를 들면 차체 지붕은 탄소섬유강화플라스틱(CFRP)과 알루미늄 압출재, 하부구조는 스테인리스 스틸 또는 고장력강 조합 등으로 구성되는 등 다양한 소재를 병용해 사용하고 있다. 이렇게 복합재료를 사용하는 것은 두 가지 이상의 독립된 재료가 서로 합해져서 보다 우수한 기계적 특성을 나타낼 수 있기 때문이다.

㈐ 초기의 철도 차량은 오늘날과 전혀 다른 소재와 모양을 하고 있었다. 열차가 원래 마차를 토대로 하여 만들어졌고, 증기기관의 성능도 뛰어나지 못해 대형 차량을 끌 수 없었기 때문이다. 하지만 크기가 커지면서 구조적으로 집과 유사한 형태를 가지게 되어, 철도 차량은 벽과 기둥이 만들어지고 창문이 설치되면서 집과 유사한 구조를 가지게 되었다. 열차의 차체는 가벼운 목재에서 제철산업이 발달하면서 강제로 변화되었다. 차체 소재가 목재에서 금속재로 변경된 이유는 충돌, 탈선 및 전복, 화재 등의 사고가 발생했을 때 목재 차체는 충분한 안전을 확보하는데 어렵기 때문이다. 물론 생산제조 기술의 발전으로 금속재료 차체들의 소재원가 및 제조비용이 낮아졌다는 것도 중요하다고 할 수 있다.

㈑ 철강 기술이 발달하면서 다양한 부위에 녹이 슬지 않는 스테인리스를 사용하게 되었다. 그리고 구조적으로도 변화가 생겼다. 단순한 상자모양에서 차량은 프레임 위에 상자 모양의 차체를 얹어서 만드는 형태로 진화했고, 위치에 따라 작용하는 힘의 크기를 계산해 다양한 재료를 사용하기에 이르렀다. 강재나 SUS(스테인리스 스틸), 알루미늄 합금 등 다양한 금속재료를 활용하는 등 소재의 종류도 크게 증가했다. 그리고 금속소재뿐만 아니라 엔지니어링 플라스틱이나 섬유강화복합(FRP, Fiber Reinforced Polymer) 소재와 같은 비금속 재료도 많이 활용되고 있다. FRP는 우수한 내식성과 성형성을 가진 에폭시나 폴리에스터와 같은 수지를 유리나 탄소섬유와 같이 뛰어난 인장과 압축강도를 가진 강화재로 강도를 보강해 두 가지 재료의 강점만 가지도록 만든 것이다.

① ㈐ - ㈑ - ㈎ - ㈏
② ㈑ - ㈐ - ㈎ - ㈏
③ ㈐ - ㈑ - ㈏ - ㈎
④ ㈏ - ㈑ - ㈎ - ㈐
⑤ ㈐ - ㈎ - ㈑ - ㈏

철도 차량 소재의 변천 과정을 설명하고 있는 글로서, 최초의 목재에서 안전을 위한 철제 재료가 사용되었음을 언급하는 (다) 단락이 가장 처음에 위치한다. 이러한 철제 재료가 부식 방지와 강도 보강을 목적으로 비금속 재료로 대체 사용되기도 하였으며, 이후 강도 보강에 이은 경량화를 목적으로 소재가 바뀌게 되었고, 다시 하이브리드형 소재의 출현으로 부위별 다양한 소재의 병용 사용을 통한 우수한 기계적 특성 구현이 가능하게 되었다. 따라서 이러한 소재의 변천 과정을 순서대로 나열한 (다) - (라) - (가) - (나)가 가장 자연스러운 문맥의 흐름이다.

17 다음의 밑줄 친 '들다'의 활용과 가장 유사한 의미를 나타내는 것은?

> 그렇게 강조해서 시험 문제를 짚어 주었는데도 성적이 그 모양이냐.

① 손가락으로 글자를 짚어 가며 가르쳐주었다.
② 이마를 짚어 보니 열이 있었다.
③ 목발을 짚는 것만으로도 그는 감사한 마음으로 쾌유를 기다려야만 했다.
④ 헛다리를 짚었구나.
⑤ 그거야말로 땅 짚고 헤엄치기 아니겠냐.

 밑줄 친 부분의 '짚다'는 '여럿 중에 하나를 꼭 집어 가리키다'의 의미로 쓰인 경우이며, '손가락으로 글자를 짚는' 경우에 동일한 의미로 쓰인다.
② 손으로 이마나 머리 따위를 가볍게 눌러 대다.
③, ⑤ 바닥이나 벽, 지팡이 따위에 몸을 의지하다.
④ 상황을 헤아려 어떠할 것으로 짐작하다.

Answer 16.① 17.①

18 다음 글을 읽고 ㉠에 담긴 의미로 적절한 것을 고르시오.

최근 국제 시장에서 원유 가격이 가파르게 오르면서 세계 경제를 크게 위협하고 있다. 기름 한 방울 나지 않는 나라에 살고 있는 우리로서는 매우 어려운 상황이 아닐 수 없다. 에너지 자원을 적극적으로 개발하고, 다른 한편으로는 에너지 절약을 생활화해서 이 어려움을 슬기롭게 극복해야만 한다.

다행히 우리는 1970년대 초부터 원자력 발전소 건설을 적극적으로 추진해 왔다. 그 결과 현재 원자력 발전소에서 생산하는 전력이 전체 전력 생산량의 약 40%를 차지하고 있다. 원자력을 주요 에너지 자원으로 활용함으로써 우리는 석유, 석탄, 가스와 같은 천연 자원에 대한 의존도를 어느 정도 낮출 수 있게 되었다.

그러나 그 정도로는 턱없이 부족하다. 전체 에너지 자원의 97%를 수입하는 우리는 절약을 생활화하지 않으면 안 된다. 하지만 국민들은 아직도 '설마 전기가 어떻게 되랴'하는 막연한 생각을 하면서 살고 있다. 한여름에도 찬 기운을 느낄 정도로 에어컨을 켜 놓은 곳도 많다. 이것은 지나친 에너지 낭비이다. 여름철 냉방 온도를 1도만 높이면 약 2조 5천억원의 건설비가 들어가는 원자로 1기를 덜 지어도 된다. ㉠절약이 곧 생산인 것이다.

에너지를 절약하는 방법에는 여러 가지가 있다. 가까운 거리는 걸어서 다니기, 승용차 대신 대중교통이나 자전거 이용하기, 에너지 절약형 가전제품 쓰기, 승용차 요일제 참여하기, 적정 냉·난방 온도 지키기, 사용하지 않는 가전제품의 플러그 뽑기 등이 모두 에너지를 절약하는 방법이다.

또, 에너지 절약 운동은 일회성으로 그쳐서는 안 된다. 그것은 반복적이고 지속적으로 실천해야만 할 과제이다. 국가적 어려움을 극복하기 위해 얼마간의 개인적 불편을 기꺼이 받아들이겠다는 마음가짐이 필요하다.

에너지 절약은 더 이상 선택 사항이 아니다. 그것은 생존과 직결되므로 반드시 실천해야 할 사항이다. 고유가 시대를 극복하기 위해서는 우리 모두 허리띠를 졸라매는 것 외에는 다른 방법이 없다. 당장 에어컨보다 선풍기를 사용해서 전기 절약을 생활화해 보자. 온 국민이 지혜를 모으고 에너지 절약에 적극적으로 동참한다면 우리는 이 어려움을 슬기롭게 극복할 수 있을 것이다.

① 절약은 절약일 뿐 생산과는 관련이 없다.

② 절약을 하게 되면 생산이 감소한다.

③ 절약하면 불필요한 생산을 하지 않아도 된다.

④ 절약으로 전력 생산량을 증가시킨다.

⑤ 생산을 줄이면 절약하게 된다.

 절약은 소비를 줄이는 행동이지만 이를 통해 원자로 1기를 덜 지어도 동일한 생산 효과를 얻을 수 있다는 것이다.

19 다음 글의 빈 칸 ㉠, ㉡에 들어갈 접속사가 순서대로 올바르게 짝지어진 것은?

> 1977년 하버드대학교를 갓 졸업한 아이린 페퍼버그는 대담한 실험에 착수했다. 동물에게 말을 걸어 무슨 생각을 하는지 알아내려고 마음먹은 것이다. 동물을 기계나 로봇처럼 단순한 존재로 취급하던 시대에 말이다. 아이린은 한 살짜리 수컷아프리카회색앵무새 한 마리를 연구실로 데려와 알렉스라는 이름을 지어주고 영어발음을 따라하도록 가르쳤다. 페퍼버그가 알렉스와 대화를 시도할 무렵 동물의 사고능력은 없다는 것이 과학계의 통설이었다. 동물은 자극에 기계적으로 반응하는 수동적 존재일 뿐 스스로 생각하거나 느낄 수 없다는 것이다. (㉠) 애완동물을 기르는 사람이라면 생각이 다를 것이다. 강아지의 눈빛에 어린 사랑을 느낄 수 있고 바둑이도 감정과 생각이 있다고 말할 것이다. (㉡) 이런 주장은 여전히 논란의 대상이 되고 있다. 그렇게 느끼는 건 육감일 뿐 과학이 아니며, 인간은 자신의 생각과 감정을 동물에 투사하는 오류에 빠지기 쉽기 때문이다. 그렇다면 동물이 생각할 수 있다는 것, 다시 말해 세상에 대한 정보를 습득하고 습득한 정보에 따라 행동할 수 있다는 걸 어떻게 과학적으로 증명할 수 있을까?

① 왜냐하면, 하지만　　　　② 하지만, 물론
③ 물론, 따라서　　　　　　④ 따라서, 그러므로
⑤ 물론, 하지만

동물은 스스로 생각하거나 느낄 수 없다는 말과 애완동물인 강아지에게 생각과 느낌이 있다고 생각한다는 말은 역접의 관계에 있으므로 '그러나', '하지만' 등의 접속사가 ㉠에 적절한 것으로 볼 수도 있지만 다음에 이어지는 ㉡에서 강아지에게 생각과 느낌이 있다고 생각한다는 의견에 대한 반론이 시작되고 있어 오히려 역접 접속사는 ㉡에 와야 한다. 따라서 ㉠에는 주장한 내용에 대한 반론이 있을 수 있음을 인정하는 '물론' 정도의 접속사가 전체 문맥을 유지하는 데 가장 적절하다.

Answer 18.③ 19.⑤

20 다음 표준 임대차 계약서의 일부를 보고 추론할 수 없는 내용은?

[임대차계약서 계약조항]
제1조[보증금] 을(乙)은 상기 표시 부동산의 임대차보증금 및 차임(월세)을 다음과 같이 지불하기로 한다.
- 보증금 : 금○○원으로 한다.
- 계약금 : 금○○원은 계약 시에 지불한다.
- 중도금 : 금○○원은 2017년 ○월 ○일에 지불한다.
- 잔 금 : 금○○원은 건물명도와 동시에 지불한다.
- 차임(월세) : 금○○원은 매월 말일에 지불한다.
제4조[구조변경, 전대 등의 제한] 을(乙)은 갑(甲)의 동의 없이 상기 표시 부동산의 용도나 구조 등의 변경, 전대, 양도, 담보제공 등 임대차 목적 외에 사용할 수 없다.
제5조[계약의 해제] 을(乙)이 갑(甲)에게 중도금(중도금 약정이 없는 경우에는 잔금)을 지불하기 전까지는 본 계약을 해제할 수 있는 바, 갑(甲)이 해약할 경우에는 계약금의 2배액을 상환하며 을(乙)이 해약할 경우에는 계약금을 포기하는 것으로 한다.
제6조[원상회복의무] 을(乙)은 존속기간의 만료, 합의 해지 및 기타 해지사유가 발생하면 즉시 원상회복하여야 한다.

① 중도금 약정 없이 계약이 진행될 수도 있다.
② 부동산의 용도를 변경하려면 갑(甲)의 동의가 필요하다.
③ 을(乙)은 계약금, 중도금, 보증금의 순서대로 임대보증금을 지불해야 한다.
④ 중도금 혹은 잔금을 지불하기 전까지만 계약을 해제할 수 있다.
⑤ 원상회복에 대한 의무는 을(乙)에게만 생길 수 있다.

 주어진 자료를 빠르게 이해하여 문제가 요구하는 답을 정확히 찾아내야 하는 문제로, NCS 의사소통능력의 빈출문서이다.
제1조에 을(乙)은 갑(甲)에게 계약금 → 중도금 → 잔금 순으로 지불하도록 규정되어 있다.
① 제1조에 중도금은 지불일이 정해져 있으나, 제5조에 '중도금 약정이 없는 경우'가 있을 수 있음이 명시되어 있다.
② 제4조에 명시되어 있다.
④ 제5조의 규정으로, 을(乙)이 갑(甲)에게 중도금을 지불하기 전까지는 을(乙), 갑(甲) 중 어느 일방이 본 계약을 해제할 수 있다. 단, 중도금 약정이 없는 경우에는 잔금 지불하기 전까지 계약을 해제할 수 있다.
⑤ 제6조에 명시되어 있다.

21 노후준비에 대한 다음 글을 전체 글의 서론으로 가정할 경우, 본론에서 다루어질 사안이라고 보기에 가장 거리가 먼 것은?

> 고령화로 인한 기대여명의 상승으로 생애주기에서 노년기가 차지하는 비중이 증가함에 따라 노후준비의 중요성이 커지고 있다. 이로 인해 국가에서는 2015년 6월 노후준비지원법을 제정하고, 12월부터 시행하기에 이르렀다. 노후준비지원법에서는 노후준비 지원을 위한 시책 수립과 시행을 국가와 지자체의 책무로 하고, 국민연금공단에 중앙노후준비지원센터를 지정 운영하도록 하였다. 개인의 노후준비를 국가와 지자체, 공단이 지원토록 함으로써 노후준비를 통해 노년기를 '피하고 싶은 노년'에서 '준비하고 기다리는 노년'으로 인식의 전환을 가져올 수 있으며, 노후준비를 통해 개인의 재무적 문제를 해결함으로써 정부와 사회복지비용과 재정지출을 절감할 수 있으며, 다양한 인적자원 활용을 통해 국가 경쟁력을 제고할 수 있을 뿐만 아니라 고령사회형 신규 일자리 창출 등의 효과를 기대할 수 있다.
> 성공적인 노후준비는 노년기에 발생할 수 있는 빈곤, 질병, 무위, 고독 등에 대처하는 것을 말하는데, 재무적인 영역뿐만 아니라 비재무적 영역을 포괄하는 개념으로, 노후준비는 노후소득 뿐만 아니라 노년의 삶을 건강하게 보낼 수 있는 다양한 준비를 적절히 하고 있는가에 초점을 맞추어야 한다. 그리고 노후준비가 적절히 이루어지고 있는가를 파악하기 위해서는 노년기 이전부터 노후시기에 이르기까지 노후준비의 실태를 지속적으로 파악할 필요가 있다.

① 노년기 이전의 연금, 보험 등 노년기 이후를 대비한 재무적인 준비
② 거주 지역의 인구 밀집도와 상가, 편의시설 등의 분포 구조 파악
③ 중년층의 주말 여가활동 전반과 변화에 대한 희망 여부 등
④ 대인관계 및 보호자 유무, 가족과의 갈등 상황 등의 현황 파악
⑤ 중 · 고령자의 건강상태와 질환 및 건강관리를 위한 생활습관 조사

 노년기 이전부터 노후준비를 적절히 하고 있는가에 대한 내용이 본론에서 다루어질 주요 내용이라고 볼 수 있다. 따라서 노후준비의 다양한 영역과 그 실태를 알아보는 내용이 본론의 핵심이라고 보아야 한다. ②와 같은 내용은 노령자들의 생활 편의시설에 관한 것이라고 볼 수 있으나, 노후준비를 위한 능동적이고 직접적인 행위로 볼 수는 없다.

22 다음 글의 내용과 부합하는 것은?

여러 가지 호흡기 질환을 일으키는 비염은 미세먼지 속의 여러 유해 물질들이 코 점막을 자극하여 맑은 콧물이나 코막힘, 재채기 등의 증상을 유발하는 것을 말한다. 왜 코 점막의 문제인데, 비염 증상으로 재채기가 나타날까? 비염 환자들의 코 점막을 비내시경을 통해 관찰하게 되면 알레르기성 비염 환자에겐 코 점막 내의 돌기가 관찰된다. 이 돌기들이 외부에서 콧속으로 유입되는 먼지, 꽃가루, 유해물질 등에 민감하게 반응하면서 재채기 증상이 나타나는 것이다.

알레르기성 비염은 집먼지, 진드기 등이 매개가 되는 통연성 비염과 계절성 원인이 문제가 되는 계절성 비염으로 나뉜다. 최근 들어 미세먼지, 황사 등 대기 질을 떨어뜨리는 이슈가 자주 발생하면서 계절성 비염의 발생 빈도는 점차 늘어나고 있는 추세다.

아직도 비염을 단순히 코 점막 질환이라 생각한다면 큰 오산이다. 비염은 면역력의 문제, 체열 불균형의 문제, 장부의 문제, 독소의 문제가 복합적으로 얽혀서 코 점막의 비염 증상으로 표출되는 복합질환이다. 비염의 원인이 다양하고 복합적인만큼 환자마다 나타나는 비염 유형도 가지각색이다. 비염 유형에 따른 비염 증상에는 어떤 것이 있을까? 비염은 크게 열성 비염, 냉성 비염, 알레르기성 비염으로 나눌 수 있다.

가장 먼저, 열성 비염은 뇌 과열과 소화기의 열이 주된 원인으로 발생한다. 코 점막을 건조하게 만드는 열은 주로 뇌 과열과 소화기의 열 상승으로 발생하기 때문에 비염 증상으로는 코 점막의 건조, 출혈 및 부종 외에도 두통, 두중감, 학습장애, 얼굴열감, 급박한 변의 등이 동반되어 나타날 수 있다. 냉성 비염은 호흡기의 혈액순환 저하로 코 점막이 창백해지고 저온에 노출됐을 때 맑은 콧물 및 시큰한 자극감을 주 증상으로 하는 비염을 말한다. 또한, 호흡기 점막의 냉각은 소화기능의 저하와 신진대사 저하를 동반하기도 한다. 냉성 비염 증상은 맑은 콧물, 시큰거림 외에도 수족냉증, 체열 저하, 활력 감소, 만성 더부룩함, 변비가 동반되어 나타난다. 알레르기성 비염은 먼저, 꽃가루, 온도 등에 대한 면역 반응성이 과도하여 콧물, 코막힘, 재채기, 가려움증 등을 유발하는 비염 유형이다. 알레르기성 비염은 임상적으로 열성과 냉성으로 또 나눌 수 있는데, 열성 비염의 동반증상으로는 코막힘, 건조함, 충혈, 부종 및 콧물이 있고, 냉성 비염의 동반증상은 맑은 콧물과 시큰한 자극감이 나타날 수 있다.

겨울철 환절기인 9~11월, 알레르기성 비염과 코감기 때문에 고생하는 이들이 많다. 코감기는 알레르기성 비염과 증상이 비슷해 많은 이들이 헷갈려 하지만, 치료법이 다르기 때문에 정확하게 구분하는 것이 중요하다. 알레르기성 비염은 여러 자극에 대해 코 점막이 과잉반응을 일으키는 염증성 질환으로 맑은 콧물, 코막힘, 재채기라는 3대 비염 증상과 함께 코 가려움증, 후비루 등이 나타날 수 있다. 또한 발열이나 오한 없이 오직 코의 증상이 나타나는데, 원인은 일교차, 꽃가루, 스트레스 등으로 다양하다. 반면 코감기는 몸 전체가 아픈 바이러스질환으로 누런 코, 심한 코막힘에 오한, 발열을 동반한 코 증상이 있으며, 코 점막이 새빨갛게 부어 오른 경우는 코감기로 볼 수 있다. 코감기는 충분한 휴식만으로도 치료가 가능할 수 있지만 알레르기성 비염은 꼭 약물치료가 필요하다.

① 비염은 단순히 코 점막의 질환이다.

② 냉성 비염은 뇌 과열과 소화기의 열이 주된 원인으로 발생한다.

③ 열성 비염은 두통, 두중감, 학습장애, 얼굴열감, 급박한 변의 등이 동반되어 나타날 수 있다.

④ 코감기는 오한이나 발열없이 맑은 콧물, 코막힘, 재채기의 증상이 나타난다.

⑤ 3대 비염증상은 진한 콧물, 빨간 코점막, 재채기이다.

① 비염은 면역력의 문제, 체열 불균형의 문제, 장부의 문제, 독소의 문제가 복합적으로 얽혀서 코 점막의 비염 증상으로 표출되는 복합질환이다.

② 열성 비염은 뇌 과열과 소화기의 열이 주된 원인으로 발생하고 냉성 비염은 호흡기의 혈액순환 저하로 발생한다.

④ 코감기는 몸 전체가 아픈 바이러스질환으로 누런 코, 심한 코막힘에 오한, 발열을 동반한 코 증상이 있다.

⑤ 알레르기성 비염은 맑은 콧물, 코막힘, 재채기라는 3대 비염증상을 동반한다.

Answer ☞ 22.③

23 다음 광고를 보고 잘못 이해한 것은?

<신입사원 정규채용 공고>

분야	인원	응시자격	연령	비고
콘텐츠 기획	5	• 해당분야 유경험자(3년 이상) • 외국어 사이트 운영 경력자 우대 • 외국어(영어/일어) 전공자	제한 없음	정규직
제휴 마케팅	3	• 해당분야 유경험자(5년 이상) • 웹 프로모션 경력자 우대 • 콘텐츠산업(온라인) 지식 보유		
웹 디자인	2	• 응시제한 없음 • 웹디자인 유경험자 우대		

<입사지원서 및 기타 구비서류>

(1) 접수방법
- 인터넷(www.abcdefg.co.kr)을 통해서 접수(우편·방문접수 불가)
- 채용분야별 복수지원 불가(중복 시 모두 불합격 처리)

(2) 입사지원서 접수 유의사항
- 입사지원은 인터넷 접수만 가능
- 접수 마감일에는 지원자 폭주 및 서버의 네트워크 사정에 따라 접속이 불안정해 질 수 있으니 가급적 마감일 1~2일 전까지 입사지원서 작성바람
- 입사지원서를 작성하여 접수하고 수험번호가 부여된 후 재입력이나 수정은 채용 공고 종료일 18:00까지만 가능하오니, 기재내용 입력에 신중을 기하여 정확하게 입력하기 바람

(3) 구비서류 접수
- 접수방법 : 최종면접 전형 당일 시험장에서만 접수하며, 미제출자는 불합격 처리
  - 최종학력졸업증명서 1부
  - 자격증 사본 1부(해당자에 한함)

(4) 기타 사항
- 상기 모집분야에 대해 최종 전형결과 적격자가 없는 것으로 판단될 경우, 선발하지 아니할 수 있으며, 추후 입사지원서의 기재사항이나 제출서류가 허위로 판명될 경우 합격 또는 임용을 취소
- 최종합격자라도 신체검사에서 불합격 판정을 받거나 당사 인사규정상 채용 결격사유가 발견된 경우 임용을 취소함
- 3개월 인턴 후 평가(70점 이상)에 따라 정식 고용 여부 결정

(5) 문의 및 접수처
- 기타 문의사항은 홈페이지(www.abcdefg.co.kr) 참고

① 최종합격자라도 신체검사에서 불합격 판정을 받으면 임용이 취소된다.

② 3개월 인턴과정을 거치고 나면 별도의 제약 없이 정식 고용된다.

③ 자격증 사본은 해당자만 제출한다.

④ 우편·방문접수는 불가능하며 인터넷 접수만 가능하다.

⑤ 지원서 수정은 마감일 이후 불가능하다.

 ② 평가를 하여 70점 이상인 사람이 정식 고용된다.

24 다음 중 제시된 글의 내용을 토대로 할 때 빈 칸 (가)에 들어갈 내용으로 적절하지 않은 것은?

> 2014년 7월부터 시행되고 있는 기초연금은 노인의 생활안정과 복지증진을 목적으로 65세 이상 노인 70%를 대상으로 단독인 경우 2016년 기준으로 최대 204,010원, 부부인 경우 최대 326,400원을 지급하고 있다. 이러한 기초연금은 기존 기초노령연금과 비교할 때 급여액이 최대 2배 상향되었고, 기초노령연금의 '한시적' 성격을 극복하여 우리나라 노인기초보장제도의 전환을 가져왔다고 평가할 수 있다. 또한 급여 확대를 통해 기존 기초노령연금과 비교할 때 기초연금 예산이 증가하여 2015년 기초연금 지급액으로 연간 10조원(국비 7조 6천억, 지방비 2조 4천억)이 집행되었다. 이렇게 대규모 예산이 투입되는 기초연금이 제도의 본래 목적을 잘 달성하고 있는지, 또한 기초연금 수급자에게 미치는 영향이나 효과는 어떠한지 현 시점에서 검토하고 평가할 필요가 있다. 보다 구체적으로는 기초연금 도입에 따라, ((가)   )와 관련된 내용이 그 예가 될 수 있겠다.

① 노인의 소득이 증가하면서 그에 따라 수급자들의 지출이 증가하였는지

② 기초연금 수급자들은 기초연금 급여를 주로 어디에 사용하며 기초연금이 생활에 얼마나 도움을 주고 있는지

③ 제도 도입 시점의 기금 운용 계획과 집행 예산 내역을 비교하여 효과적인 기초연금 지급이 이루어지고 있는지

④ 제도 도입에 대한 평가와 기초연금제도에 대한 만족도와 같은 수급자들의 제도에 대한 인식과 평가는 어떠한지

⑤ 기초연금 수급이 부부와 주변 친구, 자녀들과의 관계 등 노인들의 사회적 관계와 심리적 변화에 어떠한 변화를 가져왔는지

 제시글의 서두에서 기초연금제도는 노인의 생활안정과 복지증진을 목적으로 하고 있다고 밝히고 있다. 따라서 이와 관련한, 수급자에게 미치는 영향이나 효과를 알아보는 방식의 사례가 등장하여야 할 것이다. ③은 재원 유지 측면에서 기초연금 혜택자가 아닌 공단 측의 검토 내용이 되어야 할 것이다.

25 다음 제시된 글에서 청소년기를 규정하고 있는 관점으로 가장 적절한 것은?

고대 그리스의 철학자 Platon은 '법률(Laws)'과 '국가론(the Republic)'이라는 두 책에서 청소년기는 다른 시기보다도 습관에 의해 성격이 형성되기 쉽다고 지적하고 있다. 또한 그는 청소년의 성격은 삶의 과정 동안 매우 변하기 쉽다고 주장하였다. 플라톤은 이성의 발달이 청소년기에 이루어진다고 보았다. 그 이유는 이전의 아동기는 습관에 의한 훈련을 통해 인간의 본능을 알게 되고 이를 자신과 조화시키도록 하는 것은 이성을 습득한 후에 가능하다고 보았기 때문이다.

이러한 맥락에서 교육은 이성이 발달하기 이전에 아동에게 경험을 제공하는 것이며, 플라톤은 아동의 개인차를 인정하여 모든 아동은 각기 다른 능력을 가지고 태어나기 때문에 각자의 적성에 맞는 활동을 할 수 있도록 안내해 주어야 한다고 주장하였다. 청소년기에 대한 플라톤의 긍정적인 태도는 오늘날의 임파워먼트(empowerment)개념과 비슷한 부분이 청소년기에 있음을 주장하고 있는 것으로 여겨진다. 즉 청소년의 능력에 따라 이를 적극적으로 활용할 수 있도록 안내하는 책임이 성인 및 이들을 돕는 전문가에게 있는데, 이는 청소년을 능동적 주체로 여기는 것이다.

청소년기를 태동하게 만든 배경은 서구의 산업혁명으로 인한 의무교육의 도입으로 볼 수 있다. 산업화가 진행됨에 따라 사회는 교육받은 숙련된 노동력을 더욱 필요로 하게 되었다. 이러한 사회적 배경을 토대로 19세기말부터는 아동 및 청소년의 노동을 제한하고 학교교육이 의무화되었다. 그 결과 10대 청소년은 또래와 많은 시간을 보냈고, 아동과는 구별되지만 아직 성인의 책임을 맡을 준비는 되지 않은 독특한 그들만의 또래문화를 만들게 되었다.

① 법적 관점
② 사회적 관점
③ 심리적 관점
④ 교육적 관점
⑤ 경제적 관점

 아동기를 거쳐 청소년기에 이르기까지 교육이 청소년에게 미치는 영향과 관련한 내용을 다루고 있으므로 교육적인 관점에서의 규정을 내리고 있다고 할 수 있다.
① 아동복지법, 청소년보호법 등에서 규정하는 연령 등에 대한 구분이 법적 관점에서의 규정이라고 할 수 있다.
② 부모와의 관계, 의존도 등에 의한 관점이 사회적 관점이라고 할 수 있다.
③ 사회적 관점과 비슷하여 심리적인 독립이 확립되었는지의 유무에 의한 규정이라고 할 수 있다.
⑤ 경제적인 부분에 대한 언급은 제시되어 있지 않다.

Answer ↪ 24.③ 25.④

26 다음은 사원 A가 작성한 에너지 사용량에 대한 보고서의 일부이다. 주어진 내용을 참고할 때, 이 보고서에 포함된 내용이라고 보기 어려운 것은 무엇인가?

> 에너지의 사용량을 결정하는 핵심 요인은 함께 거주하는 가구원의 수이다. 다음 표를 통해 가구원수가 많아질수록 연료비 지출액 역시 함께 증가하는 것을 확인 할 수 있다.
>
> | 가구원수 | 비율(%) | 가구소득(천 원, %) | 연료비(원, %) | 연료비 비율(%) |
> |---|---|---|---|---|
> | 5명 이상 | 7.5 | 4,677,671(319.0) | 148,456(250.1) | 4.01 |
> | 4명 | 25.3 | 4,470,861(304.9) | 129,287(217.8) | 3.73 |
> | 3명 | 23.4 | 3,877,247(264.4) | 117,963(198.7) | 4.36 |
> | 2명 | 26.8 | 2,645,290(180.4) | 96,433(162.5) | 6.67 |
> | 1명 | 17.0 | 1,466,381(100.0) | 59,360(100.0) | 8.18 |
>
> 하지만 가구원수와 연료비는 비례하여 증가하는 것은 아니며, 특히 1인 가구의 지출액은 3인이나 4인 가구의 절반 수준, 2인 가구와 비교하여서도 61.5% 수준에 그친다. 연료비 지출액이 1인 가구에서 상대적으로 큰 폭으로 떨어지는 이유는 1인 가구의 가구 유형에서 찾을 수 있다. 1인 가구의 40.8%가 노인가구이며, 노인가구의 낮은 소득수준이 연료비 지출을 더욱 압박하는 효과를 가져왔을 것이다. 하지만 1인 가구의 연료비 감소폭에 비해 가구소득의 감소폭이 훨씬 크며, 그 결과 1인 가구의 연료비 비율 역시 3인 이상인 가구들에 비해 두 배 가까이 높게 나타난다. 한편 2인 가구 역시 노인가구이 비율이 27.1%로 3인 이상 가구 6.8%에 비해 3배 이상 높게 나타난다.

① 과거 일정 기간 동안의 연료비 증감 내역
② 가구의 연령대별 연료비 지출 내역
③ 가구의 유형별 연료비 지출 현황
④ 가구 소득분위별 연료비 지출 현황
⑤ 1인 가구의 연료비 지출 감소 원인

 제시된 보고서에서 A는 1인 가구의 대다수는 노인가구가 차지하고 있으며 노인 가구는 소득수준이 낮은 데 반해 연료비 비율이 높다는 점을 지적하고 있다. 따라서 보기 ②~⑤의 내용은 A가 언급한 내용과 직접적인 연관성이 있는 근거 자료가 될 수 있으나, 과거 일정 기간 동안의 연료비 증감 내역은 제시된 정보라고 할 수 없다.

27 다음은 □□보험 정책연구원 이대리가 '제1차 건강과 의료 고위자 과정 모집안내'에 대한 안내 문서를 작성한 것이다. 이를 읽고 잘못 이해한 사람을 고르시오.

수업 기간	2020. 4. 1 ~ 7. 15(14주) 매주 수요일 18:30 ~ 21:00(식사제공)
모집 인원	50명
지원 자격	• 의료기관의 원장 및 관리책임자 • 전문기자 및 보건의료계 종사자 • 정부, 국회 및 정부투자기관의 고위관리자
접수 안내	기간 : 2020. 3. 8 ~ 22(15일간) 장소 : □□보험 정책연구소(이메일, 우편 접수)
제출 서류	• 입학지원서 1부 • 사진2매(입학지원서 부착 외 1매), 여권사진 1부(해외워크숍 참가 시)
합격 발표	2020. 3. 23(월) 개별 통보
수료 기준	과정 80% 이상 출석 시 수료증 수여
교육 장소	• □□보험 본사 대회의실(7층) • □□보험 정책연구소 세미나실(3층)
수강료	• 등록금 100만원 – 합격자에 한하여 아래 계좌로 입금해주시기 바랍니다. – 계좌번호 : △△은행 123-456789-0000 □□보험 정책연구소 ※ 해외연수 비용은 별도(추후 공지)

① 甲 : 오늘이 접수 마감일인데 방문이 불가능하니 이메일로 시도를 해봐야겠네.
② 乙 : 매주 수요일 저녁 시간대에 수업을 하려면 저녁 시간이 애매한데, 석식을 제공한다니 괜찮네.
③ 丙 : 나는 수업기간 중 출장 때문에 1주 정도 출석을 못 하니 수료가 어렵겠네.
④ 丁 : 만약 불합격이면 저 수강료 부분은 신경 쓰지 않아도 괜찮겠군.
⑤ 戊 : 매우 유용한 과정이 될 것 같은데, 후배 중 의학전문기자가 있으니 추천해줘야겠군.

(Tip) 과정의 80% 이상 출석 시 수료증 수여이므로 80%인 14×0.8=11.2주 이상 출석하면 된다.

Answer 26.① 27.③

28 다음은 H공단에서 공지한 공고문의 내용이다. 이 공고문의 수정사항을 지적한 〈보기〉의 내용 중 적절한 것을 모두 고른 것은?

2020년 지정측정기관 평가 실시 공고

산업안전보건법 제42조 제9항, 시행규칙 제97조, 고용노동부고시 제2017-27호에 따라 「2020년 지정측정기관 평가」 실시계획을 다음과 같이 공고합니다.

1. 평가방법 : 가결과 평가 기관별 방문평가
2. 평가표 : 지정측정기관 평가 설명회 시(3월 8일) 배포
3. 평가대상기관 : 산업안전보건법 시행령 제32조의3에 따른 지정측정기관
4. 평가자 : 안전보건공단 직원 및 외부전문가
5. 평가대상 업무 : 2018년도 평가일 기준 최근 2년간 업무(2018.1.27. ~ 2019.12.31.)
   ※ 평가대상 기관 중 2018.1.27. 이후 지정받은 기관인 경우에는 지정측정기관 지정일로부터 2019.12.31.까지 수행한 업무에 대하여 평가
6. 평가일정
   - 평가실시 : 2020. 3월 26일(월) ~ 7월 13일(금) 중 1 ~ 2일
   ※ 기관평가 방문일은 평가반별로 해당 기관과 유선 협의 후 확정
   - 평가결과(절대점수) 통보 : 2020. 7월 중
   - 이의신청 접수 및 처리 : 2020. 8월 중
   ※ 이의신청 내용이 타당한 경우에 한하여 재평가 실시
   - 최종 평등급 공표 : 2020. 8월 중

2020년 2월 23일
한 국 H 공 단

〈보기〉
㉠ 개별 통보기관에 대한 설명이 없어 자사가 대상기관에 해당되는지 알 수 없다.
㉡ 날짜를 숫자로 표기할 경우, '일'을 표기하는 숫자 뒤에 마침표를 쓰지 않아야 한다.
㉢ 문의사항과 관련한 연락처를 제공하지 않아 불편함이 예상된다.
㉣ 평가방법과 평가표에 대한 내용을 먼저 작성하는 것은 순서에 맞지 않는다.

① ㉡, ㉢, ㉣   ② ㉠, ㉢, ㉣
③ ㉠, ㉡, ㉣   ④ ㉠, ㉡, ㉢
⑤ ㉠, ㉡, ㉢, ㉣

㉠ 이러한 경우, 평가대상기관 항목 아래 '개별기관별 별도 통보함' 이라는 문구를 삽입해 주는 것이 바람직하다.

㉡ 연월일의 표시에서는 모든 아라비아 숫자 뒤에 마침표를 쓰는 것이 문서작성 원칙이다.

㉢ 공고문이나 안내문 등에서는 연락처를 기재하는 것이 원칙이다.

㉣ 1번과 2번 항목이 5번 항목의 뒤로 오는 것이 일반적인 순서에 맞고, 읽는 사람이 알고자 하는 사항을 적절한 순서로 작성한 것으로 볼 수 있다.

29 다음 청년들의 취업난과 관련한 글에서 빈칸 ㈎에 공통으로 들어갈 말은?

정부는 (㈎) 근절을 위하여 2016년 2월 1일 인턴·실습생 등 「일경험 수련생에 대한 법적지위 판단과 보호를 위한 가이드라인」을 마련하여 발표하였다. 그간 일부 기업에서 일경험 제도에 대한 규율의 사각지대 속에서 일경험 수련생을 교육·훈련 목적 없이 단순 노동력으로 활용하여 청년들에게 부정적인 직업관을 갖게 하고 기업의 경쟁력·생산성 저하는 물론 노동시장 전반에 나쁜 일자리를 만들고 있다는 문제가 제기되었다.

실제로 '15년 상반기 인턴 다수 고용사업장 기획 감독을 실시한 결과, 일부 패션·호텔 업종 등에서 필요 인력을 근로자가 아닌 실습생으로 대체 채용하고, 일반 근로자와 동일하게 연장·야간 근로를 하게 하는 등 사실상 근로기준법 상 근로자로 활용하면서 법적 의무를 이행하지 않는 법 위반 사례를 적발한 바 있다.

이에 청년취업난에 편승하여 실습생, 견습생, 인턴 등 이름으로 청년들의 노동력을 착취하는 소위 (㈎)를(을) 근절하고 청년들의 열정이 존중되고 올바른 일경험 문화 정착을 위해 일경험 수련생 가이드라인을 마련하였다. 일경험 수련생 가이드라인은 관련 전문가 연구용역, 간담회 등을 거쳐 기초(안)을 만들고, 업종별 협회(호텔, 출판, 패션 등), 유관단체(청년 유니온, 노동사회연구소 등), 대학관계자, 관계부처, 해외사례 등 다양하고 폭넓은 의견을 수렴하여 마련하였다.

① 무급근로　　　　　　　② 이그니마

③ 열정페이　　　　　　　④ 청년실업

⑤ 인턴체험

 열정페이란 월급은 적게 주면서 온갖 업무를 많이 시키는 행위를 비꼬는 말이다. 법적으로 정한 최저임금에 턱없이 못 미치는 임금을 지불받고 있지만 취업 관문에 서 있는 인턴이나, 취업을 위해 경력을 쌓아야만 하는 사람들, 또는 그 적은 금액의 돈이라도 꼭 필요한 사람들에게는 이와 같은 부당함이 인내의 대상이 된 것이다.

Answer⟶ 28.② 29.③

30 다음은 '저영향 개발(Low Impact Development, LID)'에 대하여 설명하고 있는 글이다. 글의 내용이 자연스럽게 이어지도록 ㈎～㈑ 단락의 순서를 적절히 나열한 것은?

㈎ 국내에서는 신도시 건설과 기존 도시의 재생 및 비점오염 저감 등의 목적으로 LID 기법이 활발하게 적용되고 있다. LH공사의 아산탕정지구 분산형 빗물관리 도시, 환경부의 강릉 저탄소 녹색 시범도시 등이 대표적이다. 또한, 수원시는 물 자급률 향상을 위해 빗물 관리 사업인 레인시티 사업을 시행하고 있고, 서울시에서도 빗물관리 기본 계획을 수립하는 등 지방자치단체에서도 저영향 개발에 대한 관심이 매우 높아지고 있다. K-water에서는 송산 그린시티사업, 에코델타시티 사업 등 다양한 수변도시 및 친수구역 조성 사업에 LID 기술을 적용하여 진행하고 있다. 송산 그린시티 조성 사업은 시화호 주변 지역의 생태환경을 보전하는 동시에 시화 방조제 건설로 생성된 대규모 간석지를 효율적으로 활용, 자연과 환경, 인간 모두를 고려한 합리적인 도시를 조성하는 사업이다. 사업 지역 내 동측지구에 계획된 장치형 비점오염 저감시설을 식생수로, 빗물 정원 등 자연형 LID시설로 전환하는 것을 시작으로 강우발생 시 자체 발생원에서 관리가 가능한 분산식 우수배제 방식으로 설계하는 등 저영향 개발 기술을 적극적으로 활용하고 있다. 또한, 그린인프라 시설에 대한 효과를 극대화하는 시범지구를 설정, 저영향 개발 설계를 진행하고 있다.

㈏ 기후변화 대응 및 국가정책 기조에 따라 수자원 관리 및 이용의 중요성이 확대되면서, 저영향개발(Low Impact Development, LID)기반의 물순환 도시 조성 계획·설계 기술의 확보가 요구되고 있다. 국가별로 사용하는 용어는 상이하나 접근하는 방식은 유사한데, 공통적으로 발생한 강우를 그 지역 내에서 관리하는 분산형 빗물관리 기술을 적용하고 있고, 저영향 개발(LID, 미국), 자연 순응형 개발(sound water cycle on national planning, 일본), 분산식 도시계획(decentralized urban design, 독일), 지속가능한 도시계획(water sensitive urban design, 호주) 등 발생원의 빗물관리를 목표로 한다. 미국 내 많은 연방기관과 주 정부 및 지자체에서는 저영향 개발을 이용한 우수관리 기법에 관한 지침서와 매뉴얼을 제공하고, 유역의 신규 개발 또는 재개발 시 LID 기술을 활용하도록 제도화되어 있다.

㈐ 한국 그린인프라·저영향 개발 센터는 그린 인프라(Green Infrastructure, GI)·LID 기술에 대한 검인증 역할 수행 및 연구를 위한 세계 최초의 다목적 실내·외 종합 검증시설이며, 다양한 형태의 LID 실증시설을 실제로 구축·운영함으로써 수리·수문, 토질, 재료, 환경 분야의 실험 및 분석을 수행하고 있다. 또한, 분산형 테스트베드의 성격뿐만 아니라 설계-시공-운영-모니터링-유지관리 기술의 흐름을 통한 기술 통합적 실증단지로서의 역할을 목표로 GI·LID 실증검증사업, 교육 및 정책 지원사업, 국가 연구개발 사업, 기업체 기술개발 지원사업으로 구분하여 GI·LID 관련 정책제안, 기술개발 등의 연구, 홍보 및 교육을 수행할 계획이다.

(라) 한편, LID기술의 국내 현장 적용 및 파급 확대를 위해서는 선진국 수준의 설계 및 요소기술의 검증 및 인증을 위한 방안 마련과 사업 후 적용평가를 위한 지침의 개발이 시급하다. 이에 국토교통부 '물관리연구사업'의 일환인 「건전한 도시물순환인프라의 저영향개발(LID) 및 구축·운영 기술」 연구단 프로젝트를 2012년 12월부터 2018년까지 부산대학교, K-water, LH, 한국건설기술연구원 등 10여개의 전문기관이 컨소시엄으로 참여하여 연구수행 중이다. 「건전한 도시물순환인프라의 저영향 개발(LID) 및 구축운영기술 연구단」은 본 연구사업을 통하여 부산대학교 양산캠퍼스에 한국 그린인프라·저영향 개발 센터를 설립하였다.

① (가) - (나) - (라) - (다)
② (나) - (가) - (라) - (다)
③ (나) - (가) - (다) - (라)
④ (나) - (라) - (가) - (다)
⑤ (다) - (가) - (라) - (나)

LID에 대한 설명을 주 내용으로 하는 글이므로 용어의 소개와 주요 국가별 기술 적용 방식을 언급하고 있는 (나) 단락이 가장 먼저 놓여야 할 것이다. 국가별 간략한 소개에 이어 (가)에서와 같이 우리나라의 LID 기법 적용 사례를 소개하는 것이 자연스러운 소개의 방식으로 볼 수 있다. (다)와 (라)에서는 논지가 전환되며 앞서 제시된 LID 기법에 대한 활용 방안에 대하여 소개하고 있는 바, (라)에서 시급히 보완해야 할 문제점이 제시되며 한국 그린인프라·저영향 개발 센터를 소개하였고, 이곳에서의 활동 내역과 계획을 (다)에서 구체적으로 제시하고 있다. 따라서 (나) - (가) - (라) - (다)의 순서가 가장 자연스러운 문맥의 흐름으로 볼 수 있다.

Answer⟶ 30.②

31 다음 중 원활한 의사표현을 위한 지침으로 옳지 않은 것은?

① 상대방에 대한 칭찬을 아끼지 않는다.

② 대화의 룰을 지킨다.

③ 문장을 완전하게 말한다.

④ 자신의 주장을 강하게 내세운다.

⑤ 문장을 끝까지 말한다.

 ※ 원활한 의사표현을 위한 지침
　⊙ 올바른 화법을 위해 독서를 한다.
　ⓛ 좋은 청중이 된다.
　ⓒ 칭찬을 아끼지 않는다.
　ⓔ 공감하고, 긍정적으로 보이도록 노력한다.
　ⓜ 항상 겸손하게 행동한다.
　ⓑ 과감하게 공개한다.
　ⓢ 뒷말을 숨기지 않는다.
　ⓞ 첫마디 말을 준비한다.
　ⓩ 이성과 감성의 조화를 이루도록 노력한다.
　ⓩ 대화의 룰을 지킨다.
　ⓖ 문장을 끝까지 말한다.

32 다음 중 바람직한 의사소통의 요소로 옳지 않은 것은?

① 무뚝뚝한 반응　　　　　　② 시선공유

③ 자연스러운 터치　　　　　④ 경청

⑤ 대화 순서 지키기

 ① 무뚝뚝한 반응은 오히려 원만한 의사소통을 방해하는 요소가 된다.
※ 바람직한 의사소통의 요소
　⊙ 적절한 반응
　ⓛ 시선공유(eye contact)
　ⓒ 공감하기
　ⓔ 경청하기
　ⓜ (대화)순서 지키기

33 다음 글에서 형식이가 의사소통능력을 향상시키기 위해 노력한 것으로 옳지 않은 것은?

○○기업에 다니는 형식이는 평소 자기주장이 강하고 남의 말을 잘 듣지 않는다. 오늘도 그는 같은 팀 동료들과 새로운 프로젝트를 위한 회의에서 자신의 의견만을 고집하다가 결국 일부 팀 동료들이 자리를 박차고 나가 마무리를 짓지 못했다. 이로 인해 형식은 팀 내에서 은근히 따돌림을 당했고 자신의 행동에 잘못이 있음을 깨달았다. 그 후 그는 서점에서 다양한 의사소통과 관련된 책을 읽으면서 조금씩 자신의 단점을 고쳐나가기로 했다. 먼저 그는 자신이 너무 자기주장만을 내세운다고 생각하고 이를 절제하기 위해 꼭 하고 싶은 말만 간단명료하게 하기로 마음먹었다. 그리고 말을 할 때에도 상대방의 입장에서 먼저 생각하고 상대방을 배려하는 마음을 가지려고 노력하였다. 또한 남의 말을 잘 듣기 위해 중요한 내용은 메모하는 습관을 들이고 상대방이 말할 때 적절하게 반응을 보였다. 이렇게 6개월을 꾸준히 노력하자 등을 돌렸던 팀 동료들도 그의 노력에 감탄하며 다시 마음을 열기 시작했고 이후 그의 팀은 중요한 프로젝트를 성공적으로 해내 팀원 전원이 한 직급씩 승진을 하게 되었다.

① 메모하기   ② 배려하기

③ 시선공유   ④ 반응하기

⑤ 생각하기

 시선공유도 바람직한 의사소통을 위한 중요한 요소이지만 위 글에 나오는 형식이의 노력에서는 찾아볼 수 없다.

Answer➔ 31.④ 32.① 33.③

34 다음 IT회사에 인턴으로 채용된 두 사람의 대화이다. 두 사람이 제출했을 토론 주제로 적합한 것은?

> A : 대리님께서 말씀하신 토론 주제 정했나요? 저는 인터넷에서 '저무는 육필의 시대'라는 기사를 찾아봤는데 토론 주제로 괜찮을 것 같아서 그걸 정리하려고 해요.
>
> B : 전 아직 마땅한 게 없어서 찾는 중이에요. 그런데 육필이 뭔가요?
>
> A : 컴퓨터로 글을 쓰는 게 디지털 글쓰기라면 손으로 글을 쓰는 걸 육필이라고 해요!
>
> B : 아! 그렇군요. 그럼 저희는 디지털 글쓰기 세대군요!
>
> A : 그런 셈이죠. 요즘 다들 컴퓨터로 글을 쓰니까요. 그나저나 디지털 글쓰기의 장점이 뭐라고 생각하세요?
>
> B : 떠오르는 대로 빨리 쓸 수 있다는 거 아닐까요? 또 쉽게 고칠 수도 있고, 그래서 누구나 쉽게 글을 쓸 수 있다는 점이 디지털 글쓰기의 최대 장점이라고 생각해요.
>
> A : 맞아요. 기존의 글쓰기가 소수의 전유물이었다면, 디지털 글쓰기 덕분에 누구나 쉽게 글을 쓰고 의사소통을 할 수 있게 되었다는 게 제가 본 기사의 핵심이었죠. 한마디로 글쓰기의 민주화가 이루어진 거죠.
>
> B : 글쓰기의 민주화라니 멋있어 보이긴 하지만 꼭 장점만 있는 건 아닌 거 같아요. 누구나 쉽게 글을 쓴다는 건, 그만큼 글이 가벼워졌다는 거 아닌가요? 주변에도 그런 글들을 많이 볼 수 있잖아요.
>
> A : 하긴, 디지털 글쓰기 때문에 과거보다 진지하게 글을 쓰는 사람이 적어진 건 사실이죠. 남의 글을 베끼거나 근거 없는 내용을 담은 글들이 많아졌어요.
>
> B : 그럼 우리 이 주제로 토론을 해보는 거 어떤가요?

① 세대 간 정보화 격차
② 디지털 글쓰기의 장단점
③ 디지털 글쓰기와 정보화
④ 디지털 글쓰기의 미래
⑤ 디지털 글쓰기와 의사소통의 관계

 대화 속의 A와 B는 디지털 글쓰기의 장점과 단점에 대해 이야기하고 있다. 따라서 두 사람이 제출했을 토론 주제로 '디지털 글쓰기의 장단점'이 적합하다.

35 다음은 토론과 토의를 비교한 표이다. 옳지 않은 것은?

	구분	토론	토의
①	정의	특정 주제에 대한 찬성과 반대의 주장을 논하는 과정	특정 문제를 해결하기 위한 다양한 해결방안을 모색하는 과정
②	목적	각자가 가지고 있는 다양한 의견을 개진하고 교환하며 검토함	각각 찬성과 반대 입장에서 자신의 주장을 받아들이도록 제3자인 청중을 설득함
③	특성	상호 대립적 · 공격적 · 경쟁적 · 논쟁적	상호 협동적 · 협조적 · 협력적
④	형식	일정한 형식과 규칙에 따라 발언함	비교적 자유롭게 발언함
⑤	효과	문제의 본질에 대한 이래를 높여줌	문제해결책을 도출함

구분	토론	토의
정의	특정 주제에 대한 찬성과 반대의 주장을 논하는 과정	특정 문제를 해결하기 위한 다양한 해결방안을 모색하는 과정
목적	각각 찬성과 반대 입장에서 자신의 주장을 받아들이도록 제3자인 청중을 설득함	각자가 가지고 있는 다양한 의견을 개진하고 교환하며 검토함
특성	상호 대립적 · 공격적 · 경쟁적 · 논쟁적	상호 협동적 · 협조적 · 협력적
형식	일정한 형식과 규칙에 따라 발언함	비교적 자유롭게 발언함
효과	문제의 본질에 대한 이해를 높여줌	문제 해결책을 도출함
결과	승패	타협

Answer⤵ 34.② 35.②

| 36~38 | 다음 글을 읽고 물음에 답하시오.

우리나라 옛 문헌에 따르면 거북 또는 남생이는 '귀'라 하고 자라는 '별'이라 칭하였다. 또한 문학작품이나 문헌에서 현의독우·현령성모·원서·청강사자·강사·동현선생·녹의여자·옥령부자·현부·현갑·장륙 등과 같은 표현이 나오는데 이는 모두 거북 또는 남생이를 일컫는다.

거북은 세계적으로 12과 240종이 알려져 있고 우리나라에서는 바다거북, 장수거북, 남생이, 자라 등 총4종이 알려져 있는데 앞의 2종은 해산대형종이고 뒤의 2종은 담수산소형종이다. 거북목(目)의 동물들은 모두 몸이 짧고 등껍질과 배 껍질로 싸여 있으며 양턱은 부리 모양을 이루고 각질의 집으로 싸여 있다. 또한 이빨은 없고 눈꺼풀이 있으며 목은 8개의 목등뼈를 가지고 있어 보통 껍질 속을 드나들 수 있다. 다리는 기본적으로는 오지형으로 되어 있다. 서식지로는 온대·열대의 육상·민물·바다 등에서 사는데 산란은 물에서 사는 것도 육상으로 올라와 한다.

「규합총서」에서 "자라찜을 왕비탕이라 하는데 매우 맛이 좋다. 벽적(뱃속에 뭉치 같은 것이 생기는 병)에 성약이나 그 배에 王자가 있어 그냥 고기와 같지 않고 또 예전에 자라를 살려주고 보은을 받았다는 말이 전하니 먹을 것이 아니다. 비록 「맹자」에 물고기와 자라가 하도 많아 이루 다 먹을 수가 없었다는 말이 있으나 역시 먹지 않는 것이 좋다."라고 한 것으로 보아 식용되고는 있었으나 약이성 식품으로 사용된 듯하다.

거북은 오래 산다는 의미에서 십장생 중 하나에 들어갔으며 민화의 소재로도 많이 사용되었고 용이나 봉황과 함께 상서로운 동물로도 인식되었다. 그리하여 집을 짓고 상량할 때 대들보에 '하룡'·'해귀'라는 문자를 써 넣기도 했고 귀뉴라 하여 손잡이 부분에 거북 모양을 새긴 인장을 사용하기도 했으며 귀부라 하여 거북 모양으로 만든 비석의 받침돌로도 이용되었다. 또한 동작이 느린 동물로서 많은 이야기의 소재가 되기도 하였다.

대표적인 예로 「삼국유사」 가락국기에는 <구지가>라는 노래가 한역되어 수록되어 있는데 여기서 거북은 가락국의 시조인 수로왕을 드러내게 하는 동물로 등장하고 같은 책의 수로부인조(條)에도 <해가>라는 노래가 들어 있다. 이 노래에서도 역시 거북은 바다로 납치된 수로부인을 나오도록 하는 동물로 나타난다.

그리고 옛날 중국에서는 하나라의 우임금이 치수를 할 때 낙수에서 나온 거북의 등에 마흔다섯 점의 글씨가 있었다고 하는데 이를 '낙서'라 하여 '하도'와 함께 「주역」의 근본이 되었다는 기록도 있다. 이 외에도 중국의 초기문자인 갑골문 또한 거북의 등에 기록된 것으로 점을 칠 때 쓰였는데 오늘날에도 '거북점'이라는 것이 있어 귀갑을 불에 태워 그 갈라지는 금을 보고 길흉을 판단한다. 이처럼 거북은 신령스러운 동물로서 우리나라뿐 아니라 동양 일대에서 신성시하던 동물이었다.

36 다음 중 옳지 않은 것은?

① 우리나라에서는 예부터 거북목(目)의 한 종류인 자라를 식용 및 약용으로 사용하기도 하였다.

② 옛 문헌의 기록으로 말미암아 거북은 고대 우리 민족에게 수신이나 주술매체의 동물로서 인식되었다.

③ 거북은 세계적으로 많은 종이 있는데 바다거북·장수거북·남생이·자라 등 4종은 우리나라에서만 서식하는 고유종이다.

④ 거북은 동양 일대에서 용이나 봉황과 함께 상서로운 동물로 인식되었으며 특히 중국에서는 거북의 등을 이용하여 점을 치기도 하였다.

⑤ 오늘날에도 거북점을 통해 길흉을 판단한다.

 ③ 우리나라에서는 바다거북·장수거북·남생이·자라 등 4종이 알려져 있지만 이들이 우리나라에만 서식하는 고유종으로 보기는 어렵다.

37 다음 문학작품 중 거북과 관련이 없는 것은?

① 귀토지설　　　　　　② 청강사자현부전

③ 죽부인전　　　　　　④ 별주부전

⑤ 토생원전

 ③ 대나무를 의인화하여 절개 있는 부인을 비유한 작품이다.
① 판소리계 소설인 토끼전의 근원설화가 되는 작품으로 거북과 토끼가 지혜를 겨루는 내용이다.
② 거북을 의인화하여 어진 사람의 행적을 기린 작품이다.
④ 판소리계 소설로 「토끼전」이라고도 한다.
⑤ 별주부전의 다른 이름이다.

38 다음 중 밑줄 친 '십장생'에 속하지 않는 것은?

① 대나무　　　　　　② 바람

③ 소나무　　　　　　④ 사슴

⑤ 거북

 십장생은 민간신앙 및 도교에서 불로장생을 상징하는 열 가지의 사물로 보통 '해·달·산·내·대나무·소나무·거북·학·사슴·불로초' 또는 '해·돌·물·구름·대나무·소나무·불로초·거북·학·산'을 이른다.

Answer 36.③　37.③　38.②

봉수는 햇불과 연기로써 급한 소식을 전하던 전통시대의 통신제도로 높은 산에 올라가 불을 피워 낮에는 연기로, 밤에는 불빛으로 신호하는 방식이었다. 봉수제도는 우역제와 더불어 신식우편과 전기통신이 창시되기 이전의 전근대국가에서는 가장 중요하고 보편적인 통신방법이었는데 역마나 인편보다 시간적으로 단축되었고, 신속한 효용성을 발휘하여 지방의 급변하는 민정상황이나 국경지방의 적의 동태를 상급기관인 중앙의 병조에 쉽게 연락할 수 있었기 때문이다. 보통 봉수제는 국가의 정치·군사적인 전보기능을 목적으로 설치되었는데 우리나라에서 군사적인 목적으로 설치된 봉수제가 처음 문헌기록에 나타난 시기는 고려 중기 무렵이다. 이후 조선이 건국되면서 조선의 지배층들은 고려시대 봉수제를 이어받았는데 특히 세종 때에는 종래에 계승되어 온 고려의 봉수제를 바탕으로 하고 중국의 제도를 크게 참고하여 그 면모를 새롭게 하였다. 하지만 이러한 봉수제는 시간이 지날수록 점점 유명무실하게 되었고 결국 임진왜란이 일어나자 이에 대한 대비책으로 파발제가 등장하게 되었다. 봉수는 경비가 덜 들고 신속하게 전달할 수 있는 장점이 있으나 적정을 오직 5거의 방법으로만 전하여, 그 내용을 자세히 전달할 수 없어 군령의 시달이 어렵고 또한 비와 구름·안개로 인한 판단곤란과 중도단절 등의 결점이 있었다. 반면에 파발은 경비가 많이 소모되고 봉수보다는 전달속도가 늦은 결점이 있으나 문서로써 전달되기 때문에 보안유지는 물론 적의 병력 수·장비·이동상황 그리고 아군의 피해상황 등을 상세하게 전달할 수 있는 장점이 있었다.

39 다음 중 옳지 않은 것은?

① 봉수는 전통시대의 통신제도로 높은 산에 올라가 낮에는 연기로, 밤에는 불빛으로 신호를 보냈다.

② 보통 봉수제는 국가의 정치·군사적인 전보기능을 목적으로 설치되었는데 우리나라에서는 고려 중기 무렵에 처음으로 문헌기록으로 나타난다.

③ 봉수는 역마나 인편보다 시간적으로 단축되었고, 신속한 효용성을 발휘하여 지방의 급박한 상황을 중앙에 쉽게 연락할 수 있었다.

④ 봉수제도는 조선시대 들어서 그 기틀이 확고히 자리 잡아 임진왜란 당시에는 큰 역할을 하였다.

⑤ 봉수제도는 경비가 덜 들고 신속하게 전달할 수 있다.

④ 봉수제도는 조선 초기에 여러 제도를 참고하여 그 면모를 새롭게 하였지만 시간이 지날수록 점점 유명무실하게 되었고 결국 임진왜란이 일어나자 이에 대한 대비책으로 파발제가 등장하게 되었다.

40 위 글에서 봉수는 적정을 5거의 방법으로 전한다고 한다. 다음은 조선시대 봉수제도의 5거의 각 단계와 오늘날 정규전에 대비해 발령하는 전투준비태세인 데프콘의 각 단계를 설명한 것이다. 오늘날의 데프콘 4는 봉수의 5거제 중 어디에 가장 가까운가?

> • 봉수제 : 봉수대에서는 거수를 달리하여 정세의 완급을 나타냈는데 평상시에는 1거, 왜적이 해상에 나타나거나 적이 국경에 나타나면 2거, 왜적이 해안에 가까이 오거나 적이 변경에 가까이 오면 3거, 우리 병선과 접전하거나 국경을 침범하면 4거, 왜적이 상륙하거나 국경에 침범한 적과 접전하면 5거씩 올리도록 하였다.
> • 데프콘 : 데프콘은 정보감시태세인 워치콘 상태의 분석 결과에 따라 전군에 내려지는데 데프콘 5는 적의 위협이 없는 안전한 상태일 때, 데프콘 4는 적과 대립하고 있으나 군사개입 가능성이 없는 상태일 때, 데프콘 3은 중대하고 불리한 영향을 초래할 수 있는 긴장상태가 전개되거나 군사개입 가능성이 있을 때, 데프콘 2는 적이 공격 준비태세를 강화하려는 움직임이 있을 때, 데프콘 1은 중요 전략이나 전술적 적대행위 징후가 있고 전쟁이 임박해 전쟁계획 시행을 위한 준비가 요구되는 최고준비태세일 때 발령된다.

① 1거
② 2거
③ 3거
④ 4거
⑤ 5거

 오늘날 데프콘 4는 조선시대 봉수의 5거제 중 2거에 가장 가깝다고 볼 수 있다. 참고로 우리나라는 1953년 정전 이래 데프콘 4가 상시 발령되어 있다.

41 다음 중 위 글의 '봉수'에 해당하는 한자로 옳은 것은?
① 烽燧
② 逢受
③ 鳳首
④ 封手
⑤ 峯岫

 ② 남의 돈이나 재물을 맡음
③ 봉황의 머리
④ 바둑이나 장기에서 대국이 하루 만에 끝나지 아니할 경우 그 날의 마지막 수를 종이에 써서 봉하여 놓음. 또는 그 마지막 수
⑤ 산봉우리

Answer → 39.④ 40.② 41.①

┃42~43┃ 다음은 어느 좌담의 일부이다. 이를 읽고 물음에 답하시오.

사회자 : 안녕하십니까? 최근 유네스코 총회에서 문화 다양성 협약이 채택되었습니다. 오늘 이 자리에서는 전문가 두 분을 모시고 이에 대한 이야기를 나누어 보겠습니다. 먼저 홍 교수님, 이 협약이 갖는 의의에 대해 말씀해 주시겠습니까?

홍 교수 : 네, 우선 문화 다양성 협약이란 세계 각국의 문화적 다양성을 인정하는 국제 협약입니다. 즉, 각 나라가 자국의 문화 정책을 수립함에 있어 그 자주권을 보장하는 국제 규범으로, 이에 대한 국제법적 근거가 마련되었다는 점에서 의의를 가진다고 볼 수 있습니다.

사회자 : 네, 언뜻 들었을 때 자국의 문화 정책을 수립하는 데 있어 자주권을 보장하는 국제 규범이 왜 필요한지 이해가 잘 안되는데요. 이 협약이 채택된 배경에 대해 김 교수님께서 설명 좀 부탁드립니다.

김 교수 : 네, 현재 국제 사회는 세계화에 발맞춰 모든 영역에서 자유시장화를 추구해 왔습니다. 문화 영역 역시 예외가 아닌데요, 그 결과로 몇몇 강대국의 대중문화가 전 세계의 문화를 지배하여 약소국의 고유한 문화적 정체성이 흔들릴 위기에 처했습니다. 이번 문화 다양성 협약의 채택은 이러한 배경에서 탄생한 것으로, 문화 영역을 다른 상품과 마찬가지로 단순히 산업으로만 보아서는 안 된다는 것을 전제로 한 것이라고 할 수 있습니다.

사회자 : 네, 그렇군요. 그럼 이 협약이 우리나라의 문화 산업이나 문화 정책에는 어떤 영향을 미칠까요?

김 교수 : 저는 이번 협약의 체결이 앞으로 우리 문화 산업에 긍정적인 영향을 줄 것이라고 전망합니다. 문화 산업 육성과 관련된 제도적 보완 장치를 도입하여 우리 문화 산업이 안팎으로 경쟁력을 확보할 수 있는 바탕이 마련되었다고 할 수 있으니까요.

홍 교수 : 네, 저 역시도 김 교수님의 의견에 동의합니다. 다만, 이 협약의 근본 바탕이라고 할 수 있는 문화 다양성의 뜻을 다시 한 번 새기고 다른 나라의 문화도 균형 있게 받아들일 수 있는 자세가 필요하다는 것도 잊지 말았으면 합니다.

사회자 : 네, 말씀 잘 들었습니다. 그런데 일부 국가에서 이 협약에 강하게 반발하고 있는 것으로 알고 있는데요. 이 협약이 앞으로 얼마나 실효성을 가질지 의문입니다. 이 점에 대해 말씀해 주시겠습니까?

김 교수 : 글쎄요. 대다수 국가가 이 협약에 찬성을 하여 채택했지만 실질적인 영향력을 가지는 문화 산업 강대국에서 비준에 동의하지 않는다면 자칫 선언적인 차원에 머물 가능성이 있습니다.

홍 교수 : 그렇습니다. 그러므로 우리나라와 입장이 비슷한 다른 나라들과 연대하여 이 협약이 비준될 수 있도록 노력해야 한다고 생각합니다.

42 홍 교수의 의사소통 방식을 평가한 것으로 가장 적절한 것은?

① 긍정적 면과 부정적인 면을 구분하여 정리하고 있다.

② 다양한 사례를 제시하며 동의를 구하고 있다.

③ 권위자의 이론을 빌려 자기 의견의 타당성을 입증하고 있다.

④ 상대방의 의견에 공감하며 자신의 의견을 덧붙이고 있다.

⑤ 다양한 통계 수치를 들며 전문성을 과시하고 있다.

 ④ 홍 교수는 앞서 말 한 김 교수의 의견에 공감을 표하며 자신의 의견을 덧붙이는 방식으로 자신의 의견을 표현하고 있다.

43 이 좌담을 통해 알 수 없는 내용은?

① 협약이 우리나라의 문화 산업에 미칠 영향

② 협약의 시요성에 대한 전망

③ 협약에서 규정하고 있는 문화적 다양성의 개념

④ 협약 채택의 배경

⑤ 협약의 의의

 ① 김 교수의 두 번째 발언
② 김 교수의 마지막 발언
④ 김 교수의 첫 번째 발언
⑤ 홍 교수의 첫 번째 발언

Answer↲ 42.④ 43.③

44 다음 중 김 씨에게 해 줄 수 있는 조언으로 적절하지 않은 것은 무엇인가?

> 기획팀 사원 김 씨는 좋은 아이디어를 가지고 있지만, 이를 제대로 표현하지 못한다. 평상시 성격도 소심하고 내성적이라 남들 앞에서 프레젠테이션을 하는 상황만 되면 당황하여 목소리가 떨리고 말이 잘 나오지 않는다. 머릿속엔 아무런 생각도 나지 않고 어떻게 하면 빨리 이 자리를 벗어날 수 있을까 궁리하게 된다. 아무리 발표 준비를 철저하게 하더라도 윗사람이 많은 자리나 낯선 상황에 가면 김 씨는 자신도 모르게 목소리가 작아지고 중얼거리며, 시선은 아래로 떨어져 한 곳을 응시하게 된다. 이뿐만 아니라 발표 내용은 산으로 흘러가고, 간투사를 많이 사용하여 상대와의 원활한 의사소통이 이루어지지 않는다.

① 프레젠테이션 전에 심호흡 등을 통해 마음의 평정을 유지해 보세요.

② 청중을 너무 의식하지 말고, 리허설을 통해 상황에 익숙해지도록 하세요.

③ 프레젠테이션을 할 때는 긴장이 되더라도 밝고 자신감 넘치는 표정과 박력 있는 목소리로 준비한 내용을 표현하세요.

④ 목소리 톤은 좋은데 몸동작이 부자연스러워 주의가 분산되고 있으니 상황에 따른 적절한 비언어적 표현을 사용하세요.

⑤ 청중을 바라볼 때는 한 곳을 응시하거나 아래를 보기보다는 Z자를 그리며 규칙성을 가지고 골고루 시선을 분배하세요.

 김 씨는 연단에서 발표를 할 때 말하기 불안 증세를 보이고 있다. 이를 극복하기 위해서는 완벽한 준비, 상황에 익숙해지기, 청자 분석 등이 필요하다. 다른 내용과 달리 해당 글에서 신체 비언어적 표현에 관해 언급하는 내용은 확인할 수 없다. 따라서 '몸동작이 부자연스럽다'는 것은 알 수 없다. 또한 발표 시에 목소리가 '작아진다'고 하였으므로 '목소리 톤이 좋다'는 내용도 적절하지 않다.

45 다음 글에서 가장 중요한 요점은 무엇인가?

부패방지위원회

수신자 : 수신자 참조

(경유)

제목 : 2020년 부패방지평가 보고대회 개최 알림

1. 귀 기관의 무궁한 발전을 기원합니다.
2. 지난 3년간의 부패방지 성과를 돌아보고 국가청렴도 향상을 위한 정책방안을 정립하기 위해 2020년 부패방지평가 보고대회를 붙임(1)과 같이 개최하고자 합니다.
3. 보고대회의 원활한 진행을 위해 붙임(2)의 협조사항을 2020년 2월 25일까지 행사준비팀(전화 : 123-456-7890, 패스 : 123-456-7899, 이메일 : 1234@1234.co.kr)로 알려주시기 바랍니다.

※ 초청장은 추후 별도 송부 예정

붙임 (1) : 2020년 부패방지평가 보고대회 기본계획 1부
　　 (2) : 행사준비관련 협조사항 1부. 끝.

부패방지위원회 회장 ○○○

수신자 부패방지공관 부패방지시민모임 기업홍보부 정의실천모임

---

① 행사 일정 변경을 알리기 위함이다.
② 기업 홍보를 위한 스폰서를 모집하기 위함이다.
③ 보고대회가 개최됨을 알리기 위함이다.
④ 초청장의 발행 여부 확인을 위함이다.
⑤ 수신자의 기관에 무궁한 벌전을 위함이다.

 위 글은 부패방지평가 보고대회가 개최됨을 알리고 행사준비관련 협조사항을 통보하기 위해 작성한 문서이다.

Answer → 44.④ 45.③

┃46~47┃ 다음 글을 읽고 물음에 답하시오.

주로 군사목적이나 외교통신 수단으로 사용된 ⊙암호는 최근 들어 사업용으로도 많이 이용되고 있다. 이러한 암호는 그 작성방식에 따라 문자암호(문자암호는 전자방식과 환자방식으로 다시 나뉜다.)와 어구암호로 나뉘고 사용기구에 따라 기계암호와 서식암호, 스트립식 암호 등으로 나뉜다.

인류 역사상 가장 처음 사용된 암호는 스파르타 시대 때 사용된 스키탈레 암호로 이것은 일정한 너비의 종이테이프를 원통에 서로 겹치지 않도록 감아서 그 테이프 위에 세로쓰기로 통신문을 기입하는 방식이다. 그리하여 그 테이프를 그냥 풀어 보아서는 기록내용을 전혀 판독할 수 없으나 통신문을 기록할 때 사용했던 것과 같은 지름을 가진 원통에 감아보면 내용을 읽을 수 있게 고안된 일종의 전자방식의 암호이다.

또한 ⓛ환자방식으로 사용된 암호는 로마 시대의 카이사르에 의해서 고안되었는데 이것은 전달받고자 하는 통신문의 글자를 그대로 사용하지 않고 그 글자보다 알파벳 순서로 몇 번째 뒤, 또는 앞의 글자로 바꾸어 기록하는 방식이다. 예를 들면 암호를 주고받는 사람끼리 어떤 글자를 그보다 네 번째 뒤의 글자로 환자한다는 약속이 되어 있다면, A는 E로 표시되고, B는 F로 표시하는 등이다. 이와 같은 암호는 로마 시대뿐만 아니라 영국의 알프레드 1세나 칼 대제 시대 때도 다양한 방식으로 사용되었다. 근대적인 암호는 14~15세기의 이탈리아에서 발달하여, 최초의 완전암호라고 할 수 있는 베네치아 암호가 고안되었으며 16세기의 프랑스에서는 근대적 암호의 시조(始祖)라고 불리는 비지넬이 나타나 이른바 비지넬 암호표가 고안되었다. 이 암호는 아주 교묘하게 만들어져서 해독 불능 암호라고까지 평가를 받았으며, 현재에도 환자암호의 기본형식의 하나로 쓰이고 있다.

46 다음 중 옳지 않은 것은?

① 암호는 통신문의 내용을 다른 사람이 읽을 수 없도록 하기 위해 글자나 숫자 또는 부호 등을 변경하여 작성한 것이다.

② 암호는 작성방식이나 사용기구에 따라 다양한 종류로 분류된다.

③ 베네치아 암호는 최초의 완전암호라 할 수 있으며 아주 교묘하게 만들어져 해독 불능 암호로 평가받았다.

④ 암호는 보내는 사람과 받는 사람의 일종의 약속에 의해 이루어진다.

⑤ 16세기의 프랑스에서는 비지넬 암호표가 고안되었다.

(Tip) ③ 해독 불능 암호로 평가받은 것은 16세기 프랑스의 비지넬이 고안한 비지넬 암호이다.

47 위 글의 밑줄 친 ㉠과 바꿔 쓸 수 없는 단어는?

① 암구호
② 사인
③ 패스워드
④ 심상
⑤ 가상

 ④ 감각에 의하여 획득한 현상이 마음 속에서 재생된 것.
① 적군과 아군을 분간할 수 없는 야간에 아군 여부를 확인하기 위하여 정하여 놓은 말
② 몸짓이나 눈짓 따위로 어떤 의사를 전달하는 일. 또는 그런 동작.
③ 특정한 시스템에 로그인을 할 때에 사용자의 신원을 확인하기 위하여 입력하는 문자열
⑤ 사실이 아니거나 사실 여부가 분명하지 않은 것을 사실이라고 가정하여 생각함

┃48~49┃ 다음 글을 읽고 물음에 답하시오.

일명 ㉠광견병이라고도 하는 공수병은 오래 전부터 전 세계적으로 발생되어 온 인수공통감염병으로 우리나라에서는 제3군 ㉡감염병으로 지정되어 있다. 애완동물인 개에게 물리거나 공수병에 걸린 야생동물에 물려서 발생되며 미친개에게 물린 사람의 약 10~20%가 발병하고 연중 어느 시기에나 발생한다. 이러한 공수병은 개·여우·이리·고양이 같은 동물이 그 감염원이 되며 14일 내지 수개월의 잠복기를 거친 뒤 발생한다.

증세는 목 주변의 근육에 수축 경련이 일어나서 심한 갈증에 빠지지만 물 마시는 것을 피할 수밖에 없다는 뜻에서 ㉢공수병이라고 불러 왔다. 공수병에 대한 증상이나 치료법에 대한 기록은 고려·조선 시대의 대표적인 의학서적인「향약구급방」,「향약집성방」,「동의보감」등에도 나온다. 하지만 공수병의 잠복기간이 비교적 길고 미친개에게 물리고 난 뒤에도 예방접종을 실시하면 대개는 그 무서운 공수병을 예방할 수 있어 1970년대 이후 거의 발생되지 않고 있으며 또한 지금은 모든 개에게 공수병 예방접종을 실시하고 만약 미친개에게 물리더라도 7~10일 동안 가두어 관찰한 뒤에 공수병이 발생하면 곧 예방주사를 놓아 치료를 받도록 하고 있다. 특히 오늘날 우리나라에서도 사람들이 개나 고양이 같은 애완동물을 많이 기르고 야외활동을 많이 하여 뜻하지 않은 공수병에 걸릴 위험성이 있으므로 관심을 기울여야 할 ㉣전염병이다. 개에게 물려 공수병이 발병하면 거의 회생하기가 어려우므로 평소 애완동물의 단속과 공수병 예방수칙에 따라 문 개를 보호·관찰하며 필요할 경우 재빨리 면역 혈청을 주사하고 예방접종을 실시해야 한다.

---

48 다음 중 옳지 않은 것은?

① 공수병은 광견병이라고도 하며 개·여우·이리·고양이 같은 동물들에게서 전염되는 인수공통전염병이다.

② 대표적인 증상으로는 심한 갈증과 함께 목 주변의 근육에 수축 경련이 일어난다.

③ 공수병은 고려·조선시대에도 발생했던 병으로 우리 선조들은 이 병에 대한 증상이나 처방법을 책으로 기록하기도 하였다.

④ 오늘날 공수병은 의학이 발달하여 그 치료제가 존재하고 모든 개에게 공수병 예방접종을 실시하고 있기 때문에 우리나라에서는 1970년대 이후 완전히 사라졌다.

⑤ 공수병이 발생하면 거의 회생하기가 어렵다.

> **Tip** ④ 의학이 발달하여 미친개에게 물리고 난 뒤에도 예방접종을 실시하면 대개는 공수병을 예방할 수 있지만 그렇다고 병이 완전히 사라진 것은 아니다.

49 다음 중 밑줄 친 ㉠~㉣의 한자표기로 옳은 것은?

① ㉠-狂犬病   ② ㉡-感染病

③ ㉢-蚣水病   ④ ㉣-傳染病

⑤ 모두 옳다.

 ③ 공수병은 심한 갈증에 빠지지만 물 마시는 것을 피할 수밖에 없다는 뜻에서 유래했으므로 恐水病이 옳은 한자표기이다.

50 다음 업무일지를 바르게 이해하지 못한 것은?

<2020년 5월 23일 업무보고서>

편집팀 팀장 이민호

시간	내용	비고
09:00~10:00	편집팀 회의	– 일주일 후 나올 신간 논의
10:00~12:00	통상업무	
12:00~13:00	점심 식사	
13:00~14:30	릴레이 회의	– 편집팀 인원충원에 관해 인사팀 김지원 대리에게 보고 – 디자인팀에 신간 표지디자인 샘플 부탁
14:30~16:00	협력업체 사장과 미팅	– 내일 오전까지 인쇄물 300부 도착
16:00~18:00	서점 방문	– 지난 시즌 발간한 서적 동향 파악

① 5월 30일에 신간이 나올 예정이다.

② 저번 달에도 신간을 발간했다.

③ 오후에 외부 일정이 있다.

④ 편집팀은 현재 인력이 부족한 상황이다.

⑤ 내일 오전 인쇄물 300부가 배송될 예정이다.

 ② 지난 시즌이라고 명시한 것이지 구체적으로 언제 발간했는지 밝혀지지 않았다.

02 수리능력

1 직장생활과 수리능력

(1) 기초직업능력으로서의 수리능력

① 개념 … 직장생활에서 요구되는 사칙연산과 기초적인 통계를 이해하고 도표의 의미를 파악하거나 도표를 이용해서 결과를 효과적으로 제시하는 능력을 말한다.

② 수리능력은 크게 기초연산능력, 기초통계능력, 도표분석능력, 도표작성능력으로 구성된다.
- ㉠ 기초연산능력 : 직장생활에서 필요한 기초적인 사칙연산과 계산방법을 이해하고 활용할 수 있는 능력
- ㉡ 기초통계능력 : 평균, 합계, 빈도 등 직장생활에서 자주 사용되는 기초적인 통계기법을 활용하여 자료의 특성과 경향성을 파악하는 능력
- ㉢ 도표분석능력 : 그래프, 그림 등 도표의 의미를 파악하고 필요한 정보를 해석하는 능력
- ㉣ 도표작성능력 : 도표를 이용하여 결과를 효과적으로 제시하는 능력

(2) 업무수행에서 수리능력이 활용되는 경우

① 업무상 계산을 수행하고 결과를 정리하는 경우

② 업무비용을 측정하는 경우

③ 고객과 소비자의 정보를 조사하고 결과를 종합하는 경우

④ 조직의 예산안을 작성하는 경우

⑤ 업무수행 경비를 제시해야 하는 경우

⑥ 다른 상품과 가격비교를 하는 경우

⑦ 연간 상품 판매실적을 제시하는 경우

⑧ 업무비용을 다른 조직과 비교해야 하는 경우

⑨ 상품판매를 위한 지역조사를 실시해야 하는 경우

⑩ 업무수행과정에서 도표로 주어진 자료를 해석하는 경우

⑪ 도표로 제시된 업무비용을 측정하는 경우

예제 1

다음 자료를 보고 주어진 상황에 대한 물음에 답하시오.

〈근로소득에 대한 간이 세액표〉

월 급여액(천 원) [비과세 및 학자금 제외]		공제대상 가족 수				
이상	미만	1	2	3	4	5
2,500	2,520	38,960	29,280	16,940	13,570	10,190
2,520	2,540	40,670	29,960	17,360	13,990	10,610
2,540	2,560	42,380	30,640	17,790	14,410	11,040
2,560	2,580	44,090	31,330	18,210	14,840	11,460
2,580	2,600	45,800	32,680	18,640	15,260	11,890
2,600	2,620	47,520	34,390	19,240	15,680	12,310
2,620	2,640	49,230	36,100	19,900	16,110	12,730
2,640	2,660	50,940	37,810	20,560	16,530	13,160
2,660	2,680	52,650	39,530	21,220	16,960	13,580
2,680	2,700	54,360	41,240	21,880	17,380	14,010
2,700	2,720	56,070	42,950	22,540	17,800	14,430
2,720	2,740	57,780	44,660	23,200	18,230	14,850
2,740	2,760	59,500	46,370	23,860	18,650	15,280

※ 갑근세는 제시되어 있는 간이 세액표에 따름
※ 주민세 = 갑근세의 10%
※ 국민연금 = 급여액의 4.50%
※ 고용보험 = 국민연금의 10%
※ 건강보험 = 급여액의 2.90%
※ 교육지원금 = 분기별 100,000원(매 분기별 첫 달에 지급)

박○○ 사원의 5월 급여내역이 다음과 같고 전월과 동일하게 근무하였으나 특별수당은 없고 차량지원금으로 100,000원을 받게 된다면, 6월에 받게 되는 급여는 얼마인가? (단, 원 단위 절삭)

(주) 서원플랜테크 5월 급여내역			
성명	박○○	지급일	5월 12일
기본급여	2,240,000	갑근세	39,530
직무수당	400,000	주민세	3,950
명절 상여금		고용보험	11,970
특별수당	20,000	국민연금	119,700
차량지원금		건강보험	77,140
교육지원		기타	
급여계	2,660,000	공제합계	252,290
		지급총액	2,407,710

① 2,443,910

② 2,453,910

③ 2,463,910

④ 2,473,910

[출제의도]
업무상 계산을 수행하거나 결과를 정리하고 업무비용을 측정하는 능력을 평가하기 위한 문제로서, 주어진 자료에서 문제를 해결하는 데에 필요한 부분을 빠르고 정확하게 찾아내는 것이 중요하다.

[해설]

기본급여	2,240,000	갑근세	46,370
직무수당	400,000	주민세	4,630
명절상여금		고용보험	12,330
특별수당		국민연금	123,300
차량지원금	100,000	건강보험	79,460
교육지원		기타	
급여계	2,740,000	공제합계	266,090
		지급총액	2,473,910

답 ④

(3) 수리능력의 중요성

① 수학적 사고를 통한 문제해결

② 직업세계의 변화에의 적응

③ 실용적 가치의 구현

(4) 단위환산표

구분	단위환산
길이	1cm = 10mm, 1m = 100cm, 1km = 1,000m
넓이	1cm² = 100mm², 1m² = 10,000cm², 1km² = 1,000,000m²
부피	1cm³ = 1,000mm³, 1m³ = 1,000,000cm³, 1km³ = 1,000,000,000m³
들이	1mℓ = 1cm³, 1dℓ = 100cm³, 1L = 1,000cm³ = 10dℓ
무게	1kg = 1,000g, 1t = 1,000kg = 1,000,000g
시간	1분 = 60초, 1시간 = 60분 = 3,600초
할푼리	1푼 = 0.1할, 1리 = 0.01할, 1모 = 0.001할

예제 2

둘레의 길이가 4.4km인 정사각형 모양의 공원이 있다. 이 공원의 넓이는 몇 a인가?

① 12,100a

② 1,210a

③ 121a

④ 12.1a

[출제의도]
길이, 넓이, 부피, 들이, 무게, 시간, 속도 등 단위에 대한 기본적인 환산 능력을 평가하는 문제로서, 소수점 계산이 필요하며, 자릿수를 읽고 구분할 줄 알아야 한다.

[해설]
공원의 한 변의 길이는
$4.4 \div 4 = 1.1(\mathrm{km})$이고
$1\mathrm{km}^2 = 10000\mathrm{a}$이므로
공원의 넓이는
$1.1\mathrm{km} \times 1.1\mathrm{km} = 1.21km^2$
$= 12100a$

답 ①

2 수리능력을 구성하는 하위능력

(1) 기초연산능력

① **사칙연산** ··· 수에 관한 덧셈, 뺄셈, 곱셈, 나눗셈의 네 종류의 계산법으로 업무를 원활하게 수행하기 위해서는 기본적인 사칙연산뿐만 아니라 다단계의 복잡한 사칙연산까지도 수행할 수 있어야 한다.

② **검산** ··· 연산의 결과를 확인하는 과정으로 대표적인 검산방법으로 역연산과 구거법이 있다.
  ○ **역연산** : 덧셈은 뺄셈으로, 뺄셈은 덧셈으로, 곱셈은 나눗셈으로, 나눗셈은 곱셈으로 확인하는 방법이다.
  ○ **구거법** : 원래의 수와 각 자리 수의 합이 9로 나눈 나머지가 같다는 원리를 이용한 것으로 9를 버리고 남은 수로 계산하는 것이다.

예제 3

다음 식을 바르게 계산한 것은?

$$1 + \frac{2}{3} + \frac{1}{2} - \frac{3}{4}$$

① $\frac{13}{12}$ ② $\frac{15}{12}$

③ $\frac{17}{12}$ ④ $\frac{19}{12}$

[출제의도]
직장생활에서 필요한 기초적인 사칙연산과 계산방법을 이해하고 활용할 수 있는 능력을 평가하는 문제로서, 분수의 계산과 통분에 대한 기본적인 이해가 필요하다.
[해설]
$$\frac{12}{12} + \frac{8}{12} + \frac{6}{12} - \frac{9}{12} = \frac{17}{12}$$

답 ③

---

(2) 기초통계능력

① **업무수행과 통계**
  ○ **통계의 의미** : 통계란 집단현상에 대한 구체적인 양적 기술을 반영하는 숫자이다.
  ○ **업무수행에 통계를 활용함으로써 얻을 수 있는 이점**
  • 많은 수량적 자료를 처리가능하고 쉽게 이해할 수 있는 형태로 축소
  • 표본을 통해 연구대상 집단의 특성을 유추
  • 의사결정의 보조수단
  • 관찰 가능한 자료를 통해 논리적으로 결론을 추출·검증

© 기본적인 통계치
- 빈도와 빈도분포 : 빈도란 어떤 사건이 일어나거나 증상이 나타나는 정도를 의미하며, 빈도분포란 빈도를 표나 그래프로 종합적으로 표시하는 것이다.
- 평균 : 모든 사례의 수치를 합한 후 총 사례 수로 나눈 값이다.
- 백분율 : 전체의 수량을 100으로 하여 생각하는 수량이 그 중 몇이 되는가를 퍼센트로 나타낸 것이다.

② 통계기법
○ 범위와 평균
- 범위 : 분포의 흩어진 정도를 가장 간단히 알아보는 방법으로 최곳값에서 최젓값을 뺀 값을 의미한다.
- 평균 : 집단의 특성을 요약하기 위해 가장 자주 활용하는 값으로 모든 사례의 수치를 합한 후 총 사례 수로 나눈 값이다.
- 관찰값이 1, 3, 5, 7, 9일 경우 범위는 $9 - 1 = 8$이 되고, 평균은 $\dfrac{1 + 3 + 5 + 7 + 9}{5} = 5$가 된다.

○ 분산과 표준편차
- 분산 : 관찰값의 흩어진 정도로, 각 관찰값과 평균값의 차의 제곱의 평균이다.
- 표준편차 : 평균으로부터 얼마나 떨어져 있는가를 나타내는 개념으로 분산값의 제곱근 값이다.
- 관찰값이 1, 2, 3이고 평균이 2인 집단의 분산은 $\dfrac{(1-2)^2 + (2-2)^2 + (3-2)^2}{3} = \dfrac{2}{3}$이고 표준편차는 분산값의 제곱근 값인 $\sqrt{\dfrac{2}{3}}$이다.

③ 통계자료의 해석
○ 다섯숫자요약
- 최솟값 : 원자료 중 값의 크기가 가장 작은 값
- 최댓값 : 원자료 중 값의 크기가 가장 큰 값
- 중앙값 : 최솟값부터 최댓값까지 크기에 의하여 배열했을 때 중앙에 위치하는 사례의 값
- 하위 25%값 · 상위 25%값 : 원자료를 크기 순으로 배열하여 4등분한 값
○ 평균값과 중앙값 : 평균값과 중앙값은 그 개념이 다르기 때문에 명확하게 제시해야 한다.

예제 4

인터넷 쇼핑몰에서 회원가입을 하고 디지털캠코더를 구매하려고 한다. 다음은 구입하고자 하는 모델에 대하여 인터넷 쇼핑몰 세 곳의 가격과 조건을 제시한 표이다. 표에 있는 모든 혜택을 적용하였을 때 디지털캠코더의 배송비를 포함한 실제 구매가격을 바르게 비교한 것은?

구분	A 쇼핑몰	B 쇼핑몰	C 쇼핑몰
정상가격	129,000원	131,000원	130,000원
회원혜택	7,000원 할인	3,500원 할인	7% 할인
할인쿠폰	5% 쿠폰	3% 쿠폰	5,000원
중복할인여부	불가	가능	불가
배송비	2,000원	무료	2,500원

① A<B<C
② B<C<A
③ C<A<B
④ C<B<A

[출제의도]
직장생활에서 자주 사용되는 기초적인 통계기법을 활용하여 자료의 특성과 경향성을 파악하는 능력이 요구되는 문제이다.
[해설]
㉠ A 쇼핑몰
• 회원혜택을 선택한 경우 :
  $129,000 - 7,000 + 2,000 = 124,000$(원)
• 5% 할인쿠폰을 선택한 경우 :
  $129,000 \times 0.95 + 2,000 = 124,550$(원)
㉡ B 쇼핑몰 :
  $131,000 \times 0.97 - 3,500 = 123,570$(원)
㉢ C 쇼핑몰
• 회원혜택을 선택한 경우 :
  $130,000 \times 0.93 + 2,500 = 123,400$(원)
• 5,000원 할인쿠폰을 선택한 경우 : $130,000 - 5,000 + 2,500 = 127,500$(원)
∴ C<B<A

답 ④

(3) 도표분석능력

① 도표의 종류

㉠ 목적별 : 관리(계획 및 통제), 해설(분석), 보고

㉡ 용도별 : 경과 그래프, 내역 그래프, 비교 그래프, 분포 그래프, 상관 그래프, 계산 그래프

㉢ 형상별 : 선 그래프, 막대 그래프, 원 그래프, 점 그래프, 층별 그래프, 레이더 차트

② 도표의 활용

  ㉠ 선 그래프

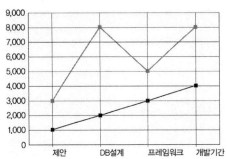

- 주로 시간의 경과에 따라 수량에 의한 변화 상황(시계열 변화)을 절선의 기울기로 나타내는 그래프이다.
- 경과, 비교, 분포를 비롯하여 상관관계 등을 나타낼 때 쓰인다.

  ㉡ 막대 그래프

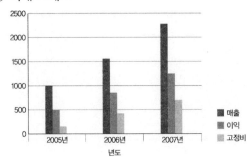

- 비교하고자 하는 수량을 막대 길이로 표시하고 그 길이를 통해 수량 간의 대소관계를 나타내는 그래프이다.
- 내역, 비교, 경과, 도수 등을 표시하는 용도로 쓰인다.

  ㉢ 원 그래프

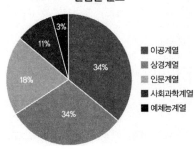

- 내역이나 내용의 구성비를 원을 분할하여 나타낸 그래프이다.
- 전체에 대해 부분이 차지하는 비율을 표시하는 용도로 쓰인다.

ⓔ 점 그래프

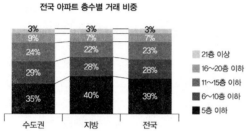

- 종축과 횡축에 2요소를 두고 보고자 하는 것이 어떤 위치에 있는가를 나타내는 그래프이다.
- 지역분포를 비롯하여 도시, 지방, 기업, 상품 등의 평가나 위치·성격을 표시하는데 쓰인다.

ⓜ 층별 그래프

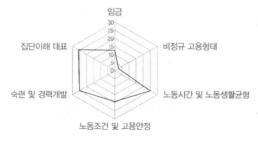

- 선 그래프의 변형으로 연속내역 봉 그래프라고 할 수 있다. 선과 선 사이의 크기로 데이터 변화를 나타낸다.
- 합계와 부분의 크기를 백분율로 나타내고 시간적 변화를 보고자 할 때나 합계와 각 부분의 크기를 실수로 나타내고 시간적 변화를 보고자 할 때 쓰인다.

ⓗ 레이더 차트(거미줄 그래프)

- 원 그래프의 일종으로 비교하는 수량을 직경, 또는 반경으로 나누어 원의 중심에서의 거리에 따라 각 수량의 관계를 나타내는 그래프이다.
- 비교하거나 경과를 나타내는 용도로 쓰인다.

③ 도표 해석상의 유의사항

  ㉠ 요구되는 지식의 수준을 넓힌다.

  ㉡ 도표에 제시된 자료의 의미를 정확히 숙지한다.

  ㉢ 도표로부터 알 수 있는 것과 없는 것을 구별한다.

  ㉣ 총량의 증가와 비율의 증가를 구분한다.

  ㉤ 백분위수와 사분위수를 정확히 이해하고 있어야 한다.

예제 5

다음 표는 2009 ~ 2010년 지역별 직장인들의 자기개발에 관해 조사한 내용을 정리한 것이다. 이에 대한 분석으로 옳은 것은?

(단위 : %)

연도\구분\지역	2009				2010			
	자기개발하고 있음	자기개발 비용 부담 주체			자기개발하고 있음	자기개발 비용 부담 주체		
		직장100%	본인100%	직장50%+본인50%		직장100%	본인100%	직장50%+본인50%
충청도	36.8	8.5	88.5	3.1	45.9	9.0	65.5	24.5
제주도	57.4	8.3	89.1	2.9	68.5	7.9	68.3	23.8
경기도	58.2	12	86.3	2.6	71.0	7.5	74.0	18.5
서울시	60.6	13.4	84.2	2.4	72.7	11.0	73.7	15.3
경상도	40.5	10.7	86.1	3.2	51.0	13.6	74.9	11.6

① 2009년과 2010년 모두 자기개발 비용을 본인이 100% 부담하는 사람의 수는 응답자의 절반 이상이다.

② 자기개발을 하고 있다고 응답한 사람의 수는 2009년과 2010년 모두 서울시가 가장 많다.

③ 자기개발 비용을 직장과 본인이 각각 절반씩 부담하는 사람의 비율은 2009년과 2010년 모두 서울시가 가장 높다.

④ 2009년과 2010년 모두 자기개발을 하고 있다고 응답한 비율이 가장 높은 지역에서 자기개발비용을 직장이 100% 부담한다고 응답한 사람의 비율이 가장 높다.

[출제의도]
그래프, 그림, 도표 등 주어진 자료를 이해하고 의미를 파악하여 필요한 정보를 해석하는 능력을 평가하는 문제이다.

[해설]
② 지역별 인원수가 제시되어 있지 않으므로, 각 지역별 응답자 수는 알 수 없다.
③ 2009년에는 경상도에서, 2010년에는 충청도에서 가장 높은 비율을 보인다.
④ 2009년과 2010년 모두 '자기개발을 하고 있다'고 응답한 비율이 가장 높은 지역은 서울시이며, 2010년의 경우 자기개발 비용을 직장이 100% 부담한다고 응답한 사람의 비율이 가장 높은 지역은 경상도이다.

답 ①

(4) 도표작성능력

① 도표작성 절차

　㉠ 어떠한 도표로 작성할 것인지를 결정

　㉡ 가로축과 세로축에 나타낼 것을 결정

　㉢ 한 눈금의 크기를 결정

　㉣ 자료의 내용을 가로축과 세로축이 만나는 곳에 표현

　㉤ 표현한 점들을 선분으로 연결

　㉥ 도표의 제목을 표기

② 도표작성 시 유의사항

　㉠ 선 그래프 작성 시 유의점

　　• 세로축에 수량, 가로축에 명칭구분을 제시한다.

　　• 선의 높이에 따라 수치를 파악하는 경우가 많으므로 세로축의 눈금을 가로축보다 크게 하는 것이 효과적이다.

　　• 선이 두 종류 이상일 경우 반드시 그 명칭을 기입한다.

　㉡ 막대 그래프 작성 시 유의점

　　• 막대 수가 많을 경우에는 눈금선을 기입하는 것이 알아보기 쉽다.

　　• 막대의 폭은 모두 같게 하여야 한다.

　㉢ 원 그래프 작성 시 유의점

　　• 정각 12시의 선을 기점으로 오른쪽으로 그리는 것이 보통이다.

　　• 분할선은 구성비율이 큰 순서로 그린다.

　㉣ 층별 그래프 작성 시 유의점

　　• 눈금은 선 그래프나 막대 그래프보다 적게 하고 눈금선은 넣지 않는다.

　　• 층별로 색이나 모양이 완전히 다른 것이어야 한다.

　　• 같은 항목은 옆에 있는 층과 선으로 연결하여 보기 쉽도록 한다.

1 미정이의 올해 연봉은 작년에 비해 20% 인상되고 500만 원의 성과급을 받았는데 이 금액은 60%의 연봉을 인상한 것과 같다면 올해 연봉은 얼마인가?

① 1,400만 원   ② 1,500만 원

③ 1,600만 원   ④ 1,700만 원

⑤ 1,800만 원

 작년 연봉을 x라 할 때,

$1.2x + 500 = 1.6x$

$x = 1,250$, 올해 연봉은 $1,250 \times 1.2 = 1,500$(만 원)

2 두 자리의 자연수에 대하여 각 자리의 숫자의 합은 11이고, 이 자연수의 십의 자리 숫자와 일의 자리 숫자를 바꾼 수의 3배 보다 5 큰 수는 처음 자연수와 같다고 한다. 처음 자연수의 십의 자리 숫자는?

① 9   ② 7

③ 5   ④ 3

⑤ 1

 십의 자리 숫자를 x, 일의 자리 숫자를 y라고 할 때,

$x + y = 11 \cdots \bigcirc$

$3(10y + x) + 5 = 10x + y \cdots \bigcirc$

ⓛ을 전개하여 정리하면 $-7x + 29y = -5$이므로

ⓙ $\times 7 + $ⓛ을 계산하면 $36y = 72$

따라서 $y = 2$, $x = 9$이다.

3 갑동이는 올해 10살이다. 엄마의 나이는 갑동이와 누나의 나이를 합한 값의 두 배이고, 3년 후의 엄마의 나이는 누나의 나이의 세 배일 때, 올해 누나의 나이는 얼마인가?

① 12세

② 13세

③ 14세

④ 15세

⑤ 16세

 누나의 나이를 x, 엄마의 나이를 y라 하면,

$2(10+x)=y$

$3(x+3)=y+3$

두 식을 연립하여 풀면,

$x=14$(세)

4 업무를 수행할 때 활용하는 통계를 작성함으로써 얻을 수 있는 이점이 아닌 것은 어느 것인가?

① 통계는 많은 수량적 자료를 처리가능하고 쉽게 이해할 수 있는 형태로 축소한다.

② 표본을 통해 연구대상 집단의 특성을 유추할 수 있다.

③ 의사결정의 보조수단으로 활용할 수 있다.

④ 어떤 사람의 재산, 한라산의 높이 등 어떤 개체에 관한 구체적 사항을 알 수 있다.

⑤ 관찰 가능한 자료를 통해 논리적으로 어떠한 결론을 추출, 검증할 수 있다.

 통계는 집단의 현상에 관한 것으로서, 어떤 사람의 재산이나 한라산의 높이 등, 특정 개체에 관한 수적 기술은 아무리 구체적이더라도 통계라고 하지 않는다.

Answer → 1.② 2.① 3.③ 4.④

5 다음은 도표의 작성절차에 대한 설명이다. 밑줄 친 ㉠~㉤ 중 올바르지 않은 설명을 모두 고른 것은 어느 것인가?

> **1) 어떠한 도표로 작성할 것인지를 결정**
> 업무수행 과정에서 도표를 작성할 때에는 우선 주어진 자료를 면밀히 검토하여 어떠한 도표를 활용하여 작성할 것인지를 결정한다. 도표는 목적이나 상황에 따라 올바르게 활용할 때 실효를 거둘 수 있으므로 우선적으로 어떠한 도표를 활용할 것인지를 결정하는 일이 선행되어야 한다.
>
> **2) 가로축과 세로축에 나타낼 것을 결정**
> 주어진 자료를 활용하여 가로축과 세로축에 무엇을 나타낼 것인지를 결정하여야 한다. 일반적으로 ㉠가로축에는 수량(금액, 매출액 등), 세로축에는 명칭구분(연, 월, 장소 등)을 나타내며 ㉡축의 모양은 T 자형이 일반적이다.
>
> **3) 가로축과 세로축의 눈금의 크기를 결정**
> 주어진 자료를 가장 잘 표현할 수 있도록 가로축과 세로축의 눈금의 크기를 결정하여야 한다. 한 눈금의 크기가 너무 크거나 작으면 자료의 변화를 잘 표현할 수 없으므로 자료를 가장 잘 표현할 수 있도록 한 눈금의 크기를 정하는 것이 바람직하다.
>
> **4) 자료를 가로축과 세로축이 만나는 곳에 표시**
> 자료 각각을 결정된 축에 표시한다. 이 때 ㉢가로축과 세로축이 교차하는 곳에 정확히 표시하여야 정확한 그래프를 작성할 수 있으므로 주의하여야 한다.
>
> **5) 표시된 점에 따라 도표 작성**
> 표시된 점들을 활용하여 실제로 도표를 작성한다. ㉣선 그래프라면 표시된 점들을 선분으로 이어 도표를 작성하며, ㉤막대그래프라면 표시된 점들을 활용하여 막대를 그려 도표를 작성하게 된다.
>
> **6) 도표의 제목 및 단위 표시**
> 도표를 작성한 후에는 도표의 상단 혹은 하단에 제목과 함께 단위를 표기한다.

① ㉠, ㉡   ② ㉠, ㉢
③ ㉠, ㉡, ㉢   ④ ㉠, ㉢, ㉣
⑤ ㉢, ㉣, ㉤

 ㉠ [×] 가로축에는 명칭구분(연, 월, 장소 등), 세로축에는 수량(금액, 매출액 등)을 나타낸다.
　　　　㉡ [×] 축의 모양은 L자형이 일반적이다.

6 다음은 다양한 그래프의 종류와 그 활용 사례를 정리한 도표이다. 그래프의 종류에 맞는 활용 사례가 아닌 것은 어느 것인가?

종류	활용 방법	활용 사례
㉠ 원 그래프	내역이나 내용의 구성비를 분할하여 나타내고자 할 때	제품별 매출액 구성비
㉡ 점 그래프	지역분포를 비롯하여 도시, 지방, 기업, 상품 등의 평가나 위치, 성격을 표시	광고비율과 이익률의 관계
㉢ 층별 그래프	합계와 각 부분의 크기를 백분율로 나타내고 시간적 변화를 보고자 할 때	상품별 매출액 추이
㉣ 막대그래프	비교하고자 하는 수량을 막대 길이로 표시하고, 그 길이를 비교하여 각 수량 간의 대소 관계를 나타내고자 할 때	연도별 매출액 추이 변화
㉤ 방사형 그래프	다양한 요소를 비교하거나 경과를 나타낼 때	매출액의 계절변동

① ㉠
② ㉡
③ ㉢
④ ㉣
⑤ ㉤

 막대그래프는 가장 많이 쓰이는 그래프이며, 영업소별 매출액, 성적별 인원분포 등의 자료를 한 눈에 알아볼 수 있게 하기 위한 그래프이다. 주어진 연도별 매출액 추이 변화와 같은 '추이'를 알아보기 위해서는 꺾은선 그래프가 가장 적절한 종류이다.

7 다음 중 그래프로 자료를 작성할 때의 주의사항으로 올바른 설명을 〈보기〉에서 모두 고른 것은 어느 것인가?

> 〈보기〉
> ㉠ 해당 자료의 가로, 세로축을 나타내는 수치의 의미를 범례로 제시한다.
> ㉡ 사용된 수치 중 가장 중요하게 나타내고자 하는 자료의 단위만을 제시한다.
> ㉢ 축의 단위는 해당 수치의 범위가 모두 포함될 수 있도록 제시한다.
> ㉣ 무엇을 의미하는 그래프인지를 알 수 있도록 제목을 반드시 제시한다.

① ㉡, ㉢, ㉣   ② ㉠, ㉢, ㉣
③ ㉠, ㉡, ㉣   ④ ㉠, ㉡, ㉢
⑤ ㉠, ㉡, ㉢, ㉣

㉠ [○] 가로와 세로의 수치가 의미하는 내용은 범례를 통해서 표현할 수 있다.
㉡ [×] 그래프나 도표 작성 시, 사용된 모든 수치의 단위를 표기해 주어야 한다.
㉢ [○] 데이터의 수치들에 해당하는 축의 단위 표시가 없는 경우 모든 데이터가 표시될 수 없으므로 축의 단위는 충분하게 설정하여야 한다.
㉣ [○] 그래프의 제목을 붙이는 것은 그래프 작성의 가장 기본적인 사항이다.

8 다음 ㉠~㉣ 중 연산결과를 확인할 수 있는 두 가지 검산 방법에 대한 올바른 설명을 찾아 짝지은 것은 어느 것인가?

> ㉠ 큰 수로부터 작은 수로 계산해 나가는 연역연산방법이 된다.
> ㉡ 덧셈은 뺄셈으로, 곱셈은 나눗셈으로 확인하는 역연산 방법이 있다.
> ㉢ 결과값으로부터 원인값을 찾아보는 인과연산법이 있다.
> ㉣ 9를 버린다는 의미로, 9를 버리고 남은 수로 계산하는 구거법이 있다.

① ㉠, ㉡   ② ㉡, ㉢
③ ㉢, ㉣   ④ ㉠, ㉢
⑤ ㉡, ㉣

연역연산방법, 인과연산법은 존재하지 않는 검산 방법이며, 연산결과를 확인하는 두 가지 검산 방법으로는 언급된 ㉡의 역연산 방법과 ㉣의 구거법이 있다.

9 다음은 K공사의 각 지점별 남녀 직원의 비율을 나타낸 자료이다. 자료를 참고할 때, 다음 중 올바른 설명이 아닌 것은 어느 것인가?

구분	A 지점	B 지점	C 지점	D 지점
남직원(%)	48	45	54	40
여직원(%)	52	55	46	60

① 여직원 대비 남직원의 비율은 C 지점이 가장 높고 D 지점이 가장 낮다.

② C 지점의 남직원은 D 지점의 여직원보다 그 수가 더 적다.

③ B 지점과 D 지점의 남직원 수의 합은 여직원 수의 합보다 적다.

④ A 지점과 D 지점의 전체 인원수가 같다면 A, B 지점 전체에서 남직원이 차지하는 비율은 44%이다.

⑤ 남직원 1인당 여직원의 수는 D 지점이 가장 많다.

 각 지점 전체의 인원수를 알 수 없으므로 비율이 아닌 지점 간의 인원수를 직접 비교할 수는 없다.

  ① 여직원 대비 남직원의 비율은 남직원 수÷여직원 수로 계산되므로 C지점이 가장 높고 D지점이 가장 낮다.

  ③ B지점, C지점 모두 남직원의 비율이 여직원의 비율보다 낮으므로 두 곳을 더해도 남녀 직원 수의 많고 적음은 비율의 크고 작음과 동일하다.

  ④ 두 지점의 인원수가 같다면 비율의 평균을 구해서 확인할 수도 있고, 계산이 편리한 인원수를 대입하여 계산해 볼 수도 있다. 각각 총 인원이 100명이라면 남직원은 200명 중 88명인 것이므로 44%가 된다.

  ⑤ 남직원 1인당 여직원의 수는 '여직원 수÷남직원 수로 계산되므로 D지점이 60 ÷ 40 = 1.5로 가장 많음을 알 수 있다.

Answer 7.② 8.⑤ 9.②

10 다음은 서울 시민의 '이웃에 대한 신뢰도'를 나타낸 자료이다. 다음 자료를 올바르게 분석하지 못한 것은 어느 것인가?

(단위 : %, 10점 만점)

구분		신뢰하지 않음 (%)	보통(%)	신뢰함(%)	평점
전체		18.9	41.1	40.0	5.54
성	남성	18.5	42.2	39.3	5.54
	여성	19.2	40.1	40.7	5.54
연령	10대	22.6	38.9	38.5	5.41
	20대	21.8	41.6	36.5	5.35
	30대	18.9	42.8	38.2	5.48
	40대	18.8	42.4	38.8	5.51
	50대	17.0	42.0	41.1	5.65
	60세 이상	17.2	38.2	44.6	5.70

① 서울 시민 10명 중 4명은 이웃을 신뢰한다.
② 이웃을 신뢰하는 사람의 비중과 평점의 연령별 증감 추이는 동일하지 않다.
③ 20대 이후 연령층에서는 고령자일수록 이웃을 신뢰하는 사람의 비중이 더 높다.
④ 남성과 여성은 같은 평점을 주었으나, 이웃을 신뢰하는 사람의 비중은 남성이 1%p 이상 낮다.
⑤ 이웃을 신뢰하지 않는 사람의 비중은 10대에서 가장 높게 나타나고 있다.

 이웃을 신뢰하는 사람의 비중은 20대(36.5%)가 10대(38.5%)보다 낮으며, 20대 이후에는 연령이 높아질수록 각 연령대별로 신뢰하는 사람의 비중이 커졌다. 이러한 추이는 연령별 평점의 증감 추이와도 일치하고 있음을 알 수 있다.

11 다음은 A국의 성별 흡연율과 금연계획률에 관한 자료이다. 이에 대한 설명으로 옳은 것은?

〈표 1〉 성별 흡연율

성별\연도	2013	2014	2015	2016	2017	2018	2019
남성	45.0	47.7	46.9	48.3	47.3	43.7	42.1
여성	5.3	7.4	7.1	6.3	6.8	7.9	6.1
전체	20.6	23.5	23.7	24.6	25.2	24.9	24.1

〈표 2〉 금연계획률

구분\연도	2013	2014	2015	2016	2017	2018	2019
금연계획률	59.8	( )	57.4	53.5	(㉠)	55.2	56.5
단기 금연계획률	19.4	17.7	18.2	20.8	20.2	19.6	19.3
장기 금연계획률	40.4	39.2	( )	32.7	36.1	35.6	37.2

※ 흡연율 $= \dfrac{흡연자 \ 수}{인구 \ 수} \times 100$

※ 금연계획률 $= \dfrac{금연계획자 \ 수}{흡연자 \ 수} \times 100 = 단기 \ 금연계획률 + 장기 \ 금연계획률$

① 매년 전체 흡연율은 증가하고 있다.

② 매년 남성 흡연율은 여성 흡연율의 7배 이상이다.

③ 금연계획률은 매년 50% 이상이다.

④ 2015년 장기 금연계획률은 전년에 비해 증가하였다.

⑤ ㉠에 들어갈 수치는 55.3이다.

 ① 2018년과 2019년의 흡연율은 전년에 비해 감소하였다.
② 2013년, 2016년, 2017년만 7배 이상이다.
④ 2015년 장기 금연계획률은 39.2%로 전년과 같다.
⑤ ㉠에 들어갈 수치는 56.3이다.

12 다음은 15개 종목이 개최된 2018 자카르타-팔렘방 아시안게임 참가국 A ~ D의 메달 획득 결과를 나타낸 자료이다. 이에 대한 설명으로 옳은 것은?

메달 \ 국가 / 종목	A 금	A 은	A 동	B 금	B 은	B 동	C 금	C 은	C 동	D 금	D 은	D 동
배드민턴	3	1	1					1				
복싱	3	1	2		1						1	1
사격	3	1	3				1	3	2			
사이클 트랙	3	1			1					1		1
요트					1					1	1	3
기계체조		1	1	4	2	1				1	2	1
소프트볼		1										
역도	1	3					2	1	2			
유도						1	2	1	1	1	1	
롤러스포츠		1		1							1	1
다이빙				1	1	1	1	4	2			
볼링				1				1		1		
레슬링				1			7	4	3			
수영				1	2	1	1			4	2	1
태권도	1					2				2		2

※ 빈 칸은 0을 의미한다.

① 동일 종목에서, A국이 획득한 모든 메달 수와 B국이 획득한 모든 메달 수를 합하여 종목별로 비교하면, 15개 종목 중 기계체조가 가장 많다.
② A국이 획득한 금메달 수와 C국이 획득한 동메달 수는 같다.
③ A국이 복싱, 사이클 트랙, 소프트볼 종목에서 획득한 모든 메달 수의 합은 C국이 레슬링 종목에서 획득한 모든 메달 수보다 많다.
④ A ~ D국 중 메달을 획득한 종목의 수가 가장 많은 국가는 D국이다.
⑤ 획득한 은메달 수가 많은 국가부터 순서대로 나열하면 C, B, A, D국이다.

① 기계체조를 기준으로 하면 A, B국의 메달 수 합은 $1+1+4+2+1=9$로 다른 종목들에 비해 가장 많다.

② A국이 획득한 금메달 수 $3+3+3+3+1+1=14$
C국이 획득한 동메달 수 $2+2+1+2+1+3=11$

③ A국이 복싱, 사이클 트랙, 소프트볼 종목에서 획득한 모든 메달 수의 합
$3+1+2+3+1+1=11$
C국이 레슬링 종목에서 획득한 모든 메달 수 $7+4+3=14$

④⑤ A국 $5+6+7+4+2+1+4+1+1=31$
B국 $1+1+1+7+1+1+3+1+1+4+2=23$
C국 $1+6+5+4+7+1+14+1=39$
D국 $2+2+5+4+2+2+1+7+4=29$

⑤ 획득한 은메달의 수
A국 $1+1+1+1+1+1+3+1=10$
B국 $1+1+1+2+1+2=8$
C국 $1+3+1+1+4+4=14$
D국 $1+1+2+1+1+2=8$

13 다음 수식들이 일정한 규칙을 가지고 나열되었을 때, 빈칸에 들어갈 수식으로 알맞은 것은?

$$a^2+4a-12=0 \ , \ 4a=16 \ , \ \frac{a+9}{3}=5 \ , \ a^2-4a+10=42 \ , \ (\ \ )$$

① $(2a-10)^2=100$

② $a=a^2-6$

③ $7a+8=57$

④ $\dfrac{a^2-a}{a}=10$

⑤ $\dfrac{2a+3}{6}=7$

왼쪽부터 차례로 a의 항을 구해보면

$a^2+4a-12=0$에서 $a=2$ 또는 $a=-6$, $4a=16$에서 $a=4$, $\dfrac{a+9}{3}=5$에서 $a=6$,

$a^2-4a+10=42$에서 $a=8$ 또는 $a=-4$가 된다.

따라서 규칙을 유추해보면 a의 값이 2, 4, 6, 8로 2씩 증가하므로 마지막은 계산 결과가 $a=10$의 값을 갖는 수식을 고르면 된다.

Answer 12.① 13.①

14 다음은 2012~2019년 동안의 가정폭력의 처분결과에 관한 자료이다. 이에 대한 설명으로 옳지 않은 것은?

| 연도 | 총 접수 인원 | 기소 | | | | | 소년 보호 송치 | 가정 보호 송치 | 불기소 | 기소 중지 | 참고인 중지 |
| | | 소계 | 구공판 | | 구약식 | | | | | | |
			구속	불구속							
2012	10,615	4,335	467	311	3,557		97	1,290	4,893	108	43
2013	4,781	913	202	83	621		22	1,016	2,830	31	2
2014	12,232	4,367	236	235	3,896		45	1,286	4,131	351	49
2015	6,079	1,166	114	88	964		14	947	3,859	82	11
2016	3,932	600	39	60	501		6	657	2,635	28	6
2017	3,174	433	69	374	374		7	611	2,102	9	2
2018	19,249	2,885	245	423	2,217		62	3,100	13,047	148	6
2019	19,191	2,697	217	418	2,062		55	3,055	13,257	117	10

※ 가정폭력행위자 기소율(%) = $\dfrac{\text{가정폭력행위로 기소된 사람 수}}{\text{총 접수인원}} \times 100$

※ 가정폭력행위자 불기소율(%) = $\dfrac{\text{가정폭력행위로 불기소된 사람 수}}{\text{총 접수인원}} \times 100$

① 2019년 가정폭력행위자 기소율은 2012년 기소율보다 26%p 정도 감소하였다.

② 2013년 가정폭력행위가 불기소율은 전년대비 감소하였다.

③ 2013년 기소인원의 전년대비 감소율은 약 80%이다.

④ 2018년 가정폭력 총 접수인원과 불기소 인원은 전년 인원의 6배 이상이다.

⑤ 구공판의 경우 2012년부터 2015년까지는 구속이 불구속보다 많았으나 그 이후로는 불구속이 구속보다 많아졌다.

 ② 2012년 가정폭력행위자 불기소율은 46.1%이고, 2013년 가정폭력행위자 불기소율은 59.2%이므로 불기소율은 전년대비 증가하였다.

15 다음 자료를 보고 바르게 설명한 것을 모두 고르시오.

연령	농가인구	농가인구(남)	농가인구(여)
0~9세	59,976	30,525	29,451
10~19세	109,866	58,012	51,854
20~29세	114,610	62,795	51,815
30~39세	105,711	59,287	46,424
40~49세	165,789	86,293	79,496
50~59세	408,859	192,050	216,809
60~69세	605,240	288,645	316,595
70~79세	509,787	248,226	261,561
80세 이상	235,146	104,602	130,544

㉠ 연령이 높아질수록 농가인구 또한 증가한다.
㉡ 여성 농가인구보다 남성 농가인구가 항상 많다.
㉢ 70대의 여성농가인구는 전 연령 대비 약 20% 감소했다.
㉣ 69세 이후 농가인구의 감소 원인은 사망이다.

① ㉠
② ㉢
③ ㉡㉣
④ ㉠㉡㉢
⑤ ㉡㉢㉣

 ㉠ 70대부터 농가구는 감소했다.
㉡ 50세 이상부터 여성이 남성보다 농가인구가 많다.
㉣ 표를 통해 알 수 없다.

Answer 14.② 15.②

16 다음은 행정구역별 음주운전 교통사고비율을 나타낸 표이다. 2017년에 음주운전 교통사고를 당한 사람이 550명일 때, 전라도에서 교통사고를 당한 사람의 수는?(소수점 첫째자리에서 반올림하시오)

(단위 : %)

행정구역	2019	2018	2017	2016	2015
서울특별시	20.5	30.3	26	18.6	22.9
경기도	16	15.2	16.6	14.8	15.8
강원도	8	11.9	10.5	16	16.3
충청도	15.4	12	12.8	17.2	15
전라도	22.8	19.6	㉠	18	16
경상도	17.3	11	15.1	15.4	14
합계	100				

① 101명
② 102명
③ 103명
④ 104명
⑤ 105명

 ㉠ $100 - 26 - 16.6 - 10.5 - 12.8 - 15.1 = 19$

$550 \times \dfrac{19}{100} = 104.5 \cdots 105$명

17 다음은 한 통신사의 요금제별 요금 및 할인 혜택에 관한 표이다. 이번 달에 전화통화와 함께 100건 이상의 문자메시지를 사용하였는데, A요금제를 이용했을 경우 청구되는 요금은 14,000원, B요금제를 이용했을 경우 청구되는 요금은 16,250원이다. 이번 달에 사용한 문자메시지는 모두 몇 건인가?

요금제	기본료	통화요금	문자메시지요금	할인 혜택
A	없음	5원/초	10원/건	전체 요금의 20% 할인
B	5,000원/월	3원/초	15원/건	문자메시지 월 100건 무료

① 125건　　　　　　　　　　② 150건

③ 200건　　　　　　　　　　④ 250건

⑤ 300건

 통화량을 x, 문자메시지를 y라고 하면

A요금제 → $(5x + 10y) \times \left(1 - \dfrac{1}{5}\right) = 4x + 8y = 14,000$ 원

B요금제 → $5,000 + 3x + 15 \times (y - 100) = 16,250$ 원

두 식을 정리해서 풀면

$y = 250,\ x = 3,000$

18 다음은 Y년도의 각 발전소 지원 예정금액을 책정해 놓은 자료이다. 전체 인원의 1인당 평균 지원 금액과 발전소당 평균 운영비는 각각 얼마인가?

(단위 : 원)

구분	기장군 (고리)	영광군 (영광)	울진군 (울진)	울주군 (신고리)	경주시 (월성)
1인당 인건비	450,000	450,000	506,000	281,000	449,000
인원수(명)	8	8	9	7	8
운영비	148,000	169,000	129,000	123,000	77,000

① 432,825원, 131,250원　　　　　② 427,535원, 129,200원

③ 432,825원, 129,200원　　　　　④ 427,535원, 131,250원

⑤ 427,200원, 129,200원

 발전소당 인원수가 동일하지 않으므로 전체 인원의 1인당 평균 지원 금액은 각 발전소의 1인당 인건비와 인원수를 곱한 발전소의 인건비 총량을 모두 합산하여 전체 인원수로 나누어 계산하여야 한다. 따라서
$(450,000 \times 8) + (450,000 \times 8) + (506,000 \times 9) + (281,000 \times 7) + (449,000 \times 8) \div 40 = 432,825$ 원이 된다.
발전소당 평균 운영비는 주어진 수치에서 직접 평균을 구할 수 있다.
따라서 $(148,000 + 169,000 + 129,000 + 123,000 + 77,000) \div 5 = 129,200$ 원이 된다.

19 정가가 x원인 물건을 20%의 이익을 더해 13개를 판매한 것과 45%의 이익을 더해 300원을 할인하여 12개를 판매한 금액이 동일할 때, 이 물건의 정가는 얼마인가?

① 1,500원　　　　　② 1,700원

③ 2,000원　　　　　④ 2,200원

⑤ 2,500원

 $x \times 1.2 \times 13 = (x \times 1.45 - 300) \times 12$
$15.6x = 17.4x - 3,600 \rightarrow 3,600 = 1.8x$ 따라서 $x = 2,000$

20 원가가 a원, b원인 연필과 펜을 10%의 이익을 더해 각각 5개, 4개를 사면 총 9,900원이 필요하고, 20%의 이익을 더해 각각 10개, 5개를 사면 총 162,000원이 필요하다. 연필에 10%의 이익과, 펜에 15%의 이익을 더해 세트로 판매한다면, 한 세트의 가격을 얼마인가?

① 2,375원　　　　　　　　　　　　② 2,385원

③ 2,395원　　　　　　　　　　　　④ 2,405원

⑤ 2,415원

 $\begin{cases} a \times 1.1 \times 5 + b \times 1.1 \times 4 = 9,900 \\ a \times 1.2 \times 10 + b \times 1.2 \times 5 = 162,000 \end{cases}$ 이 두식을 연립하면, $a = 600, b = 1,500$가 된다.

따라서 10%의 이익을 더한 연필의 가격은 $600 \times 1.1 = 660$원이고, 15%의 이익을 더한 펜의 가격은 $1,500 \times 1.15 = 1,725$원이므로 한 세트의 가격은 $660 + 1,725 = 2,385$원이다.

21 지난달에 K사에서 245L의 기름을 사는 데 392,000원이 들었다. K사에서 지금 기름을 사려는데, 지난달에 비해 원유 값은 기름 값의 1/8만큼 올랐고 기름 값의 10%를 차지하던 세금은 기름 값의 1/20만큼 올랐다. 현재 1L의 기름 값은 얼마인가? (단, 기름 판매상의 마진과 기타 비용은 고려하지 않으며, 기름 값은 '원유 값+세금'으로 계산한다)

① 1,820원　　　　　　　　　　　　② 1,840원

③ 1,860원　　　　　　　　　　　　④ 1,880원

⑤ 1,900원

 지난달의 기름 1L의 값= $392,000 \div 245 = 1,600$원

이 중 원유의 값은 $1,600 \times 0.9 = 1,440$원이며, 세금은 160원이다.

따라서 이번 달의 기름 1L의 값은

$(1,440 + 1,600 \times 1/8) + (160 + 1,600 \times 1/20) = 1,440 + 200 + 160 + 80 = 1,880$원이 된다.

Answer ↵ 18.③　19.③　20.②　21.④

22 다음은 K사 직원들의 인사이동에 따른 4개의 지점별 직원 이동 현황을 나타낸 자료이다. 다음 자료를 참고할 때, 빈 칸 Ⓐ, Ⓑ에 들어갈 수치로 알맞은 것은?

〈인사이동에 따른 지점별 직원 이동 현황〉

(단위 : 명)

이동 전 \ 이동 후	A	B	C	D
A	–	32	44	28
B	16	–	34	23
C	22	18	–	32
D	31	22	17	–

〈지점별 직원 현황〉

(단위 : 명)

지점 \ 시기	인사이동 전	인사이동 후
A	425	(Ⓐ)
B	390	389
C	328	351
D	375	(Ⓑ)

① 390, 388 ② 388, 390

③ 390, 390 ④ 388, 388

⑤ 350, 130

 인사이동에 따라 A지점에서 근무지를 다른 곳으로 이동한 직원 수는 모두 $32+44+28=104$ 명이다. 또한 A지점으로 근무지를 이동해 온 직원 수는 모두 $16+22+31=69$명이 된다. 따라서 $69-104=-35$명이 이동한 것이므로 인사이동 후 A지점의 근무 직원 수는 $425-35=390$명이 된다.

같은 방식으로 D지점의 직원 이동에 따른 증감 수는 $83-70=13$명이 된다. 따라서 인사이동 후 D지점의 근무 직원 수는 $375+13=388$명이 된다.

23 다음은 2월 달의 달러에 대한 대한민국(원)의 환율을 나타낸 그래프이다. 다음에 대해 바르게 설명한 것을 모두 고른 것은?(단위: 원)

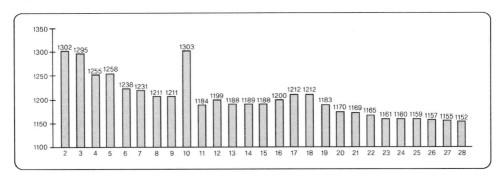

> ㉠ 2월 중 달러로 환전할 때 가장 손해를 보는 날은 2일이다.
> ㉡ 18일 이후 환율은 점점 감소하고 있다.
> ㉢ 8일에는 전날에 비해 약 5%로 환율이 감소했다.
> ㉣ 20일에 15,000원을 환전한다면 약 12.8달러가 된다.

① ㉠

② ㉡

③ ㉠㉢

④ ㉡㉣

⑤ ㉡㉢㉣

 ㉠ 환율이 높을수록 손해를 보기 때문에 환율이 높은 10일(1,303)에 가장 손해를 본다.
㉢ 1,211÷1,231=0.983…이므로 약 2%로 환율이 감소했다.
㉣ 15,000÷1,170=12.8205

24 다음 설명에서 빈 칸 (개)~(래)에 들어갈 숫자가 순서대로 올바르게 나열된 것은?

> K는 2접시의 인절미를 먹을 때 반드시 1잔의 수정과를 마신다. 또한 K는 수정과나 인절미만을 따로 먹지는 않는다.
>
> 인절미는 1접시에 500원이고, 수정과는 1잔에 800원이다.
>
> 떡집에 간 K는 지갑에 2,800원이 있다는 것을 알고 ((개)) 접시의 인절미와 ((내)) 잔의 수정과를 사 먹었다.
>
> 일주일 후 이 떡집은 인절미 가격을 1접시에 250원으로 내렸다. 그 날 3,100원을 가지고 떡집에 간 K는 ((대)) 접시의 인절미와 ((래)) 잔의 수정과를 사 먹었다.
>
> K는 지갑에 있는 돈으로 최대한 사 먹는다고 가정한다.

① 4 - 1 - 6 - 2
② 2 - 1 - 4 - 2
③ 4 - 2 - 4 - 2
④ 2 - 1 - 6 - 3
⑤ 2 - 2 - 6 - 3

 K는 항상 인절미와 수정과를 함께 소비하므로, 2접시의 인절미와 1잔의 수정과는 한 묶음으로 소비된다고 볼 수 있다. 인절미와 수정과의 가격이 각각 500원, 800원일 때 이 묶음의 가격은 1,800원이고, 2,800원의 소득이 있으면 한 묶음만을 소비할 수 있어 2접시의 인절미와 1잔의 수정과를 사 먹는다. 인절미 가격이 250원이 되면 이 묶음의 가격은 1,300원이고, 3,100원의 소득으로 2묶음까지 소비할 수 있어 4접시의 인절미와 2잔의 수정과를 사 먹는다.

25 시중에 유통되는 통화량을 측정하기 위해 여러 가지 통화지표가 사용된다. 우리나라는 다음과 같이 정의되는 M1, M2, M3을 주요 통화지표로 사용하고 있다. 통화지표에 대한 설명 중 가장 적절한 것은?

> M1 = 민간보유 현금+요구불 예금
> M2 = M1+저축성예금+거주자 외화예금
> M3 = M2+비은행 금융기관의 예수금+양도성예금 증서+금융채권 등

① 지불수단으로 즉시 바뀔 수 있는 유동성이 가장 높은 것은 M3이다.
② 포함하는 금융자산의 범위가 가장 넓은 것은 M1이다.
③ M1이 커질수록 M2는 감소한다.
④ 개인이 우리나라 은행에 저축하는 외화가 많을수록 M1이 증가한다.
⑤ 금융시장이 발달할수록 M3가 커진다.

① M1, ② M3, ④ M2이며, ③의 경우 M1이 증가하면 M2도 증가한다.

26 다음은 연도별 재무 현황이다. 다음 중 자산부채비율이 가장 높은 해는?

(단위 : 억 원,%)

	2019	2018	2017	2016	2015
자산	91,464	77,823	56,898	31,303	66,024
재단채	74,751	59,105	37,611	12,500	42,000
기타	9,003	8,603	9,684	7,879	9,564
자본	7,710	10,115	9,603	10,924	14,460

※ 부채＝재단채＋기타

※ 자산부채비율(%)＝$\frac{자산}{부채}\times 100$

① 2019년   ② 2018년

③ 2017년   ④ 2016년

⑤ 2015년

2019년 : $\frac{91,464}{74,751+9,003}\times 100 = 109.2$

2018년 : $\frac{77,823}{59,105+8,603}\times 100 = 114.9$

2017년 : $\frac{56,898}{37,611+9,684}\times 100 = 120.3$

2016년 : $\frac{31,303}{12,500+7,879}\times 100 = 153.6$

2015년 : $\frac{66,024}{42,000+9,564}\times 100 = 128.0$

Answer 24.②   25.⑤   26.④

27 다음은 서울 시민의 '이웃에 대한 신뢰도'를 나타낸 자료이다. 다음 자료를 올바르게 분석하지 못한 것은?

(단위 : %, 10점 만점)

구분		신뢰하지 않음	보통	신뢰함	평균(10점)
전체		18.9	41.1	40.0	5.54
성	남성	18.5	42.2	39.3	5.54
	여성	19.2	40.1	40.7	5.54
연령	10대	22.6	38.9	38.5	5.41
	20대	21.8	41.6	36.5	5.35
	30대	18.9	42.8	38.2	5.48
	40대	18.8	42.4	38.8	5.51
	50대	17.0	42.0	41.1	5.65
	60세 이상	17.2	38.2	44.6	5.70

① 서울 시민 10명 중 4명은 이웃을 신뢰한다.

② 이웃을 신뢰하는 사람의 비중과 평점의 연령별 증감 추이는 동일하지 않다.

③ 20대 이후 연령층에서는 고령자일수록 이웃을 신뢰하는 사람의 비중이 더 높다.

④ 남성과 여성은 같은 평점을 주었으나, 이웃을 신뢰하는 사람의 비중은 남성이 1%p 이상 낮다.

⑤ 이웃을 신뢰하지 않는 사람의 비중은 10대에서 가장 높게 나타나고 있다.

 이웃을 신뢰하는 사람의 비중은 20대(36.5%)가 10대(38.5%)보다 낮으며, 20대 이후에는 연령이 높아질수록 신뢰도가 비례하여 높아졌다. 이러한 추이는 연령별 평점의 증감 추이와도 일치하고 있음을 알 수 있다.

28 다음에 제시된 도시철도운영기관별 교통약자 편의시설에 대한 도표를 참고할 때, 이에 대한 설명 중 도표의 내용을 올바르게 이해한 것은? (단, 한 역에는 한 종류의 편의시설만 설치된다)

구분	A도시철도운영기관		B도시철도운영기관		C도시철도운영기관	
	설치역수	설치대수	설치역수	설치대수	설치역수	설치대수
엘리베이터	116	334	153	460	95	265
에스컬레이터	96	508	143	742	92	455
휠체어리프트	28	53	53	127	50	135

① B도시철도운영기관은 모든 종류의 교통약자 편의시설의 개수가 A, C도시철도운영기관보다 많다.

② 세 도시철도운영기관의 평균 휠체어리프트 설치대수는 100개 미만이다.

③ 총 교통약자 편의시설의 설치역당 설치대수는 A도시철도운영기관이 가장 많다.

④ C도시철도운영기관의 교통약자 편의시설 중, 설치역당 설치대수는 엘리베이터가 가장 많다.

⑤ 휠체어리프트의 설치역당 설치대수는 C도시철도운영기관이 가장 많다.

 A기관 : 53÷28=약 1.9대, B기관 : 127÷53=약 2.4대, C기관 : 135÷50=2.7대이므로 C도시철도운영기관이 가장 많다.

① 휠체어리프트는 C도시철도운영기관이 가장 많다.

② (53+127+135)÷3=105이므로 100개보다 많다.

③ A기관 : 895÷240=약 3.7대, B기관 : 1,329÷349=약 3.8대, C기관 : 855÷237=약 3.6대이다.

④ 265÷95=약 2.8대, 455÷92=약 4.9대, 135÷50=2.7대이므로 에스컬레이터가 가장 많다.

Answer ↪ 27.② 28.⑤

29 남한은 상대적으로 자본이 풍부하고 북한은 노동력이 풍부하다. 남북한이 하나의 시장경제로 통합될 경우, 통합 이전과 비교하여 남한의 임금과 이자율의 변동 상황으로 적절한 설명은? (단, 남북한 노동력은 숙련도 차이가 없으며, 외국과의 자본, 노동 이동이 없다고 가정한다)

① 임금은 상승하고 이자율은 하락할 것이다.

② 임금은 하락하고 이자율은 상승할 것이다.

③ 임금과 이자율 모두 하락할 것이다.

④ 임금과 이자율 모두 상승할 것이다.

⑤ 임금과 이자율 모두 불변일 것이다.

 통합된 경제는 통합 이전의 남한과 비교할 때 노동력은 상대적으로 풍부한 반면에 자본은 상대적으로 부족하다. 따라서 통합된 경제의 임금은 통합 이전의 남한보다 낮고, 이자율은 통합 이전의 남한보다 높아질 것으로 판단하는 것이 합리적이다.

30 다음 자료를 참고할 때, 남 대리가 소비하는 B 물품의 개당 가격은 얼마인가?

> 남 대리는 월급에서 매달 일정한 금액을 떼어 A와 B 물품을 소비한다. 예전에는 A 물품 39개와 B 물품 12개를 구입할 수 있었지만, 현재는 남 대리의 월급이 올랐고 일정하게 떼어 놓는 금액도 두 배로 늘어나 A 물품 48개와 B 물품 34개를 구입할 수 있게 되었다. A 물품의 개당 가격은 900원이다.

① 300원 ② 600원

③ 1,200원 ④ 2,700원

⑤ 3,700원

 주어진 자료에서 B 물품의 가격을 x라고 하면, $(39 \times 900 + 12 \times x) \times 2 = (48 \times 900 + 34 \times x)$ 가 성립한다. 따라서 이를 풀면, B 물품의 가격은 2,700이 된다.

| 31~32 | 다음은 방화, 뺑소니 발생현황에 대한 표이다. 물음에 답하시오.

구분	2008년	2009년	2010년	2011년	2012년	2013년	2014년
방화	6,580	6,627	6,978	7,359	7,855	7,751	7,119
뺑소니	2,446	2,440	2,868	3,206	2,920	3,750	4,325
계	9,026	9,067	9,846	10,565	10,775	11,501	11,444

31 방화 및 뺑소니의 발생빈도의 합이 10,000건 이상인 해의 발생 건수를 모두 더하면?

① 44,255   ② 44,265

③ 44,275   ④ 44,285

⑤ 44,295

방화와 뺑소니의 발생빈도 합계가 10,000건 이상인 해는 2011년, 2012년, 2013년, 2014년이다.
10,565+10,775+11,501+11,444=44,285

32 위 표를 통해 알 수 있는 내용은?

① 방화범죄는 2012년에 정점을 찍은 후 조금씩 감소하고 있다.

② 뺑소니범죄는 2009년부터 매년 꾸준히 증가하고 있다.

③ 뺑소니범의 대부분은 10대 청소년들이다.

④ 방화범들은 주로 새벽시간대를 노린다.

⑤ 2006년부터 뺑소니 발생은 꾸준히 증가하였다.

② 뺑소니범죄는 2012년에 한 번 감소했다.
③ 뺑소니범의 연령대는 알 수 없다.
④ 방화범죄가 일어나는 시간대는 알 수 없다.
⑤ 2006년, 2007년 뺑소니 발생현황은 알 수 없다.

Answer ⟶ 29.②   30.④   31.④   32.①

|33~34| 다음은 국내 온실가스 배출현황을 나타낸 표이다. 물음에 답하시오.

(단위 : 백만 톤 CO_2 eq.)

구분	2005년	2006년	2007년	2008년	2009년	2010년	2011년
에너지	467.5	473.9	494.4	508.8	515.1	568.9	597.9
산업공정	64.5	63.8	60.8	60.6	57.8	62.6	63.4
농업	22.0	21.8	21.8	21.8	22.1	22.1	22.0
폐기물	15.4	15.8	14.4	14.3	14.1	x	14.4
LULUCF	−36.3	−36.8	−40.1	−42.7	−43.6	−43.7	−43.0
순배출량	533.2	538.4	551.3	562.7	565.6	624.0	654.7
총배출량	569.4	575.3	591.4	605.5	609.1	667.6	697.7

33 2010년 폐기물로 인한 온실가스 배출량은? (단, 총배출량＝에너지＋산업공정＋농업＋폐기물)

① 14.0
② 14.1
③ 14.2
④ 14.3
⑤ 14.4

(Tip) x=667.6−(568.9+62.6+22.1)=14.0

34 다음은 수도권의 일부 도로에 대한 자료이다. 외각순환도로 7km의 건설비는 얼마인가?

분류	도로수	총길이	건설비
고속화도로	7	80km	50억
외각순환도로	9	160km	300억
자동차전용도로	11	120km	200억
합계	27	360km	550억

① 약 13.1억 원
② 약 14.1억 원
③ 약 15.1억 원
④ 약 16.1억 원
⑤ 약 17.1억 원

(Tip) 300÷160=1.875이고 7km이므로 1.875×7≒13.125(억 원)

▮35~37▮ 다음은 골프장 네 곳에 등록된 회원들의 지역별 구성 비율을 조사한 자료이다. 물음에 답하시오. (단, 가장 오른쪽은 각 골프장에 등록된 전체 회원 수가 네 골프장의 회원 총수에서 차지하는 비율이다.)

구분	서울	경기	충청	강원	각 지점/전 지점
A	20%	30%	40%	10%	30%
B	30%	20%	10%	40%	40%
C	10%	40%	30%	20%	10%
D	40%	10%	20%	30%	20%
전 지점	30%	( )	( )	10%	100%

35 각 골프장에서 경기 지역 회원의 수는 회원 총수의 몇 %인가?

① 21% ② 22%

③ 23% ④ 24%

⑤ 25%

 A : 0.3×0.3=0.09=9(%)
　　B : 0.4×0.2=0.08=8(%)
　　C : 0.1×0.4=0.04=4(%)
　　D : 0.2×0.1=0.02=2(%)
　　∴ A+B+C+D=23(%)

36 A 골프장의 회원 수를 5년 전과 비교했을 때 강원 지역의 회원 수는 절반으로 감소했고 경기와 충청 지역의 회원 수는 2배로 증가했으며 그 외는 변동이 없었다. 그렇다면 5년 전 서울 지역 회원 수의 비율은? (단, A 골프장의 올해 회원의 수는 300명이다.)

① 약 23.1%

② 약 26.6%

③ 약 29.4%

④ 약 31.2%

⑤ 약 33.4%

 올해 A 골프장의 회원 수는 서울 60명, 경기 90명, 충청 120명, 강원 30명이다.
따라서 5년 전의 회원 수는 서울 60명, 경기 45명, 충청 60명, 강원 60명이 된다.
이 중 5년 전 서울 지역 회원의 비율은 $\frac{60}{225} \times 100 ≒ 26.6\%$가 된다.

37 D 골프장의 강원 지역 회원 수가 200명일 때 A 골프장의 강원 지역 회원 수는?

① 100명

② 200명

③ 300명

④ 400명

⑤ 500명

 D 골프장의 강원 지역 회원이 차지하는 비율 : $0.2 \times 0.3 = 0.06 = 6(\%)$
A 골프장의 강원 지역 회원이 차지하는 비율 : $0.3 \times 0.1 = 0.03 = 3(\%)$
D 골프장의 강원 지역 회원 수가 200명이므로 $6 : 3 = 200 : x$
∴ $x = 100(명)$

▎38~39▎ 다음은 2020년 1, 2월 관리비 부과내역이다. 물음에 답하시오.

(단위 : 원)

항목	1월	2월
전기료	93,618	52,409
수도료	17,595	27,866
일반관리비	33,831	36,187
경비비	30,750	33,467
장기수선충당금	20,502	20,502
급탕비	15,816	50,337
청소비	11,485	12,220
기타	18,413	17,472
합계	242,020	250,460

38 아파트에 56세대가 살고 있다면, 그 아파트의 2월 총 관리비는 얼마인가?

① 12,523,000원
② 13,553,120원
③ 14,025,760원
④ 14,276,220원
⑤ 15,027,600원

 250,460×56＝14,025,760

39 위의 표에 대한 설명으로 옳지 않은 것은?

① 1월과 2월의 장기수선충금은 동일하다.
② 2월 관리비 전체에서 기타비가 차지하는 비중은 1월보다 감소했다.
③ 2월의 급탕비는 1월의 급탕비의 세배 이상이다.
④ 1월의 청소비가 차지하는 비율은 2월의 청소비가 차지하는 비율보다 작다.
⑤ 1월 관리비 전체에서 전기료가 차지하는 비중은 40% 이상이다.

 ⑤ $\frac{93,618}{242,020}×100＝38.7\%$이므로 40% 이하이다.

Answer ➟ 36.② 37.① 38.③ 39.⑤

┃40~41┃ 다음은 인천공항, 김포공항, 양양공항, 김해공항, 제주공항을 이용한 승객을 연령별로 분류해 놓은 표이다. 물음에 답하시오.

구분	10대	20대	30대	40대	50대	총 인원수
인천공항	13%	36%	20%	15%	16%	5,000명
김포공항	8%	21%	33%	24%	14%	3,000명
양양공항	–	17%	37%	39%	7%	1,500명
김해공항	–	11%	42%	30%	17%	1,000명
제주공항	18%	23%	15%	28%	16%	4,500명

40 인천공항의 이용승객 중 20대 승객은 모두 몇 명인가?

① 1,500명   ② 1,600명

③ 1,700명   ④ 1,800명

⑤ 1,900명

 5,000×0.36=1,800명

41 김포공항 이용승객 중 30대 이상 승객은 김해공항 30대 이상 승객의 약 몇 배인가? (소수점 둘째 자리에서 반올림 하시오.)

① 2.3배   ② 2.4배

③ 2.5배   ④ 2.6배

④ 2.7배

 김포공항의 30대 이상 승객 : 33%+24%+14%=71%이므로 3,000×0.71=2,130명
김해공항의 30대 이상 승객 : 42%+30%+17%=89%이므로 1,000×0.89=890명
∴ 2,130÷890≒2.4배

42 인터넷 통신 한 달 요금이 다음과 같은 A, B 두 회사가 있다. 한샘이는 B 회사를 선택하려고 한다. 월 사용시간이 최소 몇 시간 이상일 때, B 회사를 선택하는 것이 유리한가?

A 회사		B 회사	
기본요금	추가요금	기본요금	추가요금
4,300원	시간당 900원	20,000원	없음

① 15시간

② 16시간

③ 17시간

④ 18시간

⑤ 19시간

 월 사용시간을 x라 하면

$4300 + 900x \geq 20000 \Rightarrow 900x \geq 15700 \Rightarrow x \geq 17.444\cdots$

따라서 매월 최소 18시간 이상 사용할 때 B회사를 선택하는 것이 유리하다.

|43~45| 다음은 연도별 최저임금 현황을 나타낸 표이다. 물음에 답하시오.

(단위 : 원, %, 천 명)

구분	2008년	2009년	2010년	2011년	2012년	2013년	2014년
시간급 최저임금	3,770	4,000	4,110	4,320	4,580	4,860	5,210
전년대비 인상률(%)	8.30	6.10	2.75	5.10	6.00	6.10	7.20
영향률(%)	13.8	13.1	15.9	14.2	13.7	14.7	x
적용대상 근로자수	15,351	15,882	16,103	16,479	17,048	17,510	17,734
수혜 근로자수	2,124	2,085	2,566	2,336	2,343	y	2,565

* 영향률＝수혜 근로자수 / 적용대상 근로자수 × 100

43 2014년 영향률은 몇 %인가? (소수점 둘째자리에서 반올림 하세요.)

① 14.1% ② 14.3%

③ 14.5% ④ 14.7%

⑤ 14.9%

Tip 2014년 영향률 : $\dfrac{2,565}{17,734} \times 100 \fallingdotseq 14.5(\%)$

44 2013년 수혜 근로자수는 몇 명인가?

① 약 255만 3천 명 ② 약 256만 5천 명

③ 약 257만 4천 명 ④ 약 258만 2천 명

⑤ 약 260만 2천 명

Tip 2013년 수혜 근로자수 : $0.147 \times 17,510 \fallingdotseq 2,574(=$약 257만 4천 명$)$

45 표에 대한 설명으로 옳지 않은 것은?

① 시간급 최저임금은 매해 조금씩 증가하고 있다.

② 전년대비 인상률은 2010년까지 감소하다가 이후 증가하고 있다.

③ 영향률은 불규칙적인 증감의 추세를 보이고 있다.

④ 2015년의 전년대비 인상률이 2014년과 같을 경우 2015년 시간급 최저임금은 약 5,380원이다.

⑤ 2011년 이후 전년대비 인상률은 꾸준히 증가하였다.

 ④ 2014년 시간급 최저임금은 5,210원이고 전년대비 인상률은 7.20%이므로 2015년의 전년대비 인상률이 2014년과 같을 경우 시간급 최저임금은

$\frac{107.2}{100} \times 5,210 = 5585.12$(＝약 5,585원)가 되어야 한다.

▮46~47▮ 다음 표는 2019년과 2018년 정부 창업지원금 신청자를 대상으로 직업과 창업단계를 조사한 자료이다. 물음에 답하시오.

〈표1〉 정부창업지원금 신청자의 직업 구성

(단위: 명,%)

직업	2018년		2019년		합계	
	인원	비율	인원	비율	인원	비율
교수	34	4.2	183	12.5	217	9.6
연구원	73	9.1	118	8.1	191	8.4
대학생	17	2.1	74	5.1	91	4.0
대학원생	31	3.9	93	6.4	124	5.5
회사원	297	37.0	567	38.8	864	38.2
기타	350	43.6	425	㉠	775	34.3
계	802	100.0	1,460	100.0	2,262	100.0

〈표2〉 정부창업지원금 신청자의 창업단계

(단위: 명,%)

창업단계	2018년		2019년		합계	
	인원	비율	인원	비율	인원	비율
예비창업단계	79	9.9	158	10.8	237	10.5
기술개발단계	291	36.3	668	45.8	959	42.4
시제품 제작단계	140	17.5	209	14.3	349	15.4
기장진입단계	292	36.4	425	29.1	717	31.7
계	802	100.0	1,460	100.0	2,262	100.0

46 위의 표에 대한 설명으로 옳지 않은 것은?

① 2019년에는 기술개발단계에 있는 신청자의 인원수가 가장 많다.

② 〈표2〉에서 2018년에 비해 2019년에 인원은 늘어났으나 비중이 감소한 단계는 시제품 제작단계 뿐이다.

③ 2018년에 정부창업지원금 신청자의 인원수는 교수가 대학생의 두 배이다.

④ '기타'를 제외하고 2018년 정부창업지원금 신청자의 직업이 가장 높은 비율을 차지하는 것은 회사원이다.

⑤ 〈표1〉에서 대학원생 신청자 수는 2019년이 2018년의 3배지만, 비율은 그렇지 않다.

2019년에 인원은 늘었으나 비중이 감소한 단계는 시제품 제작단계와 시장진입단계이다.

47 복수응답과 무응답이 없다고 할 때, ㉠에 알맞은 것은?

① 25.1   ② 29.1

③ 34.1   ④ 39.1

⑤ 43.1

 $100 - 12.5 - 8.1 - 5.1 - 6.4 - 38.3 = 29.1$

48 다음은 2010년부터 2014년까지의 전국 국립고등학교 앞에 설치된 CCTV(수동식, 조종식, 자동식)와 청소년 쉼터에 관한 표이다. 2009년의 CCTV의 수가 3,100개였다. 2010년에서 2013년까지의 전년대비 CCTV의 수가 가장 많이 증가한 해를 고르시오.

(단위 : 대, 소)

구분＼연도	2010	2011	2012	2013	2014
CCTV(수동)	10	9	9	8	3
CCTV(조종)	1538	1410	1392	1125	1009
CCTV(자동)	1562	1541	1670	1850	1981
청소년 쉼터	557	577	537	510	610

① 2010년   ② 2011년

③ 2012년   ④ 2013년

⑤ 2014년

 청소년 쉼터는 자료에는 주어져 있지만 CCTV의 수가 가장 많이 늘어난 해를 고르는 문제이기 때문에 더해야 하는 항목에서 제외가 된다.

구분＼연도	2010	2011	2012	2013	2014
CCTV	3,110	2,960	3,071	2,983	2,993

2010년 : 2009년 대비 10대 증가   2011년 : 2010년 대비 150대 감소
2012년 : 2011년 대비 111대 증가   2013년 : 2012년 대비 88대 감소
2014년 : 2013년 대비 10대 증가

Answer ↪ 46.②   47.②   48.③

49 다음 〈표〉는 ○○공사의 사업별 투자액 및 투자전망에 대한 자료이다. 이에 대한 설명으로 옳은 것을 고르시오.

〈○○공사 사업별 투자액 및 투자전망〉

(단위 : 억 원)

연도 부서	2010	2011	2012	2020(예상)	2030(예상)
운송정보부	10.9	13.1	14.5	22.0	40.5
연구혁신처	21.0	24.0	27.7	41.4	83.2
전기운용부	5.6	6.5	7.3	9.9	18.2
휴먼안전센터	2.4	2.8	3.2	4.8	9.9
전체	39.9	46.4	52.7	78.1	151.8

① 2011년 증가율이 가장 큰 부서는 연구혁신처이다.

② 2020년 전체 위 부서의 사업별 투자액 및 투자전망에서 '운송정보부' 유형이 차지하는 비중은 30% 이하일 것으로 전망된다.

③ 2020~2030년 동안 '휴먼안전센터'의 투자전망은 매년 30% 이상 증가할 것으로 전망된다.

④ 2010년 대비 2030년 사업별 투자액 및 투자전망에서 증가율이 가장 높을 것으로 전망되는 시설유형은 '연구혁신처'이다.

⑤ 2010~2012년 동안 '전기운용부'의 사업별 투자액은 매년 15% 이상 증가하였다.

② 2020년 운송정보부가 전체에서 차지하는 비중은 $\frac{22.0}{78.1} \times 100 ≒ 28.2\%$

① 운송정보부의 2011년 전년대비 투자액의 증가율은 $\frac{13.1-10.9}{10.9} \times 100 ≒ 20.2\%$로 가장 크다.

③ 2020년부터 2030년까지 매년 30%씩 증가하면, 즉 10년간 전년대비 1.3배가 된다면 $1.3^{10} = $ 약 13.8배가 된다. 휴먼안전센터의 경우 2030년에 2020년에 비해 약 2배의 금액으로 투자전망이 되었다.

④ 휴먼안전센터의 경우 2010년 대비 2030년에 3배 넘게 증가하여 다른 부서보다 높은 증가율을 보인다.

※ 100%(1배) 증가 = 2배, 200%(2배) 증가 = 3배, 50%(0.5배) 증가 = 1.5배

⑤ 전기운용부의 전년대비 증가율은 다음과 같다.

2011년 : $\frac{6.5-5.6}{5.6} \times 100 ≒ 16.1\%$

2012년 : $\frac{7.3-6.5}{6.5} \times 100 ≒ 12.3\%$

50 다음에 주어진 표는 우리나라의 자원의 수입 의존도와 공업의 입지 유형에 대한 것을 나타낸 것이다. 이를 통해 우리나라 공업에 대하여 추측한 것으로 옳은 것을 고르시오.

〈표 1〉 우리나라의 자원의 수입 의존도

자원	비율(%)	자원	비율(%)
천연고무	100	원유	100
역청탄	100	원면	100
알루미늄	98	원강	100
철광석	90	양모	90
구리	90	원피	85

〈표 2〉 공업의 입지 유형

원료 지향형	제조 과정에서 원료의 중량·부피가 감소하는 공업, 원료가 부패하기 쉬운 공업
시장 지향형	제조 과정에서 제품의 무게와 부피가 증가하는 공업, 제품이 변질·파손되기 쉬운 공업, 소비자와의 잦은 접촉이 필요한 공업
노동비 지향형	풍부하고 저렴한 노동력이 필요한 공업
동력 지향형	많은 양의 동력을 필요로 하는 공업

① 우리나라는 공업화로 인해 환경오염이 가속화 되고 있다.
② 〈표 1〉에서 주어진 수입하는 자원들은 바닷가 지역을 중심으로 하여 가공업이 중심을 이루고 있다.
③ 원료 지향형의 공업이 발달하였다.
④ 공업의 성장속도가 점차 빨라지고 있다.
⑤ 자원 수입 의존도가 높은 산업은 지양하여야 한다.

 자원의 수입은 바다를 통해 배로 들어오게 된다. 따라서 원료들은 제조과정에서 중량 및 부피가 감소하므로 이것을 가공하여 시장으로 보내게 된다.
①④은 알 수 없다.
③ 〈표 1〉에서 자원 수입에 대한 자료만 주었을 뿐 우리나라가 원료지향형 공업이라는 어떠한 근거도 찾을 수 없다.
⑤ 자원 수입 의존도가 높다는 것은 해당 자원이 우리나라에 많지 않다는 것이므로 지양하게되면 사회 전반적으로 문제가 발생할 수 있다.

03 문제해결능력

1 문제와 문제해결

(1) 문제의 정의와 분류

① 정의 … 문제란 업무를 수행함에 있어서 답을 요구하는 질문이나 의논하여 해결해야 되는 사항이다.

② 문제의 분류

구분	창의적 문제	분석적 문제
문제제시 방법	현재 문제가 없더라도 보다 나은 방법을 찾기 위한 문제 탐구→문제 자체가 명확하지 않음	현재의 문제점이나 미래의 문제로 예견될 것에 대한 문제 탐구→문제 자체가 명확함
해결방법	창의력에 의한 많은 아이디어의 작성을 통해 해결	분석, 논리, 귀납과 같은 논리적 방법을 통해 해결
해답 수	해답의 수가 많으며, 많은 답 가운데 보다 나은 것을 선택	답의 수가 적으며 한정되어 있음
주요특징	주관적, 직관적, 감각적, 정성적, 개별적, 특수성	객관적, 논리적, 정량적, 이성적, 일반적, 공통성

(2) 업무수행과정에서 발생하는 문제 유형

① 발생형 문제(보이는 문제) … 현재 직면하여 해결하기 위해 고민하는 문제이다. 원인이 내재되어 있기 때문에 원인지향적인 문제라고도 한다.
　　㉠ 일탈문제 : 어떤 기준을 일탈함으로써 생기는 문제
　　㉡ 미달문제 : 어떤 기준에 미달하여 생기는 문제

② 탐색형 문제(찾는 문제) … 현재의 상황을 개선하거나 효율을 높이기 위한 문제이다. 방치할 경우 큰 손실이 따르거나 해결할 수 없는 문제로 나타나게 된다.
　　㉠ 잠재문제 : 문제가 잠재되어 있어 인식하지 못하다가 확대되어 해결이 어려운 문제
　　㉡ 예측문제 : 현재로는 문제가 없으나 현 상태의 진행 상황을 예측하여 찾아야 앞으로 일어날 수 있는 문제가 보이는 문제
　　㉢ 발견문제 : 현재로서는 담당 업무에 문제가 없으나 선진기업의 업무 방법 등 보다 좋은 제도나 기법을 발견하여 개선시킬 수 있는 문제

③ 설정형 문제(미래 문제) … 장래의 경영전략을 생각하는 것으로 앞으로 어떻게 할 것인가 하는 문제이다. 문제해결에 창조적인 노력이 요구되어 창조적 문제라고도 한다.

예제 1

D회사 신입사원으로 입사한 귀하는 신입사원 교육에서 업무수행과정에서 발생하는 문제 유형 중 설정형 문제를 하나씩 찾아오라는 지시를 받았다. 이에 대해 귀하는 교육받은 내용을 다시 복습하려고 한다. 설정형 문제에 해당하는 것은?

① 현재 직면하여 해결하기 위해 고민하는 문제
② 현재의 상황을 개선하거나 효율을 높이기 위한 문제
③ 앞으로 어떻게 할 것인가 하는 문제
④ 원인이 내재되어 있는 원인지향적인 문제

[출제의도]
업무수행 중 문제가 발생하였을 때 문제 유형을 구분하는 능력을 측정하는 문항이다.
[해설]
업무수행과정에서 발생하는 문제 유형으로는 발생형 문제, 탐색형 문제, 설정형 문제가 있으며 ①④는 발생형 문제이며 ②는 탐색형 문제, ③이 설정형 문제이다.

답 ③

---

(3) 문제해결

① 정의 … 목표와 현상을 분석하고 이 결과를 토대로 과제를 도출하여 최적의 해결책을 찾아 실행·평가해 가는 활동이다.

② 문제해결에 필요한 기본적 사고
   ㉠ 전략적 사고 : 문제와 해결방안이 상위 시스템과 어떻게 연결되어 있는지를 생각한다.
   ㉡ 분석적 사고 : 전체를 각각의 요소로 나누어 그 의미를 도출하고 우선순위를 부여하여 구체적인 문제해결방법을 실행한다.
   ㉢ 발상의 전환 : 인식의 틀을 전환하여 새로운 관점으로 바라보는 사고를 지향한다.
   ㉣ 내·외부자원의 활용 : 기술, 재료, 사람 등 필요한 자원을 효과적으로 활용한다.

③ 문제해결의 장애요소
   ㉠ 문제를 철저하게 분석하지 않는 경우
   ㉡ 고정관념에 얽매이는 경우
   ㉢ 쉽게 떠오르는 단순한 정보에 의지하는 경우
   ㉣ 너무 많은 자료를 수집하려고 노력하는 경우

④ 문제해결방법

　㉠ 소프트 어프로치 : 문제해결을 위해서 직접적인 표현보다는 무언가를 시사하거나 암시를 통하여 의사를 전달하여 문제해결을 도모하고자 한다.

　㉡ 하드 어프로치 : 상이한 문화적 토양을 가지고 있는 구성원을 가정하고, 서로의 생각을 직설적으로 주장하고 논쟁이나 협상을 통해 서로의 의견을 조정해 가는 방법이다.

　㉢ 퍼실리테이션(facilitation) : 촉진을 의미하며 어떤 그룹이나 집단이 의사결정을 잘 하도록 도와주는 일을 의미한다.

2　문제해결능력을 구성하는 하위능력

(1) 사고력

① 창의적 사고 … 개인이 가지고 있는 경험과 지식을 통해 새로운 가치 있는 아이디어를 산출하는 사고능력이다.

　㉠ 창의적 사고의 특징

　　• 정보와 정보의 조합

　　• 사회나 개인에게 새로운 가치 창출

　　• 창조적인 가능성

예제 2

M사 홍보팀에서 근무하고 있는 귀하는 입사 5년차로 창의적인 기획안을 제출하기로 유명하다. S부장은 이번 신입사원 교육 때 귀하에게 창의적인 사고란 무엇인지 교육을 맡아달라고 부탁하였다. 창의적인 사고에 대한 귀하의 설명으로 옳지 않은 것은?

① 창의적인 사고는 새롭고 유용한 아이디어를 생산해 내는 정신적인 과정이다.
② 창의적인 사고는 특별한 사람들만이 할 수 있는 대단한 능력이다.
③ 창의적인 사고는 기존의 정보들을 특정한 요구조건에 맞거나 유용하도록 새롭게 조합시킨 것이다.
④ 창의적인 사고는 통상적인 것이 아니라 기발하거나, 신기하며 독창적인 것이다.

[출제의도]
창의적 사고에 대한 개념을 정확히 파악하고 있는지를 묻는 문항이다.
[해설]
흔히 사람들은 창의적인 사고에 대해 특별한 사람들만이 할 수 있는 대단한 능력이라고 생각하지만 그리 대단한 능력이 아니며 이미 알고 있는 경험과 지식을 해체하여 다시 새로운 정보로 결합하여 가치 있는 아이디어를 산출하는 사고라고 할 수 있다.

답 ②

ⓛ 발산적 사고 : 창의적 사고를 위해 필요한 것으로 자유연상법, 강제연상법, 비교발상법 등을 통해 개발할 수 있다.

구분	내용
자유연상법	생각나는 대로 자유롭게 발상 ex) 브레인스토밍
강제연상법	각종 힌트에 강제적으로 연결 지어 발상 ex) 체크리스트
비교발상법	주제의 본질과 닮은 것을 힌트로 발상 ex) NM법, Synectics

Point ≫ 브레인스토밍

ⓐ 진행방법
- 주제를 구체적이고 명확하게 정한다.
- 구성원의 얼굴을 볼 수 있는 좌석 배치와 큰 용지를 준비한다.
- 구성원들의 다양한 의견을 도출할 수 있는 사람을 리더로 선출한다.
- 구성원은 다양한 분야의 사람들로 5~8명 정도로 구성한다.
- 발언은 누구나 자유롭게 할 수 있도록 하며, 모든 발언 내용을 기록한다.
- 아이디어에 대한 평가는 비판해서는 안 된다.

ⓑ 4대 원칙
- 비판엄금(Support) : 평가 단계 이전에 결코 비판이나 판단을 해서는 안 되며 평가는 나중까지 유보한다.
- 자유분방(Silly) : 무엇이든 자유롭게 말하고 이런 바보 같은 소리를 해서는 안 된다는 등의 생각은 하지 않아야 한다.
- 질보다 양(Speed) : 질에는 관계없이 가능한 많은 아이디어들을 생성해내도록 격려한다.
- 결합과 개선(Synergy) : 다른 사람의 아이디어에 자극되어 보다 좋은 생각이 떠오르고, 서로 조합하면 재미있는 아이디어가 될 것 같은 생각이 들면 즉시 조합시킨다.

② 논리적 사고 … 사고의 전개에 있어 전후의 관계가 일치하고 있는가를 살피고 아이디어를 평가하는 사고능력이다.

ⓐ 논리적 사고를 위한 5가지 요소 : 생각하는 습관, 상대 논리의 구조화, 구체적인 생각, 타인에 대한 이해, 설득

ⓑ 논리적 사고 개발 방법
- 피라미드 구조 : 하위의 사실이나 현상부터 사고하여 상위의 주장을 만들어가는 방법
- so what기법 : '그래서 무엇이지?'하고 자문자답하여 주어진 정보로부터 가치 있는 정보를 이끌어 내는 사고 기법

③ 비판적 사고 … 어떤 주제나 주장에 대해서 적극적으로 분석하고 종합하며 평가하는 능동적인 사고이다.

ⓐ 비판적 사고 개발 태도 : 비판적 사고를 개발하기 위해서는 지적 호기심, 객관성, 개방성, 융통성, 지적 회의성, 지적 정직성, 체계성, 지속성, 결단성, 다른 관점에 대한 존중과 같은 태도가 요구된다.

ⓛ 비판적 사고를 위한 태도
- 문제의식 : 비판적인 사고를 위해서 가장 먼저 필요한 것은 바로 문제의식이다. 자신이 지니고 있는 문제와 목적을 확실하고 정확하게 파악하는 것이 비판적인 사고의 시작이다.
- 고정관념 타파 : 지각의 폭을 넓히는 일은 정보에 대한 개방성을 가지고 편견을 갖지 않는 것으로 고정관념을 타파하는 일이 중요하다.

(2) 문제처리능력과 문제해결절차

① **문제처리능력** … 목표와 현상을 분석하고 이를 토대로 문제를 도출하여 최적의 해결책을 찾아 실행 · 평가하는 능력이다.

② **문제해결절차** … 문제 인식 → 문제 도출 → 원인 분석 → 해결안 개발 → 실행 및 평가
- ㉠ 문제 인식 : 문제해결과정 중 'waht'을 결정하는 단계로 환경 분석 → 주요 과제 도출 → 과제 선정의 절차를 통해 수행된다.
  - 3C 분석 : 환경 분석 방법의 하나로 사업환경을 구성하고 있는 요소인 자사(Company), 경쟁사(Competitor), 고객(Customer)을 분석하는 것이다.

예제 3

L사에서 주력 상품으로 밀고 있는 TV의 판매 이익이 감소하고 있는 상황에서 귀하는 B부장으로부터 3C분석을 통해 해결방안을 강구해 오라는 지시를 받았다. 다음 중 3C에 해당하지 않는 것은?

① Customer   ② Company
③ Competitor   ④ Content

- SWOT 분석 : 기업내부의 강점과 약점, 외부환경의 기회와 위협요인을 분석 · 평가하여 문제해결 방안을 개발하는 방법이다.

		내부환경요인	
		강점(Strengths)	약점(Weaknesses)
외부환경요인	기회 (Opportunities)	SO 내부강점과 외부기회 요인을 극대화	WO 외부기회를 이용하여 내부약점을 강점으로 전환
	위협 (Threat)	ST 외부위협을 최소화하기 위해 내부 강점을 극대화	WT 내부약점과 외부위협을 최소화

ⓒ 문제 도출 : 선정된 문제를 분석하여 해결해야 할 것이 무엇인지를 명확히 하는 단계로, 문제 구조 파악→핵심 문제 선정 단계를 거쳐 수행된다.

- Logic Tree : 문제의 원인을 파고들거나 해결책을 구체화할 때 제한된 시간 안에서 넓이와 깊이를 추구하는데 도움이 되는 기술로 주요 과제를 나무모양으로 분해 · 정리하는 기술이다.

ⓒ 원인 분석 : 문제 도출 후 파악된 핵심 문제에 대한 분석을 통해 근본 원인을 찾는 단계로 Issue 분석→Data 분석→원인 파악의 절차로 진행된다.

ⓔ 해결안 개발 : 원인이 밝혀지면 이를 효과적으로 해결할 수 있는 다양한 해결안을 개발하고 최선의 해결안을 선택하는 것이 필요하다.

ⓜ 실행 및 평가 : 해결안 개발을 통해 만들어진 실행계획을 실제 상황에 적용하는 활동으로 실행계획 수립→실행→Follow-up의 절차로 진행된다.

예제 4

C사는 최근 국내 매출이 지속적으로 하락하고 있어 사내 분위기가 심상치 않다. 이에 대해 Y부장은 이 문제를 극복하고자 문제처리 팀을 구성하여 해결방안을 모색하도록 지시하였다. 문제처리 팀의 문제해결 절차를 올바른 순서로 나열한 것은?

① 문제 인식→원인 분석→해결안 개발→문제 도출→실행 및 평가
② 문제 도출→문제 인식→해결안 개발→원인 분석→실행 및 평가
③ 문제 인식→원인 분석→문제 도출→해결안 개발→실행 및 평가
④ 문제 인식→문제 도출→원인 분석→해결안 개발 →실행 및 평가

[출제의도]
실제 업무 상황에서 문제가 일어났을 때 해결 절차를 알고 있는지를 측정하는 문항이다.
[해설]
일반적인 문제해결절차는 '문제 인식→문제 도출→원인 분석 →해결안 개발 →실행 및 평가'로 이루어진다.

답 ④

1 다음 중 업무상 일어나는 문제를 해결할 때 필요한 '분석적 사고'에 대한 설명으로 올바른 것은 어느 것인가?

① 사실 지향의 문제는 기대하는 결과를 명시하고 효과적으로 달성하는 방법을 사전에 구상하고 실행에 옮겨야 한다.

② 가설 지향의 문제는 일상 업무에서 일어나는 상식, 편견을 타파하여 객관적 사실로 부터 사고와 행동이 출발한다.

③ 전체를 각각의 요소로 나누어 그 요소의 의미를 도출한 다음 우선순위를 부여하고 구체적인 문제해결방법을 실행하는 것이다.

④ 성과 지향의 문제는 현상 및 원인분석 전에 지식과 경험을 바탕으로 일의 과정이나 결과, 결론을 가정한 다음 검증 후 사실일 경우 다음 단계의 일을 수행한다.

⑤ 당면하고 있는 문제와 그 해결방법에만 집착하지 말고, 그 문제와 해결방안이 상위 시스템 또는 다른 문제와 어떻게 연결되어 있는지를 생각하는 것이 필요하다.

 분석적 사고에 대한 올바른 설명에 해당하는 것은 보기 ③이며, 분석적 사고는 성과 지향, 가설 지향, 사실 지향의 세 가지 경우의 문제에 따라 요구되는 사고의 특징을 달리한다.
① 성과 지향의 문제에 요구되는 사고의 특징이다.
② 사실 지향의 문제에 요구되는 사고의 특징이다.
④ 가설 지향의 문제에 요구되는 사고의 특징이다.
⑤ 전략적 사고의 특징이다.

2 다음 논증에 대한 평가로 적절한 것만을 모두 고른 것은?

> 평범한 사람들은 어떤 행위가 의도적이었는지의 여부를 어떻게 판단할까? 다음 사례를 생각해보자.
>
> 사례 1 : "새로운 사업을 시작하면 수익을 창출할 것이지만, 환경에 해를 끼치게 될 것입니다."하는 보고를 받은 어느 회사의 사장은 다음과 같이 대답을 하였다. "환경에 해로운지 따위는 전혀 신경 쓰지 않습니다. 가능한 한 많은 수익을 내기를 원할 뿐입니다. 그 사업을 시작합시다." 회사는 새로운 사업을 시작하였고, 환경에 해를 입혔다.
>
> 사례 2 : "새로운 사업을 시작하면 수익을 창출할 것이고, 환경에 도움이 될 것입니다"라는 보고를 받은 어느 회사의 사장은 다음과 같이 대답하였다. "환경에 도움이 되는지 따위는 전혀 신경 쓰지 않습니다. 가능한 한 많은 수익을 내기를 원할 뿐입니다. 그 사업을 시작합시다." 회사는 새로운 사업을 시작했고, 환경에 도움이 되었다.
>
> 위 사례들에서 사장이 가능한 한 많은 수익을 내는 것을 의도했다는 것은 분명하다. 그렇다면 사례 1의 사장은 의도적으로 환경에 해를 입혔는가? 사례 2의 사장은 의도적으로 환경에 도움을 주었는가? 일반인을 대상으로 한 설문조사 결과, 사례 1의 경우 '의도적으로 환경에 해를 입혔다.'고 답한 사람은 82%에 이르렀지만, 사례 2의 경우 '의도적으로 환경에 도움을 주었다.'고 답한 사람은 23%에 불과하였다. 따라서 특정 행위 결과를 행위자가 의도했는가에 대한 사람들의 판단은 그 행위 결과의 도덕성 여부에 대한 판단에 의존한다고 결론을 내릴 수 있다.

> ㉠ 위 설문조사에 응한 사람들의 대부분이 환경에 대한 영향과 도덕성은 무관하다고 생각한다는 사실은 위 논증을 약화한다.
> ㉡ 위 설문조사 결과는, 부도덕한 의도를 가지고 부도덕한 결과를 낳는 행위를 한 행위자가 그런 의도 없이 같은 결과를 낳는 행위를 한 행위자보다 그 행위 결과에 대해 더 큰 도덕적 책임을 갖는다는 것을 지지한다.
> ㉢ 두 행위자가 동일한 부도덕한 결과를 의도했음이 분명한 경우, 그러한 결과를 달성하지 못한 행위자는 도덕적 책임을 갖지 않지만 그러한 결과를 달성한 행위자는 도덕적 책임을 갖는다고 판단하는 사람이 많다는 사실은 위 논증을 강화한다.

① ㉠

② ㉡

③ ㉠, ㉢

④ ㉡, ㉢

⑤ ㉠, ㉡, ㉢

Answer ➔ 1.③ 2.①

내용을 잘 읽어보면 '특정 행위 결과를 행위자가 의도했는가에 대한 사람들의 판단은 그 행위 결과의 도덕적 여부에 대한 판단에 의존한다'가 결론임을 알 수 있다.

ⓒ의 경우 부도덕한 의도를 가지고 부도덕한 결과를 낳는 행위는 위 지문에 나와 있지 않으므로 무관한 내용이다.

ⓒ의 경우 두 행위자가 동일한 부도덕한 결과를 의도했음이 분명한 경우에 대한 내용이 위 지문에서 찾을 수 없으므로 무관한 내용이다.

3 다음 ㄱ~ㅁ의 5가지 문제 유형 중, 같은 유형으로 분류할 수 있는 세 가지를 제외한 나머지 두 가지는 어느 것인가?

> ㄱ 정 대리는 소홀한 준비로 인해 중요한 계약 기회를 놓치게 되었다.
> ㄴ A사는 숙련공의 퇴사율이 높아 제품의 불량률이 눈에 띄게 높아졌다.
> ㄷ 지난 주 태풍으로 인해 B사의 창고 시설 대부분이 심각하게 파손되었다.
> ㄹ 영업팀 직원들에게 올해에 주어진 매출 목표를 반드시 달성해야 하는 임무가 주어졌다.
> ㅁ 오늘 아침 출근 버스에 사고가 나서 많은 직원들이 점심시간이 다 되어 출근하였다.

① ㄴ, ㄹ

② ㄷ, ㅁ

③ ㄱ, ㄷ

④ ㄹ, ㅁ

⑤ ㄴ, ㄷ

 ㄱ, ㄷ, ㅁ – 발생형 문제

ㄴ – 탐색형 문제

ㄹ – 설정형 문제

• 발생형 문제(보이는 문제) : 우리 눈앞에 발생되어 당장 걱정하고 해결하기 위해 고민하는 문제를 의미한다.

• 탐색형 문제(찾는 문제) : 더 잘해야 하는 문제로 현재의 상황을 개선하거나 효율을 높이기 위한 문제를 의미한다.

• 설정형 문제(미래 문제) : 미래상황에 대응하는 장래의 경영전략의 문제로 앞으로 어떻게 할 것인가 하는 문제를 의미한다.

4 다음 글의 내용이 참일 때, 반드시 참인 것만을 모두 고른 것은?

> 이번에 우리 공장에서 발생한 화재사건에 대해 조사해 보았습니다. 화재의 최초 발생 장소는 A지역으로 추정됩니다. 화재의 원인에 대해서는 여러 가지 의견이 존재합니다.
>
> 첫째, 화재의 원인을 새로 도입한 기계 M의 오작동으로 보는 견해가 존재합니다. 만약 기계 M의 오작동이 화재의 원인이라면 기존에 같은 기계를 도입했던 X공장과 Y공장에서 이미 화재가 발생했을 것입니다. 확인 결과 이미 X공장에서 화재가 발생했었다는 것을 파악할 수 있었습니다.
>
> 둘째, 방화로 인한 화재의 가능성이 존재합니다. 만약 화재의 원인이 방화일 경우 감시카메라에 수상한 사람이 찍히고 방범용 비상벨이 작동했을 것입니다. 또한 방범용 비상벨이 작동했다면 당시 근무 중이던 경비원 갑이 B지역과 C지역 어느 곳으로도 화재가 확대되지 않도록 막았을 것입니다. B지역으로 화재가 확대되지는 않았고, 감시카메라에서 수상한 사람을 포착하여 조사 중에 있습니다.
>
> 셋째, 화재의 원인이 시설 노후화로 인한 누전일 가능성도 제기되고 있습니다. 화재의 원인이 누전이라면 기기관리자 을 또는 시설관리자 병에게 화재의 책임이 있을 것입니다. 만약 을에게 책임이 있다면 정에게는 책임이 없습니다.

> ㉠ 이번 화재 전에 Y공장에서 화재가 발생했어도 기계 M의 오작동이 화재의 원인은 아닐 수 있다.
> ㉡ 병에게 책임이 없다면, 정에게도 책임이 없다.
> ㉢ C지역으로 화재가 확대되었다면, 방화는 이번 화재의 원인이 아니다.
> ㉣ 정에게 이번 화재의 책임이 있다면, 시설 노후화로 인한 누전이 이번 화재의 원인이다.

① ㉠, ㉢
② ㉠, ㉣
③ ㉡, ㉣
④ ㉠, ㉡, ㉢
⑤ ㉡, ㉢, ㉣

 화재의 원인을 보는 견해를 정리해보면
- 화재의 원인이 새로 도입한 기계 M의 오작동이라면 → 기존에 같은 기계를 도입했던 X, Y공장에서 이미 화재가 났을 것이다. → 이미 X공장에서 화재가 났었다.
- 화재의 원인이 방화라면 → 감시카메라가 작동하고 수상한 사람이 찍히고 비상벨이 작동했을 것이다. → 비상벨이 작동했다면 경비원 갑이 B, C 지역 어느 곳으로도 화재가 확대되지 않도록 막았을 것이다. → B지역으로 화재가 확대되지 않았다. → 감시카메라에 수상한 사람이 포착되어 조사중이다.
- 화재의 원인이 시설 노후화로 인한 누전이라면 → 기기관리자 을 또는 시설관리자 병에게 책임이 있다. → 만약 을에게 책임이 있다면 정에게는 책임이 없다.

Answer ⌐ 3.① 4.①

ⓒ 이번 화재 전에 Y공장에서 화재가 발생했어도 기계 M의 오작동이 화재의 원인은 아닐 수 있다. → 오작동 아니라도 화재의 위험이 있으므로 참이다.

ⓛ 병에게 책임이 없다면, 정에게도 책임이 없다. → 누전일 경우에만 해당되므로 거짓이다.

ⓒ C지역으로 화재가 확대되었다면, 방화는 이번 화재의 원인이 아니다. → 방화는 아니므로 참이다.

ⓓ 정에게 이번 화재의 책임이 있다면, 시설 노후화로 인한 누전이 이번 화재의 원인이다. → 누전이라는 사실이 도출되지 않으므로 거짓이다.

5 다음 ⊙~ⓒ에서 설명하고 있는 창의적 사고 개발 방법의 유형을 순서대로 알맞게 짝지은 것은 어느 것인가?

> ⊙ "신차 출시"라는 주제에 대해서 "홍보를 통해 판매량을 늘린다.", "회사 내 직원들의 반응을 살핀다.", "경쟁사의 자동차와 비교한다." 등의 자유로운 아이디어를 창출할 수 있도록 유도하는 것.
>
> ⓛ "신차 출시"라는 같은 주제에 대해서 판매방법, 판매대상 등의 힌트를 통해 사고 방향을 미리 정해서 발상을 하는 방법이다. 이 때 판매방법이라는 힌트에 대해서는 "신규 해외 수출 지역을 물색한다."라는 아이디어를 떠 올릴 수 있도록 유도한다.
>
> ⓒ "신차 출시"라는 같은 주제에 대해서 생각해 보면 신차는 회사에서 새롭게 생산해 낸 제품을 의미한다. 따라서 새롭게 생산해 낸 제품이 무엇인지에 대한 힌트를 먼저 찾고, 만약 지난달에 히트를 친 비누라는 신상품이 있었다고 한다면, "지난달 신상품인 비누의 판매 전략을 토대로 신차의 판매 전략을 어떻게 수립할 수 있을까"하는 아이디어를 도출할 수 있다.

	⊙	ⓛ	ⓒ
①	강제 연상법	비교 발상법	자유 연상법
②	자유 연상법	강제 연상법	비교 발상법
③	비교 발상법	강제 연상법	자유 연상법
④	강제 연상법	자유 연상법	비교 발상법
⑤	자유 연상법	비교 발상법	강제 연상법

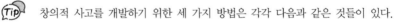

Tip 창의적 사고를 개발하기 위한 세 가지 방법은 각각 다음과 같은 것들이 있다.
• 자유 연상법 : 어떤 생각에서 다른 생각을 계속해서 떠올리는 작용을 통해 어떤 주제에서 생각나는 것을 계속해서 열거해 나가는 발산적 사고 방법.
• 강제 연상법 : 각종 힌트에서 강제적으로 연결 지어 발상하는 방법.
• 비교 발상법 : 주제와 본질적으로 닮은 것을 힌트로 하여 새로운 아이디어를 얻는 방법이다. 이 때 본질적으로 닮은 것은 단순히 겉만 닮은 것이 아니고 힌트와 주제가 본질적으로 닮았다는 의미이다.

6 다음 중 업무수행과정에서 발생하는 문제 유형에 대한 설명으로 옳지 않은 것은?

① 발생형 문제는 보이는 문제로, 현재 직면하여 해결하기 위해 고민하는 문제이다.

② 발생형 문제는 원인이 내재되어 있는 문제로, 일탈문제와 미달문제가 있다.

③ 탐색형 문제는 찾는 문제로, 시급하지 않아 방치하더라도 문제가 되지 않는다.

④ 설정형 문제는 장래의 경영전략을 생각하는 것으로 앞으로 어떻게 할 것인가 하는 미래 문제이다.

⑤ 설정형 문제는 문제해결에 창조적인 노력이 요구되어 창조적 문제라고도 한다.

 ③ 탐색형 문제는 현재의 상황을 개선하거나 효율을 높이기 위한 문제로, 방치할 경우 큰 손실이 따르거나 해결할 수 없는 문제로 나타나게 된다.

7 다음에 설명하고 있는 문제해결 방법은?

> 상이한 문화적 배경을 가지고 있는 구성원을 가정하고, 서로의 생각을 직설적으로 주장하고 논쟁이나 협상을 통해 서로의 의견을 조정해 가는 방법

① 소프트 어프로치   ② 하드 어프로치

③ 퍼실리테이션   ④ 3C 분석

⑤ 브레인스토밍

 제시된 내용은 하드 어프로치에 대한 설명이다.

① **소프트 어프로치** : 문제해결을 위해서 직접적인 표현보다는 무언가를 시사하거나 암시를 통하여 의사를 전달하여 문제해결을 도모하고자 한다.

③ **퍼실리테이션**(facilitation) : 촉진을 의미하며 어떤 그룹이나 집단이 의사결정을 잘 하도록 도와주는 일을 의미한다.

④ **3C 분석** : 환경 분석 방법의 하나로 사업 환경을 구성하고 있는 요소인 자사(Company), 경쟁사(Competitor), 고객(Customer)을 분석하는 것이다.

⑤ **브레인스토밍** : 구성원의 자유발언을 통해 최대한 많은 아이디어를 얻는 방법이다.

Answer → 5.②   6.③   7.②

8 아이디어를 얻기 위해 의도적으로 시험할 수 있는 7가지 규칙인 SCAMPER 기법에 대한 설명으로 옳지 않은 것은?

① S : 기존의 것을 다른 것으로 대체해 보라.

② C : 제거해 보라.

③ A : 다른 데 적용해 보라.

④ M : 변경, 축소, 확대해 보라.

⑤ R : 거꾸로 또는 재배치해 보라.

 S = Substitute : 기존의 것을 다른 것으로 대체해 보라.
C = Combine : A와 B를 합쳐 보라.
A = Adapt : 다른 데 적용해 보라.
M = Modify, Minify, Magnify : 변경, 축소, 확대해 보라.
P = Put to other uses : 다른 용도로 써 보라.
E = Eliminate : 제거해 보라.
R = Reverse, Rearrange : 거꾸로 또는 재배치해 보라.

9 다음 중 문제 해결을 위한 기본적인 사고방식으로 적절하지 않은 것은 어느 것인가?

① 어려운 해결책을 찾으려 하지 말고 우리가 알고 있는 단순한 정보라도 이용해서 실마리를 풀어가야 한다.

② 문제 전체에 매달리기보다 문제를 각각의 요소로 나누어 그 요소의 의미를 도출하고 우선순위를 부여하는 방법이 바람직하다.

③ 고정관념을 버리고 새로운 시각에서 문제를 바라볼 수 있어야 한다.

④ 나에게 필요한 자원을 확보할 계획을 짜서 그것들을 효과적으로 활용할 수 있어야 한다.

⑤ 문제 자체보다 그 문제가 다른 문제나 연관 시스템과 어떻게 연결되어 있는지를 파악하는 것이 중요하다.

 문제에 봉착했을 경우, 차분하고 계획적인 접근이 필요하다. 자칫 우리가 흔히 알고 있는 단순한 정보들에 의존하게 되면 문제를 해결하지 못하거나 오류를 범할 수 있다.
문제 해결을 위해 필요한 4가지 기본적 사고는 다음과 같다.
• 분석적 사고를 해야 한다(보기 ②)
• 발상의 전환을 하라(보기 ③)
• 내 · 외부 자원을 효과적으로 활용하라(보기 ④)
• 전략적 사고를 해야 한다(보기 ⑤)

10 다음은 3C 분석을 위한 도표이다. 빈칸에 들어갈 질문으로 옳지 않은 것은?

구분	내용
고객/시장(Customer)	• 우리의 현재와 미래의 고객은 누구인가? • _____ ㉠ _____ • _____ ㉡ _____ • 시장의 주 고객들의 속성과 특성은 어떠한가?
경쟁사(Competitor)	• _____ ㉢ _____ • 현재의 경쟁사들의 강점과 약점은 무엇인가? • _____ ㉣ _____
자사(Company)	• 해당 사업이 기업의 목표와 일치하는가? • 기존 사업의 마케팅과 연결되어 시너지효과를 낼 수 있는가? • _____ ㉤ _____

① ㉠ : 새로운 경쟁사들이 시장에 진입할 가능성은 없는가?

② ㉡ : 성장 가능성이 있는 사업인가?

③ ㉢ : 고객들은 경쟁사에 대해 어떤 이미지를 가지고 있는가?

④ ㉣ : 경쟁사의 최근 수익률 동향은 어떠한가?

⑤ ㉤ : 인적 · 물적 · 기술적 자원을 보유하고 있는가?

 ① 새로운 경쟁사들이 시장에 진입할 가능성은 경쟁사(Competitor) 분석에 들어가야 할 질문이다.

11 다음에 제시된 명제들이 모두 참일 경우, 이 조건들에 따라 내릴 수 있는 결론으로 적절한 것은?

> ⓐ 인사팀을 좋아하지 않는 사람은 생산팀을 좋아한다.
> ⓑ 기술팀을 좋아하지 않는 사람은 홍보팀을 좋아하지 않는다.
> ⓒ 인사팀을 좋아하는 사람은 비서실을 좋아하지 않는다.
> ⓓ 비서실을 좋아하지 않는 사람은 홍보팀을 좋아한다.

① 홍보팀을 싫어하는 사람은 인사팀을 좋아한다.

② 비서실을 싫어하는 사람은 생산팀도 싫어한다.

③ 기술팀을 싫어하는 사람은 생산팀도 싫어한다.

④ 생산팀을 좋아하는 사람은 기술팀을 싫어한다.

⑤ 생산팀을 좋아하지 않는 사람은 기술팀을 좋아한다.

 보기의 명제를 대우 명제로 바꾸어 정리하면 다음과 같다.
ⓐ ~인사팀 → 생산팀(~생산팀 → 인사팀)
ⓑ ~기술팀 → ~홍보팀(홍보팀 → 기술팀)
ⓒ 인사팀 → ~비서실(비서실 → ~인사팀)
ⓓ ~비서실 → 홍보팀(~홍보팀 → 비서실)
이를 정리하면 '~생산팀 → 인사팀 → ~비서실 → 홍보팀 → 기술팀'이 성립하고 이것의 대우 명제인 '~기술팀 → ~홍보팀 → 비서실 → ~인사팀 → 생산팀'도 성립하게 된다. 따라서 이에 맞는 결론은 ⑤의 '생산팀을 좋아하지 않는 사람은 기술팀을 좋아한다.' 뿐이다.

12 갑, 을, 병, 정, 무 다섯 사람은 6층 건물 각 층에서 업무를 본다. 다음의 조건을 모두 만족할 경우 발생 가능한 경우가 아닌 것은?

> • 모든 사람은 1층에서 근무하지 않는다.
> • 5층에서 2명이 함께 내리고 나머지는 혼자 내렸다.
> • 정은 자신이 내리기 전 2명이 내리는 것을 보았다.
> • 병이 내리기 직전에는 아무도 내리지 않았다.
> • 을은 무가 내리기 직전에 내렸다.

① 2층에 내리는 사람은 없다.
② 정은 항상 5층에 내린다.
③ 무가 마지막 층에 내리면 갑은 3층에 내린다.
④ 을 또는 병은 5층에서 근무한다.
⑤ 병은 2층 또는 3층에서 근무를 한다.

	1	2	3	4
6층	갑	무	갑	무
5층	정, 무	을, 정	병, 정	을, 정
4층	을	병		갑
3층	병		무	병
2층		갑	을	

13 M사의 총무팀에서는 A 부장, B 차장, C 과장, D 대리, E 대리, F 사원이 각각 매 주말마다 한 명씩 사회봉사활동에 참여하기로 하였다. 이들이 다음에 따라 사회봉사활동에 참여할 경우, 두 번째 주말에 참여할 수 있는 사람으로 짝지어진 것은?

---

1. B 차장은 A 부장보다 먼저 봉사활동에 참여한다.
2. C 과장은 D 대리보다 먼저 봉사활동에 참여한다.
3. B 차장은 첫 번째 주 또는 세 번째 주에 봉사활동에 참여한다.
4. E 대리는 C 과장보다 먼저 봉사활동에 참여하며, E 대리와 C 과장이 참여하는 주말 사이에는 두 번의 주말이 있다.

---

① A 부장, B 차장

② D 대리, E 대리

③ E 대리, F 사원

④ B 차장, C 과장, D 대리

⑤ E 대리

 조건대로 고정된 순서를 정리하면 다음과 같다.
- B 차장 → A 부장
- C 과장 → D 대리
- E 대리 → ? → ? → C 과장

따라서 E 대리 → ? → ? → C 과장 → D 대리의 순서가 성립되며, 이 상태에서 경우의 수를 따져보면 다음과 같다.
㉠ B 차장이 첫 번째인 경우라면, 세 번째와 네 번째는 A 부장과 F 사원(또는 F 사원과 A 부장)가 된다.
㉡ B 차장이 세 번째인 경우는 E 대리의 바로 다음인 경우와 C 과장의 바로 앞인 두 가지의 경우가 있을 수 있다.
- E 대리의 바로 다음인 경우 : A 부장 - E 대리 - B 차장 - F 사원 - C 과장 - D 대리의 순이 된다.
- C 과장의 바로 앞인 경우 : E 대리 - F 사원 - B 차장 - C 과장 - D 대리 - A 부장의 순이 된다.

따라서 위에서 정리된 바와 같이 가능한 세 가지의 경우에서 두 번째로 사회봉사활동을 갈 수 있는 사람은 E 대리와 F 사원 밖에 없다.

14 W사는 작년에 이어 올해에도 연수원에서 체육대회를 개최하였다. 본부대항 축구 시합을 하는데 인원이 많지 않아 팀별 8명씩의 선수로 구성하게 되었다. 다음을 만족할 때, 영업본부가 만들 수 있는 축구팀 인원 구성의 경우의 수는 모두 몇 가지인가? (단, 영업본부에는 부장이 2명, 과장과 대리 각각 5명, 사원이 3명 있다)

> • 부장과 과장은 최소한 1명 이상씩 포함시킨다.
> • 사원은 출전하지 않거나 혹은 2명을 포함시킨다.
> • 대리는 3명 이상 포함시킨다.

① 5가지   ② 6가지

③ 7가지   ④ 8가지

⑤ 9가지

 총 8명의 선수 중 부장, 과장 각 1명, 대리 3명을 포함하고 나면 나머지 3명으로 경우의 수를 구성하게 된다. 이 3명은 사원+대리+부장+과장이며 사원은 0명 또는 2명이 출전한다. 따라서 사원이 출전하지 않을 경우와 2명이 출전할 경우에 대한 경우의 수를 구하면 된다.

〈사원 출전하지 않을 경우〉   〈사원 2명이 출전할 경우〉

    대리0, 부장0, 과장3   대리0, 부장0, 과장1

    대리0, 부장1, 과장2   대리0, 부장1, 과장0

    대리1, 부장0, 과장2   대리1, 부장0, 과장0

    대리1, 부장1, 과장1

    대리2, 부장0, 과장1

    대리2, 부장1, 과장0

따라서 총 9가지 경우의 수가 생기게 된다.

15 다음과 같은 상황 하에서 'so what?' 기법을 활용한 논리적인 사고로 가장 바람직한 사고 행위는 어느 것인가?

> • 청년 실업률이 사상 최고를 경신했다.
> • 중소기업에서는 구인난이 갈수록 심각해지고 있다.
> • 광공업지수가 하락하기 시작했고 기업들의 생산성 지표도 증가세가 주춤하고 있다.

① 군 복무를 희망하는 청년들이 순서를 기다리며 밀려 있다.
② 취업지원 프로그램의 문제점을 점검하여 재정비에 나서야 한다.
③ 외국인근로자들을 필요로 하는 사업주들이 늘고 있다.
④ 기업에서는 비정규직의 정규직 전환이 계획보다 더디게 진행된다.
⑤ 기업들의 인건비와 비용 절감을 위한 노력이 계속된다.

 'so what?' 기법은 "그래서 무엇이지?"하고 자문자답하는 의미로, 눈앞에 있는 정보로부터 의미를 찾아내어, 가치 있는 정보를 이끌어 내는 사고이다. 주어진 상황을 보고 현재의 알 수 있는 것을 진단하는 사고에 그치는 것은 바람직한 'so what?' 기법의 사고라고 할 수 없으며, 무엇인가 의미 있는 메시지를 이끌어 내는 것이 중요하다. ②와 같이 상황을 망라하여 명확한 주장을 펼치는 사고가 'so what?' 기법의 핵심이라 할 수 있다.

16 다음 글의 내용과 날씨를 근거로 판단할 경우 A가 출장을 다녀온 시기로 가능한 것은?

- A는 비행기로 '한국 → 중국 → 일본 → 중국 → 한국' 순으로 3박 4일의 출장을 다녀왔다.
- '한국 → 중국' 항공은 매일 오전 10시, '중국 → 한국'은 매일 오후 3시에 출발하며, 편도 운항에 3시간이 소요된다.
- 중국에서 출발하여 일본을 돌아보는 항공은 매주 화·목요일 오전 8시에 출발하여 당일 오전 11시에 돌아온다.
- 최대 풍속이 30Knot 이상인 날은 모든 노선의 비행기가 이륙하지 않는다.
- A는 매주 금요일에 술을 마시는데, 그 다음날은 멀미 때문에 비행기를 탈 수 없다.
- 이번 출장 중 A는 중국에서 전통 무술 체험을 했는데, 이 체험은 매주 월·금요일 오후 6시에만 할 수 있다.

日	月	火	水	木	金	土
15	16	17	18	19	20	21
14knot	18knot	32knot	27knot	28knot	37knot	20knot
22	23	24	25	26	27	28
17knot	33knot	28knot	27knot	15knot	32knot	33knot

① 16~19일
② 18~21일
③ 19~22일
④ 22~25일
⑤ 24~27일

 ① 16일(월) 오후 1시에 중국 도착했지만 17일(화) 풍속이 30Knot가 넘기 때문에 비행기 운항을 하지 않는다. 따라서 19일(목)에 일본을 돌아가야 하는데 이 날은 복귀 날이므로 출장 시기가 아니다.
② 18일(수) 오후 1시에 중국 도착, 19일(목) 일본 방문, 21일(토)는 복귀하는 날인데 A는 전날에 술을 마셔 비행기를 탈 수 없다. 또한, 금요일 오후 6시 호박엿 만들기 체험도 해야 한다.
③ 19일(목) 오후 1시 중국 도착, 일본은 화요일과 목요일만 출발하므로 불가능하다.
④ 22일(일) 오수 1시 중국 도착, 23일(월) 전통 무술 체험, 24일(화) 일본 방문, 25일(수) 한국 도착
⑤ 24일(화) 오후 1시 중국 도착, 26일(목) 일본 방문, 27일(금) 전통 무술 체험은 오후 6시인데, 복귀 선박은 오후 3시 출발이므로 출장 시기가 아니다.

Answer┌→ 15.② 16.④

	2006년	2007년	2008년	2009년	2010년	2011년	2012년	2013년	2014년	2015년
천인율(‰)	7.05	6.60	6.30	6.55	7.03	7.38	8.38	9.19	7.28	7.48
도수율	3.18	3.01	3.33	3.43	3.72	3.96	4.53	4.96	4.05	4.18
강도율	3.45	2.88	3.38	2.34	2.63	2.76	3.05	3.34	2.31	2.20

*천인율 = 재해자 수 ÷ 근로자 수 × 1,000

*도수율 = 재해 건수 ÷ 연 근로시간 × 1,000,000

*강도율 = 재해로 인한 총 근로손실 일수 ÷ 연 근로시간 × 1,000

17 다음 중 위의 자료에 대한 올바른 설명이 아닌 것은?

① 재해자와 재해 건수를 근거로 할 때, 산업재해 발생률이 가장 높았던 해는 2013년이다.

② 연 근로시간이 동일하다면, 2015년에는 2006년 대비 재해 건수와 근로손실 일수가 모두 증가하였다.

③ 연 근로시간이 동일하다면, 재해 건수가 가장 적었던 해는 2007년이다.

④ 2007년과 2008년의 재해자 수가 동일하다면, 근로자 수는 2008년이 더 많았다.

⑤ 연 근로시간이 동일하다면, 2014년 대비 2015년에는 재해 건수 당 근로손실 일수가 감소하였다.

 연 근로시간이 동일하면 도수율과 강도율의 분모값이 같다는 의미이므로 도수율과 강도율의 단순 수치 비교로 분자값의 증감을 말할 수 있다. 해당 기간 도수율의 분자값인 재해 건수는 증가하였으나 강도율의 분자값인 근로손실 일수는 감소하였다.

① 천인율과 도수율을 의미하므로 두 수치에 근거한 산업재해 발생률은 2013년이 가장 높다.

③ 도수율은 2007년이 가장 낮았으므로 근로시간이 동일할 경우 재해 건수가 가장 적었다고 말할 수 있다.

④ 분자값이 동일할 경우 결과치가 낮은 쪽은 분모값이 크므로 근로자 수는 2008년이 더 많았다.

⑤ 2014년 대비 2015년에는 도수율이 증가하고 강도율이 감소하였다. 따라서 재해 건수가 증가한 반면 근로손실 일수는 감소한 결과이므로 재해 건수 당 근로손실 일수는 감소하였다.

18 위의 자료를 참고할 경우, 다음과 같은 A도시의 산업재해 현황을 통해 계산한 작년 도수율은 얼마인가? (단, 인원수, 시간, 재해 건수는 모두 소수 첫째 자리에서 반올림하여 정수로 계산한다)

〈A도시의 작년 산업재해 현황〉

–연간 총 근로손실 일수 8일
–근로자 수 27,272명
–재해 1건당 평균 재해자 수 1.5명
–강도율 3.00, 천인율 6.00
*도수율은 100 근로시간 당 재해 발생 건수를 기준으로 계산함.

---

① 약 3.55
② 약 3.85
③ 약 4.09
④ 약 4.57
⑤ 약 4.98

 총 근로손실 일수가 8일이고 강도율이 3.00이므로 '강도율 = 총 근로손실 일수 ÷ 연 근로시간 × 1,000' 공식에 의해 연 근로시간은 2,667일임을 알 수 있다.
또한 근로자 수가 27,272명이므로 천인율 공식에 의해 '재해자 수 ÷ 근로자 수 × 1,000' = 6.00이므로 재해자 수는 164명이 된다.
재해 1건당 평균 재해자 수가 1.5명이므로 재해 건수는 164 ÷ 1.5 = 109건이 된다.
또한 도수율은 100 근로시간 당 재해 발생 건수를 기준으로 계산한다고 가정하였으므로 '도수율 = 재해 건수 ÷ 연 근로시간 × 100'에 의하여 109 ÷ 2,667 × 100 = 약 4.09가 된다.

19 다음에서 설명하고 있는 실업크레딧 제도를 올바르게 이해한 설명은?

실업크레딧 제도

〈지원대상〉

구직급여 수급자가 연금보험료 납부를 희망하는 경우 보험료의 75%를 지원하고 그 기간을 가입기간으로 추가 산입하는 제도
* 구직급여 수급자 – 고용보험에 가입되었던 사람이 이직 후 일정수급요건을 갖춘 경우 재취업 활동을 하는 기간에 지급하는 급여
* 실업기간에 대하여 일정요건을 갖춘 사람이 신청하는 경우에 가입기간으로 추가 산입하는 제도이므로 국민연금 제도의 가입은 별도로 확인 처리해야 함

〈제도안내〉

(1) **(지원대상)** 국민연금 가입자 또는 가입자였던 사람 중 18세 이상 60세 미만의 구직급여 수급자
  • 다만 재산세 과세금액이 6억 원을 초과하거나 종합소득(사업·근로소득 제외)이 1,680만 원을 초과하는 자는 지원 제외
(2) **(지원방법)** 인정소득 기준으로 산정한 연금보험료의 25%를 본인이 납부하는 경우에 나머지 보험료인 75%를 지원
  • 인정소득은 실직 전 3개월 평균소득의 50%로 하되 최대 70만 원을 넘지 않음
(3) **(지원기간)** 구직급여 수급기간으로 하되, 최대 1년(12개월)까지 지원
  • 구직급여를 지급받을 수 있는 기간은 90~240일(월로 환산 시 3~8개월)
(4) **(신청 장소 및 신청기한)** 전국 국민연금공단 지사 또는 고용센터
  • 고용센터에 실업신고 하는 경우 또는 실업인정신청 시 실업크레딧도 함께 신청 가능하며, 구직급여 수급인정을 받은 사람은 국민연금공단 지사에 구직급여를 지급받을 수 있는 날이 속한 달의 다음달 15일까지 신청할 수 있음

---

① 실직 중이라도 실업크레딧 제도의 혜택을 받은 사람은 자동적으로 국민연금에 가입된 것이 된다.
② 국민연금을 한 번도 거르지 않고 납부해 온 62세의 구직급여 수급자는 실업크레딧의 지원 대상이 된다.
③ 실업 중이며 조그만 자동차와 별도의 사업소득으로 약 1,800만 원의 구직급여 수급자인 A씨는 실업크레딧 지원 대상이다.
④ 인정소득 70만 원, 연금보험료는 63,000원인 구직급여 수급자가 15,750원을 납부하면 나머지 47,250원을 지원해 주는 제도이다.
⑤ 회사 사정으로 급여의 변동이 심하여 실직 전 3개월 간 각각 300만 원, 80만 원, 60만 원의 급여를 받았고 재산세와 종합소득 기준이 부합되는 자는 실업크레딧 지원 대상이다.

① 국민연금 제도의 가입은 별도로 확인 처리해야 한다고 언급되어 있다.

② 18세 이상 60세 미만의 구직급여 수급자로 제한되어 있다.

③ 종합소득(사업·근로소득 제외)이 1,680만 원을 초과하는 자는 지원 제외 대상이다.

⑤ 300＋80＋60＝440만 원이므로 평균소득이 약 147만 원이며, 이의 50%는 70만 원을 넘게 되므로 인정소득 한도를 넘게 된다.

20 집에서 업무를 보고 있는 영희는 고양이의 장난으로 문서의 일부가 훼손되었다. 다음 중 A, B, C에 들어갈 숫자는?(인건비와 재료비 이외의 투입요소는 없다.)

구분	목표량	인건비	재료비	산출량	효과성 순위	효율성 순위
甲	A	300	200	800	4	2
乙	1,000	B	250	1,500	3	1
丙	800	600	C	2,200	2	2
丁	850	400	450	2,550	1	1

※ 효율성 $= \dfrac{\text{산출량}}{\text{인건비} + \text{재료비}}$

※ 효과성 $= \dfrac{\text{산출량}}{\text{목표량}}$

① 600, 250, 775

② 600, 200, 770

③ 530, 200, 775

④ 530, 250, 770

⑤ 550, 250, 770

 乙과 丁의 효율성이 같으므로 $\dfrac{1,500}{B+250} = \dfrac{2,550}{400+450} \rightarrow B = 250$

甲과 丙의 효율성이 같으므로 $\dfrac{800}{300+200} = \dfrac{2,200}{600+C} \rightarrow C = 775$

효과성 : 甲$(\dfrac{800}{A})$, 乙$(\dfrac{1,500}{1,000}=1.5)$, 丙$(\dfrac{2,200}{800}=2.7)$, 丁$(\dfrac{2,550}{850}=3)$이므로 $\dfrac{800}{A} < 1.5$의 값을 갖는다. 따라서 533.3333 $< A$가 되어야 한다.

Answer⤷ 19.④ 20.①

21 다음은 신용 상태가 좋지 않은 일반인들을 상대로 운용되고 있는 국민행복기금의 일종인 '바꿔드림론'의 지원대상자에 관한 내용이다. 다음 내용을 참고할 때, 바꿔드림론의 대상이 되지 않는 사람은 누구인가? (단, 보기에서 언급되지 않은 사항은 자격요건을 충족하는 것으로 가정한다)

구분		자격요건	비고
신용등급		6 ~ 10등급	연소득 3.5천만 원 이하인 분 또는 특수채무자는 신용등급 제한 없음
연소득	급여소득자 등	4천만 원 이하	부양가족 2인 이상인 경우에는 5천만 원 이하
	자영업자	4.5천만 원 이하	사업자등록 된 자영업자
지원대상 고금리 채무 (연 20% 이상 금융채무)	채무총액 1천만 원↑	6개월 이상 정상상환	보증채무, 담보대출, 할부금융, 신용카드 사용액(신용구매, 현금서비스, 리볼빙 등)은 제외
	채무총액 1천만 원↓	3개월 이상 정상상환	*상환기간은 신용보증신청일 기준으로 산정됩니다.

※ 제외대상
• 연 20% 이상 금융채무 총액이 3천만 원을 초과하는 분
• 소득에 비해 채무액이 과다한 분(연소득 대비 채무상환액 비율이 40%를 초과하는 분)
• 현재 연체중이거나 과거 연체기록 보유자, 금융채무 불이행 자 등

① 법정 최고 이자를 내고 있으며 금융채무액이 2.5천만 원인 A씨
② 2명의 자녀와 아내를 부양가족으로 두고 연 근로소득이 4.3천만 원인 B씨
③ 신용등급이 4등급으로 연체 이력이 없는 C씨
④ 저축은행으로부터 받은 신용대출금에 대해 연 18%의 이자를 내며 8개월 째 매달 원리금을 상환하고 있는 D씨
⑤ 연 급여소득 3.8천만 원이며 채무액이 1천만 원인 E씨

 바꿔드림론은 신용 상태가 좋지 않은 채무자를 대상으로 하기 때문에 신용 등급이 6~10등급 이내이어야 한다.
　① 법정 최고 이자는 20%를 넘어가므로 금융채무 총액이 3천만 원을 초과하지 않는 지원 대상이 된다.
　② 부양가족이 3명이며 급여소득이 5천만 원 이하이므로 지원 대상이 된다.
　④ 신용대출금에 대한 연 18%는 고금리 채무이자이며 6개월 이상 상환 중이므로 지원 대상이 된다.
　⑤ 연 급여소득 3.8천만 원이며 채무 총액이 40%를 넘지 않으므로 지원 대상이 된다.

22 다음에 제시되는 사례 1과 사례 2에서 알 수 있는 SWOT 전략이 순서대로 올바르게 짝지어진 것은?

> 사례 1.
>
> K사와 다국적 제약회사 N사는 전략적 제휴를 하게 되었다. 다수의 개인 병원을 대상으로 한 강한 영업력을 바탕으로 고혈압 약품 부분에서 선두를 달리고 있던 K사는 고혈압과 관련된 약품 시장이 구약에서 신약으로 전환되는 시점에 신약을 보유하고 있지 않았다. 반면, N사는 새로운 ARB방식에 맞는 신약을 보유하고 있었지만 이를 전국적으로 확장할 수 있는 영업력을 갖추지 못했다. 결국 이 두 기업은 전략적 제휴를 체결하였고, N사는 K사의 강력한 영업력을 활용하여 자사의 신약에 대한 점유율을 높였고, K사는 N사의 신약을 자사의 기술력과 결합하여 ARB방식의 신약을 출시했다.
>
> 사례 2.
>
> A사는 10대를 위한 여드름 치유 화장품을 출시하고자 하였다. 하지만 당시 '약사법 및 화장품법'에 의하면 화장품을 의약제품처럼 광고하거나, 홍보하는 행위는 법적으로 금지되어 있었다. 이는 곧 여드름이 치유된다는 컨셉의 화장품 출시는 법에 위반되는 행위였다. 이에 A사는 A대학교 의과대학 피부과와의 산학협력 관계를 이용하였다. 화장품 업체에서 개발한 것이 아니라 대학에서 여드름 화장품이 개발되었다는 홍보 방식을 사용했으며, 여드름을 직접적으로 표현하지 않고, '멍게'를 앞장세워 피부사춘기라는 단어로 여드름을 간접적으로 표현했다. 사춘기 여드름 해결을 위한 10년간의 노하우를 바탕으로 약사법 및 화장품법이라는 장애를 극복한 A사의 제품은 현재까지도 업계 대표 화장품으로 자리하고 있다.

① WO전략, ST전략
② SO전략, WT전략
③ ST전략, WO전략
④ WO전략, SO전략
⑤ ST전략, WO전략

 사례 1은 두 회사가 갖지 못한 단점을 전략적 제휴를 통하여 극복한 사례이다. 신약 미보유와 취약한 영업망이라는 환경은 각각 양사에게 내부 단점인 Weakness가 되며, 상대방의 신약 기술과 영업망을 서로 이용하여 이를 극복한 것은 외적 기회요인인 Opportunity를 활용한 것이 되어 전형적인 WO전략이라고 할 수 있다.
사례 2는 A사의 관점에서 자사의 우수한 화장품 제조 기술인 Strength를 부각시키기 위해 대학과 협력하여 제도적 규제라는 외부의 위협요인인 Threat를 극복한 사례이므로 ST전략에 해당된다고 할 수 있다.

Answer → 21.③ 22.①

23 H공단에서는 신도시 건설 예상 지역에 수도 연결과 관련한 사업 타당성 조사를 벌여 다음과 같은 SWOT 환경 분석 보고서를 작성하고 그에 맞는 전략을 제시하였다. 다음 자료를 참고하여 세운 전략이 적절하지 않은 것은?

> SWOT 분석은 내부 환경요인과 외부 환경요인의 2개의 축으로 구성되어 있다. 내부 환경요인은 자사 내부의 환경을 분석하는 것으로 분석은 다시 자사의 강점과 약점으로 분석된다. 외부환경요인은 자사 외부의 환경을 분석하는 것으로 분석은 다시 기회와 위협으로 구분된다. 내부 환경요인과 외부 환경요인에 대한 분석이 끝난 후에 매트릭스가 겹치는 SO, WO, ST, WT에 해당되는 최종 분석을 실시하게 된다. 내부의 강점과 약점을, 외부의 기회와 위협을 대응시켜 기업의 목표를 달성하려는 SWOT분석에 의한 발전전략의 특성은 다음과 같다.
> - SO전략 : 외부 환경의 기회를 활용하기 위해 강점을 사용하는 전략 선택
> - ST전략 : 외부 환경의 위협을 회피하기 위해 강점을 사용하는 전략 선택
> - WO전략 : 자신의 약점을 극복함으로써 외부 환경의 기회를 활용하는 전략 선택
> - WT전략 : 외부 환경의 위협을 회피하고 자신의 약점을 최소화하는 전략 선택

강점(Strength)	• 수도관 건설에 따른 수익률 개선 및 주변 지역 파급효과 기대 • H공단의 축적된 기술력과 노하우
약점(Weakness)	• 해당 지역 연락사무소 부재로 원활한 업무 기대난망 • 과거 건설사고 경험으로 인해 계약 낙찰 불투명
기회(Opportunity)	• 현지 가용한 근로인력 다수 확보 가능 • 신도시 건설 예상지이므로 정부의 규제 및 제도적 지원 가능
위협(Threat)	• 지반 문제로 인한 수도관로 건설비용 증가 예상 • 경쟁업체와의 극심한 경쟁 예상

① 자사의 우수한 기술력을 통해 경쟁을 극복하려는 것은 ST전략이다.

② 입찰 전이라도 현지에 연락사무소를 미리 설치하여 경쟁업체의 동향을 파악해 보는 것은 WT전략이다.

③ 현지에 근로인력에게 자사의 기술을 교육 및 전수하여 공사를 진행하려는 것은 SO전략이다.

④ 건설비용 추가 발생 우려가 있으나 인근 지역 개발 기회가 부여될 수 있다는 기대감에 중점을 두는 것은 WO전략이다.

⑤ 사고 경험은 경쟁사와의 경쟁에 치명적 약점이 될 수 있으므로 우수 건설 사례를 찾아 적극 홍보하려는 전략은 WT전략이다.

건설비용 추가 발생 우려는 H공단의 위협 요인(T)이며, 인근 지역의 개발 기회를 통해 이러한 비용 부분이 만회(S)될 수 있다는 것이므로 ST전략이다.
① 자사의 우수한 기술력(S)+경쟁 극복(T) → ST전략
② 연락사무소 설치(W)+경쟁업체 동향 파악(T)으로 약점 최소화 → WT전략
③ 현지 근로인력 이용(O)+우수 기술 교육 및 전수(S) → SO전략
⑤ 사고 경험(W)+우수 사례로 경쟁 극복(T)하여 위협 제거 및 약점 최소화 → WT전략

24 다음은 한국환경공단의 학술지에 실린 국가별 온실가스에 관한 자료이다. ㉠~㈇ 까지 명확하지 않은 상황에서 <보기>의 내용으로 추론한다고 할 때, 차례대로 나열된 것은?

㉠	㉡	㉢	㉣	㉤	㉥	㈇	평균
68%	47%	46%	37%	28%	27%	25%	39.7%

- 독일, 칠레, 멕시코는 평균보다 높은 온실가스 비율을 보인다.
- 일본보다 온실가스 비율이 높은 국가의 수와 낮은 국가의 수는 동일하다.
- 온실가스 비율이 가장 높은 국가의 절반에 못 미치는 비율을 보인 나라는 한국, 스웨덴, 미국이다.
- 한국과 멕시코의 온실가스 비율의 합은 미국과 독일의 온실가스 비율의 합보다 20% 많다.

① 멕시코, 독일, 칠레, 일본, 미국, 스웨덴, 한국
② 칠레, 독일, 멕시코, 일본, 스웨덴, 한국, 미국
③ 칠레, 멕시코, 독일, 일본, 미국, 한국, 스웨덴
④ 멕시코, 칠레, 독일, 일본, 스웨덴, 미국, 한국
⑤ 독일, 멕시코, 칠레. 일본, 한국, 미국, 스웨덴

 두 번째 보기를 통해 일본은 7국가 중 중간인 ㉣에 위치한다는 것을 알 수 있다.
첫 번째와 세 번째 보기를 통해 ㉠~㉢은 독일, 칠레, 멕시코가 해당하며 ㉤~㈇은 한국, 스웨덴, 미국이 해당되는 것을 알 수 있다.
네 번째 보기에서 20%의 차이가 날 수 있으려면, 한국은 ㈇이 되어야 한다. ㉠이 멕시코라고 할 때, 일본을 제외한 ㉡~㉥ 국가의 조합으로 20% 차이가 나는 조합을 찾으려면 (68+25)와 (46+27)뿐이다. 따라서 ㉢은 독일, ㉥은 미국, ㈇은 한국임을 알 수 있다.

|25~26| 다음은 전기요금 계산 안내문이다. 이를 보고 물음에 답하시오.

- 주택용 전력(고압)

기본요금		전력량 요금(원/kW)	
0~200kWh	800	처음 200kWh까지	70
201~400kWh	1,260	다음 200kWh까지	150
401kWh~	6,300	400kWh 초과	215

1) 필수사용량 보장공제 : 200kWh 이하 사용 시 월 2,500원 한도 감액(감액 후 최저요금 1,000원 적용)
2) 슈퍼유저요금 : 7~8월, 12~2월(1,000kWh 초과 전력량 요금은 576kWh 적용)

- 주택용 전력(저압)

기본요금		전력량 요금(원/kW)	
0~200kWh	900	처음 200kWh까지	90
201~400kWh	1,800	다음 200kWh까지	180
401kWh~	7,200	400kWh 초과	280

1) 필수사용량 보장공제 : 200kWh 이하 사용 시 월 4,000원 한도 감액(감액 후 최저요금 1,000원 적용)
2) 슈퍼유저요금 : 7~8월, 12~2월(1,000kWh 초과 전력량 요금은 730kWh 적용)

25 다음 두 전기 사용자인 甲과 乙의 전기요금 합산 금액은?

> 甲 : 주택용 전력 고압 150kWh 사용
> 乙 : 주택용 전력 저압 401kWh 사용

① 69,180원   ② 69,280원

③ 70,080원   ④ 70,180원

⑤ 70,280원

 ㉠ 甲의 기본금 : 800원
　　전력량 요금 : 70×150=10,500원
　　200kWh 이하 사용으로 필수사용량 보장공제 해당 : -2,500
　　전기요금 : 800+10,500-2,500=8,800원
㉡ 乙의 기본금 : 7,200원
　　전력량 요금 : 200×90+200×180+280×1=54,280
　　전기요금 : 7,200+54,280=61,480
따라서 甲과 乙의 전기요금 합산 금액은 8,800+61,480=70,280원이다.

26 전기요금 계산 안내문에 대한 설명으로 바르지 않은 것은?

① 고압 주택용 전력을 사용하는 것이 저압 주택용 전력을 사용하는 것보다 저렴하다.

② 동계와 하계에 1,000kWh가 넘는 전력을 사용하면 기본요금과 전력량 요금이 모두 2배 이상 증가한다.

③ 저압전력 사용자가 15kWh를 사용한 경우 1,000원을 납부해야한다.

④ 저압, 고압 전력을 사용하는 경우 슈퍼유저는 1년 중 총 5개월에 해당한다.

⑤ 저압전력 사용자가 1월에 1,025kWh를 사용한 경우 153,600원을 납부해야한다.

 ① 기본요금과 전력량 요금 모두 저압 요금이 고압 요금보다 비싼 기준이 적용된다.
  ③ 900+90×15=2,250원이 되며 필수사용량 보장공제 적용 후 1,000원이 발생한다.
  ④ 7~8월, 12~2월로 5개월에 해당한다.
  ⑤ 1월은 슈퍼유저 기간에 해당하므로 730kWh를 적용하면 7,200+90×200+180×200+280×330=153,600원이 발생한다.

▎27~28 ▎ 다음은 D시의 지하철 운임체계표이다, 이를 보고 이어지는 물음에 답하시오.

〈승차권 제도〉

승차권 종류			고객운임(원)	비고
RF카드	선불형	일반	1,250	19세 이상 65세 미만
		청소년	850	13세 이상 18세 이하
		어린이	400	6세 이상 12세 이하
	후불형	일반	1,250	K/B/N/S/L/H/C카드
보통권 (토큰형)	일반		1,400	일반/청소년
	할인		500	어린이
우대교통카드/우대권			무임	전액감면
단체권	어른		인원+기준운임의 90%	10% 할인
	청소년		인원+기준운임의 90%	
	어린이/유아		인원+기준운임의 90%	
정산권	무표	신고	1회권 상당운임	분실 등으로 신고 시
		미신고	기준운임+그 운임의 30배	
	시간초과		소지한 승차권 상당 정산운임	개표 후 집표 시까지 2시간 초과 시

*기준운임은 교통카드 고객운임임

*주: 다자녀가정 구성원은 할인보통권(어린이) 운임을 적용합니다. 단, 다자녀가정 구성원이 할인보통권을 사용하기 위해서는 다자녀가정 구성원임이 확인 가능한 'D시 복지형 카드'를 발급받은 본인에 한하며, 카드 미소지자는 할인보통권을 사용할 수 없음을 유의하시기 바랍니다.

*단체권은 단체 인원이 20명 이상일 때 적용

*초등학교 입학 전이더라도 만 6세 이상 아동은 어린이 요금입니다.

*중학교 재학 중이더라도 만 12세 이하 아동은 어린이 요금입니다.

27 다음 중 외지에서 처음 D시를 방문한 길동이가 지하철 운임체계를 보고 판단한 내용 중 올바르지 않은 것은?

① "아이가 많은 가정은 반드시 'D시 복지형 카드'를 발급받아 두어야 할인혜택이 적용 되는군."
② "친구들과 가족 동반으로 단체권을 발급 받고 싶은데 모두 16명이니 안 되겠구나."
③ "단체권은 나이 구분 없이 요금이 모두 똑같네."
④ "RF카드가 아니고 보통권으로 요금을 내면 청소년 요금이 가장 많이 올라가는군."
⑤ "어린이가 신고하지 않고 무임승차를 하다 적발되면 총 12,400원을 내게 되는군."

 단체권은 나이 구분 없이 적용되는 할인 비율이 같은 것이며, 그에 따른 운임 자체가 같지 는 않다.
② 단체 인원은 20명부터이다.
④ 일반은 1,250원에서 1,400원으로 150원이, 청소년은 850원에서 1,400원으로 550원이, 어린이는 400원에서 500원으로 100원이 각각 올라가므로 청소년의 요금이 가장 많이 올라간다.
⑤ 어린의 기준운임은 교통카드(RF카드) 운임이므로 400+400×30=총 12,400원을 지불해 야 한다.

28 위와 같은 운임체계를 기준으로 할 때, 다음 중 일행의 총 운임이 가장 적은 경우는?

① 보통권으로 지불한 어린이 3명을 데리고 승차한 우대권 소지자 1명 일행
② 단체권을 발급받은 일행에 속한 청소년 3명
③ 보통권으로 승차한 청소년 2명과 어른 1명
④ 미취학 6세 아동과 그 동생을 데리고 모두 보통권을 구입해 승차한 엄마 B씨 일행
⑤ 교통카드 소지 어린이 2명과 보통권으로 지불한 친구 1명 일행

 각 일행의 운임을 계산하면 다음과 같다.
① 보통권으로 지불한 어린이 3명을 데리고 승차한 우대권 소지자 1명 일행
→ 500+500+500+0=1,500원
② 단체권을 발급받은 일행에 속한 청소년 3명
→ (850+850+850)×0.9=2,295원
③ 보통권으로 승차한 청소년 2명과 어른 1명
→ 1,400×3=4,200원
④ 미취학 6세 아동과 그 동생을 데리고 모두 보통권을 구입해 승차한 엄마 B씨 일행
→ 500+500+1,400=2,400원
⑤ 교통카드 소지 어린이 2명과 보통권으로 지불한 친구 1명 일행
→ 400+400+500=1,300원
따라서 ⑤ 일행의 요금이 가장 적다.

Answer⌐→ 27.③ 28.⑤

▮29~30▮ 인접해 있는 A~D 네 개 마을은 모두 낙후된 지역이며 행정구역 상수도요금이 다음과 같이 모두 다르다. 각 마을은 용수 부족 현상이 발생한 어느 시점에 아래 표와 같이 상호 물을 공급해 주었다. 다음 자료를 보고 이어지는 물음에 답하시오.

(단위 : m³)

공급 \ 수요	A마을	B마을	C마을	D마을
A마을	–	15	18	12
B마을	17	–	10	10
C마을	14	12	–	14
D마을	13	18	10	–

	A마을	B마을	C마을	D마을
수도요금	650원/m³	660원/m³	670원/m³	660원/m³

29 C마을이 각 마을로 공급해 준 물의 금액과 C마을이 각 마을에서 공급받은 물의 금액의 차이는 얼마인가? (단, 물의 금액은 공급지의 요금을 기준으로 한다)

① 1,750원
② 1,900원
③ 1,950원
④ 2,000원
⑤ 2,150원

 C마을이 공급해 준 물의 금액은 다음과 같다.
$14 + 12 + 14 = 40 m^3 \rightarrow 40 \times 670 = 26,800$ 원
C마을로 공급된 물의 금액은 다음과 같다.
$18 \times 650 + 10 \times 660 + 10 \times 660 = 24,900$ 원
따라서 두 금액의 차이는 1,900원이 된다.

30 A마을과 D마을은 상호 연결된 수도관이 노후되어 공급한 물의 양방향 누수율이 5%이다. 이 경우, 각 마을에서 공급한 물의 공급지 기준 금액이 큰 순서대로 올바르게 나열한 것은? (단, 물의 공급 금액은 누수율을 감안한 실 공급량을 기준으로 산정한다)

① A마을 – C마을 – D마을 – B마을

② C마을 – A마을 – D마을 – B마을

③ A마을 – C마을 – B마을 – D마을

④ A마을 – D마을 – C마을 – B마을

⑤ B마을 – C마을 – D마을 – A마을

- 누수율이 zero일 경우의 각 마을의 물 공급현황을 정리하면 다음과 같다.

    A마을 : $15 + 18 + 12 = 45 \, \text{m}^3 \rightarrow 45 \times 650 = 29,250$ 원

    B마을 : $17 + 10 + 10 = 37 \, \text{m}^3 \rightarrow 37 \times 660 = 24,420$ 원

    C마을 : $14 + 12 + 14 = 40 \, \text{m}^3 \rightarrow 40 \times 670 = 26,800$ 원

    D마을 : $13 + 18 + 10 = 41 \, \text{m}^3 \rightarrow 41 \times 660 = 27,060$ 원

- A마을과 D마을의 상호 누수율이 5%이므로 이를 감안하여 정리하면 다음과 같다.

    A마을 : $15 + 18 + 11.4 = 44.4 \, \text{m}^3 \rightarrow 44.4 \times 650 = 28,860$ 원

    B마을 : $17 + 10 + 10 = 37 \, \text{m}^3 \rightarrow 37 \times 660 = 24,420$ 원

    C마을 : $14 + 12 + 14 = 40 \, \text{m}^3 \rightarrow 40 \times 670 = 26,800$ 원

    D마을 : $12.35 + 18 + 10 = 40.35 \, \text{m}^3 \rightarrow 40.35 \times 660 = 26,631$ 원

따라서 누수율을 감안한 공급지 기준 공급 금액은 A마을 – C마을 – D마을 – B마을 순으로 크다.

Answer → 29.② 30.①

31 다음 조건을 바탕으로 할 때 정 대리가 이번 달 중국 출장 출발일로 정하기에 가장 적절한 날은 언제인가? (단, 전체 일정은 모두 이번 달 안에 속해 있다)

> - 이번 달은 1일이 월요일인 달이다.
> - 3박 4일 일정이며 출발일과 도착일이 모두 휴일이 아니어야 한다.
> - 현지에서 복귀하는 비행편은 매주 화, 목요일에만 있다.
> - 이번 달 셋째 주 화요일에 있을 부서의 중요한 회의에 반드시 참석해야 하며, 회의 후에 출장을 가려 한다.

① 12일   ② 15일

③ 17일   ④ 22일

⑤ 23일

 날짜를 따져 보아야 하는 유형의 문제는 아래와 같이 달력을 그려서 살펴보면 어렵지 않게 정답을 구할 수 있다.

일	월	화	수	목	금	토
	1	2	3	4	5	6
7	8	9	10	11	12	13
14	15	16	17	18	19	20
21	22	23	24	25	26	27
28	29	30	31			

1일이 월요일이므로 정 대리는 위와 같은 달력에 해당하는 기간 중에 출장을 가려고 한다. 3박 4일 일정 중 출발과 도착일 모두 휴일이 아니어야 한다면 월~목요일, 화~금요일, 금~월요일 세 가지의 경우의 수가 생기는데, 현지에서 복귀하는 비행편이 화요일과 목요일이므로 월~목요일의 일정을 선택해야 한다. 회의가 셋째 주 화요일이라면 16일이므로 그 이후 가능한 월~목요일은 두 번이 있으나, 마지막 주의 경우 도착일이 다음 달로 넘어가게 되므로 조건에 부합되지 않는다. 따라서 출장 출발일로 적절한 날은 22일이며 일정은 22~25일이 된다.

32 다음은 당신이 얼마 전 한 학술회의에서 배운 비상시 대처요령이다. 이를 토대로 다음과 같은 상황이 벌어졌을 때 대처요령으로 옳은 것은?

상황	대처요령
1. 호흡과 맥박이 정지했어요.	4분 후부터 뇌가 직접 손상되므로 4분 이내에 심폐소생술을 실시한다.
2. 숨은 쉬는데 심장이 뛰지 않아요.	가슴압박(심장마사지)을 실시한다. 가슴압박은 양쪽 젖꼭지 정중앙, 분당 100회 속도, 4∼5cm 깊이로 압박한다.
3. 숨도 안 쉬고 심장도 뛰지 않아요.	가슴압박과 인공호흡을 동시에 실시한다. 인공호흡은 입 속 이물질 제거, 턱과 귓불이 수직이 되도록 기도 확보, 코 막기, 가슴압박 30회→인공호흡 2회(이후 계속 반복, 10초 이내 가슴압박 재개)
4. 응급처치자가 2명이에요.	가슴압박과 인공호흡을 분담하여 동시에 실시한다.
5. 평소에 심폐소생술을 알아두고 싶어요.	소방방재청 홈페이지에서 심폐소생술 동영상을 다운받아 핸드폰에 저장한다.

> 당신은 신입사원으로 아침 일찍 회사에 출근하기 위해 지하철을 기다리고 있다가 갑자기 한쪽에서 한 남자가 쓰러져 있는 것을 발견하였다. 그 남자는 현재 숨은 쉬는데 심장이 뛰지 않은 상황이다.

① 양쪽 젖꼭지 정중앙에 손을 얹고 분당 100회의 속도와 4∼5㎝ 깊이로 가슴압박을 실시한다.

② 다른 사람이 올 때까지 기다렸다가 가슴압박과 인공호흡으로 분담하여 동시에 심폐소생술을 실시한다.

③ 소방방재청 홈페이지에 들어가 심폐소생술 동영상을 다운받아 핸드폰에 저장시킨다.

④ 4분이 지나면 뇌에 직접적으로 손상이 오므로 4분 이내에 심폐소생술을 실시한다.

⑤ 4분 이내에 응급처치를 한 다른 사람을 데려온다.

(Tip) 현재 남자는 숨은 쉬는데 심장이 뛰지 않는 상황이므로 ①이 가장 적절한 대처요령이다.

Answer♪→ 31.④ 32.①

신입사원 P씨는 중요한 회의의 자료를 출력하여 인원수에 맞춰 복사를 해두라는 팀장님의 지시를 받았는데 아무리 인쇄를 눌러봐도 프린터에서는 서류가 나오지 않았다. 이 때 서랍 속에서 프린터기의 사용설명서를 찾았다.

프린터 인쇄 문제 해결사

항목	문제	점검사항	조치
A	인쇄 출력 품질이 떨어집니다.	올바른 용지를 사용하고 있습니까?	• 프린터 권장 용지를 사용하면 인쇄 출력 품질이 향상됩니다. • 본 프린터는 ○○용지 또는 △△용지의 사용을 권장합니다.
		프린터기의 상태메뉴에 빨간 불이 들어와 있습니까?	• 프린터기의 잉크 노즐이 오염된 신호입니다. • 잉크 노즐을 청소하십시오.
B	문서가 인쇄되지 않습니다.	인쇄 대기열에 오류 문서가 있습니까?	인쇄 대기열의 오류 문서를 취소하십시오.
		네트워크가 제대로 연결되어 있습니까?	컴퓨터와 프린터의 네트워크 연결을 확인하고 연결하십시오.
		프린터기에 용지 또는 토너가 공급되어 있습니까?	프린터기에 용지 또는 토너를 공급하십시오.
C	프린터의 기능이 일부 작동하지 않습니다.	본사에서 제공하는 드라이버를 사용하고 있습니까?	본사의 홈페이지에서 제공하는 프린터 드라이버를 받아 설치하십시오.
D	인쇄 속도가 느립니다.	인쇄 대기열에 오류 문서가 있습니까?	인쇄 대기열의 오류 문서를 취소하십시오.
		인쇄하려는 파일에 많은 메모리가 필요합니까?	하드 디스크의 사용 가능한 공간의 양을 늘려보십시오.

33 신입사원 P씨가 확인해야 할 항목은 무엇인가?

① A   ② B

③ C   ④ D

⑤ 없다.

 현재 인쇄가 전혀 되지 않으므로 B항목 "문서가 인쇄되지 않습니다."를 확인해야 한다.

34 다음 중 신입사원 P씨가 확인하지 않아도 되는 것은?

① 인쇄 대기열에 오류 문서가 있는지 확인한다.

② 네트워크가 제대로 연결되어 있는지 확인한다.

③ 프린터기에 토너가 공급되어 있는지 확인한다.

④ 올바른 용지를 사용하고 있는지 확인한다.

⑤ 프린터기에 용지가 공급되어 있는지 확인한다.

 B항목의 점검사항만 확인하면 되므로 용지의 종류는 확인하지 않아도 된다.

35 다음 중 문제해결을 위한 장애요소가 아닌 것은?

① 쉽게 떠오르는 단순한 정보

② 개인적인 편견이나 고정관념

③ 많은 자료를 수집하려는 노력

④ 문제의식

⑤ 즉흥적으로 일을 하는 습관

 ④ 문제의식은 현재에 만족하지 않고 전향적인 자세로 상황을 개선하거나 바꾸고자하는 마음가짐으로 문제해결을 위한 장애요소가 아닌 꼭 갖추어야 할 자세이다.

Answer⌐→ 33.② 34.④ 35.④

36 다음을 읽고 공장이 (나)의 전략을 선택하기 위한 조건을 〈보기〉에서 모두 고른 것은?

공장이 자사 상품의 재고량을 어느 수준으로 유지해야 하는가는 각 공장이 처한 상황에 따라 달라질 수 있다. 우선 그림 (가)에서는 공장이 생산량 수준을 일정하게 유지하면서 재고를 보유하는 경우를 나타낸다. 수요량에 맞추어 생산량을 변동하려면 노동자와 기계가 쉬거나 초과 근무를 하는 경우가 발생할 수 있으며, 이 경우 생산 비용이 상승할 수 있다. 따라서 공장은 생산량을 일정하게 유지하는 것을 선호하며, 이때 생산량과 수요량의 차이가 재고량을 결정한다. 즉 판매가 저조할 때에는 재고량이 늘고 판매가 활발할 때에는 재고량이 줄게 되는 것이다.

그런데 공장에 따라 그림 (나)와 같은 경우도 발견된다. 이러한 공장 등의 생산량과 수요량의 관계를 분석해 보면, 수요량이 증가할 때 생산량이 증가하고 수요량이 감소할 때 생산량도 감소하는 경향을 보이며, 생산량의 변동이 수요량의 변동에 비해 오히려 더 크다.

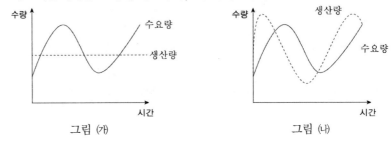

그림 (가)　　　　　　　　그림 (나)

〈보기〉
㉠ (가)의 전략을 택하는 공장에 비해서 공장의 제품 생산 비용이 생산량에 의해 크게 영향을 받지 않는다.
㉡ (가)의 전략을 택하는 공장에 비해서 수요가 상승하는 추세에서 생산량 및 재고량이 수요량을 충족시키지 못하는 경우 시장 점유 측면에서 상대적으로 불리하다.
㉢ 가격과 품질 등 다른 조건이 동일한 상품에 대하여, 수요가 줄어드는 추세에서 발생한 재고에 따르는 추가적인 재고 관리 비용이 (가)의 전략을 선택하는 공장에 비해 더 크다.

① ㉠

② ㉠, ㉢

③ ㉡, ㉢

④ ㉠, ㉡

⑤ ㉠, ㉡, ㉢

 ㉠ 그림 (나)의 경우는 수요량에 맞추어 생산량을 결정하고 있다. 이러한 전략을 사용할 경우 지문의 내용처럼 '수요량에 맞추어 생산량을 변동하려면 노동자와 기계가 쉬거나 초과 근무를 하는 경우가 발생할 수 있으며, 이 경우 생산 비용이 상승할 수 있다. 만약 이러한 문제만 발생하지 않는다면 (나)와 같은 방법을 선택할 수 있다.
㉡ (나)의 전략은 수요량에 따라 생산량을 조정하는 것이기 때문에 만약 수요량을 재고량이나 생산이 정상적으로 따라가지 못하는 경우에는 (나)는 제대로 된 전략이 될 수 없다.
㉢ (나)의 전략은 매번 수요에 따른 생산량을 결정하는 것이기 때문에 수요가 줄어드는 추세에서 가격과 품질 등 다른 조건이 동일한 상품에 대해서 재고관리가 (가)보다 어렵게 된다.

37 무역사업을 하는 E사가 자사의 경영 환경을 다음과 같이 파악하였을 경우, E사가 취할 수 있는 ST전략으로 가장 적절한 것은?

> 우리는 급속도로 출현하는 경쟁자들에게 단기간에 시장점유율을 20% 이상 잠식당한 상태이다. 더군다나 우리 제품의 주 구매처인 미국 거래처로부터 물품을 수출하기에는 갈수록 무역규제와 제도적 장치가 불리하게 작용하고 있다. 침체된 경기는 언제 되살아 날지 전망조차 하기 힘들다. 시장 자체의 성장 속도는 매우 빨라 새로운 고객군도 가파르게 등장하고 있지만 그만큼 우리의 생산설비도 노후화되어 가고 있으며 종업원들의 고령화 또한 문제점으로 지적되고 있다. 미국 거래처와의 거래만 지속적으로 유지된다면 우리 경영진의 우수한 역량과 다년간의 경험을 바탕으로 안정적인 거래 채널을 유지할 수 있지만 이는 우리의 연구 개발이 지속적으로 이루어져야 가능한 일이며, 지금과 같이 수익성이 악화일로로 치닫는 상황에서는 기대하기 어려운 요인으로 지목된다. 우리가 보유한 독점적 기술력과 직원들의 열정만 믿고 낙관적인 기대를 하기에는 시장 상황이 녹록치 않은 것이 냉정한 현실이다.

① 독점 기술과 경영진의 경험을 바탕으로 자사에 불리한 규제를 벗어날 수 있는 새로운 영역을 창출한다.

② 우수한 경영진의 역량을 통해 직원들의 업무 열정을 제고하여 종업원의 고령화 문제를 해결한다.

③ 안정적인 공급채널로 수익성 저하를 만회하기 위해 노력한다.

④ 무역규제와 제도적 장치가 유리한 새로운 시장으로 영업을 변경한다.

⑤ 새로운 고객군의 등장을 계기로 시장점유율을 극대화할 수 있는 방안을 도출한다.

 제시된 글을 통해 알 수 있는 SWOT 요인은 다음과 같다.
- S : 경영진의 우수한 역량과 다년간의 경험, 안정적인 거래 채널, 독점적 기술력, 직원들의 열정
- W : 생산설비 노후화, 종업원들의 고령화, 더딘 연구 개발, 수익성 악화
- O : 시장의 빠른 성장 속도, 새로운 고객군 등장
- T : 급속도로 출현하는 경쟁자, 시장점유율 하락, 불리한 무역규제와 제도적 장치, 경기 침체

ST 전략은 외부 환경의 위협을 회피하기 위해 강점을 사용하는 전략이다. 따라서 외부의 위협 요인인 '자사에 불리한 규제'를 벗어날 수 있는 새 영역을 자사의 강점인 '독점 기술과 경영진의 경험'으로 창출하는 ①이 적절한 전략이다.

Answer↱ 36.⑤ 37.①

38 빨간색, 파란색, 노란색 구슬이 각각 한 개씩 있다. 이 세 개의 구슬을 A, B, C 세 사람에게 하나씩 나누어 주고, 세 사람 중 한 사람만 진실을 말하도록 하였더니 구슬을 받고 난 세 사람이 다음과 같이 말하였다.

> A : 나는 파란색 구슬을 가지고 있다.
> B : 나는 파란색 구슬을 가지고 있지 않다.
> C : 나는 노란색 구슬을 가지고 있지 않다.

빨간색, 파란색, 노란색의 구슬을 받은 사람을 차례대로 나열한 것은?

① A, B, C

② A, C, B

③ B, A, C

④ C, B, A

⑤ C, A, B

 1) A가 진실을 말할 때,
　A : 파란색 구슬, B : 파란색 구슬, C : 노란색 구슬
　이 경우, 빨간색 구슬을 가진 사람이 없어서 모순이다.
2) B가 진실을 말할 때,
　A : 빨간색 또는 노란색 구슬, B : 빨간색 또는 노란색 구슬, C : 노란색 구슬
　이 경우, 파란색 구슬을 가진 사람이 없어서 모순이다.
3) C가 진실을 말할 때,
　A : 빨간색 또는 노란색 구슬, B : 파란색 구슬, C : 빨간색 또는 파란색 구슬
　이로부터, A는 노란색 구슬, B는 파란색 구슬, C는 빨간색 구슬을 가지고 있다.
1), 2), 3)에 의하여 빨간색, 파란색, 노란색 구슬을 받은 사람을 차례로 나열하면 C, B, A 이다.

39 언어영역 3문항, 수리영역 4문항, 외국어영역 3문항, 사회탐구영역 2문항이 있다. A, B, C, D 네 사람에게 3문항씩 각각 다른 영역의 문항을 서로 중복되지 않게 나누어 풀게 하였다. 다음은 네 사람이 푼 문항을 조사한 결과 일부이다. 항상 옳은 것은?

> • A는 언어영역 1문항을 풀었다.
> • B는 외국어영역 1문항을 풀었다.
> • C는 사회탐구영역 1문항을 풀었다.
> • D는 외국어영역 1문항을 풀었다.

① A가 외국어영역 문항을 풀었다면 D는 언어영역 문항을 풀었다.
② A가 외국어영역 문항을 풀었다면 C는 언어영역 문항을 풀었다.
③ A가 외국어영역 문항을 풀었다면 B는 언어영역 문항을 풀었다.
④ A가 사회탐구영역 문항을 풀었다면 D는 언어영역 문항을 풀지 않았다.
⑤ 알 수 없다.

(Tip) 각각 경우의 표를 만들면

	언어	수리	외국어	사회탐구
A	○	○		
B		○	○	
C		○		○
D		○	○	
계	3	4	3	2

이중 A가 외국어 문제를 풀었다면 B, 또는 D가 사회탐구 문제를 풀었으므로 C는 반드시 언어영역 문제를 풀어야 한다.
만약 A가 사회탐구 문제를 풀었다면 B와 D는 사회탐구 문제를 풀 수 없으므로 반드시 언어영역 문제를 풀어야 하고 C 외국어영역 문제를 풀어야 한다.

Answer → 38.④ 39.②

40 체육 대회에는 농구, 이어달리기, 줄넘기, 축구, 퀴즈대회, 2인3각 총 여섯 가지 종목으로 진행된다. 다음을 보고 항상 참인 것을 고르시오.

- 농구와 축구는 이어서 하지 않는다.
- 줄넘기와 이어달리기는 첫 종목 또는 마지막 종목으로 진행된다.
- 2인 3각은 퀴즈대회 직전에 진행된다.

① 농구는 항상 2번째 순서로 진행된다.
② 농구와 축구 사이에 한 종목만 진행된다.
③ 퀴즈대회는 항상 4번째 순서로 진행된다.
④ 축구는 4번째 또는 5번째 순서로 진행된다.
⑤ 2인3각과 퀴즈대회 사이 한 종목이 추가되면 축구는 2번째 순서로 진행된다.

(Tip) 발생 가능한 경우의 수는 총 4가지로 다음과 같다.

1	줄넘기	줄넘기	이어달리기	이어달리기
2	농구	축구	농구	축구
3	2인3각	2인3각	2인3각	2인3각
4	퀴즈대회	퀴즈대회	퀴즈대회	퀴즈대회
5	축구	농구	축구	농구
6	이어달리기	이어달리기	줄넘기	줄넘기

41 다음은 문제를 처리하기 위한 단계별 방법을 나열한 것이다. 올바른 문제처리 절차에 따라 (1)~(5)의 순서를 알맞게 나열한 것은?

(1) 파악된 핵심문제에 대한 분석을 통해 근본 원인을 도출한다.
(2) 선정된 문제를 분석하여 해결해야 할 것이 무엇인지 명확히 결정한다.
(3) 해결할 문제 전체를 파악하여 우선순위를 정하고, 선정문제에 대한 목표를 명확히 한다.
(4) 당초 장애가 되었던 문제의 원인을 해결안을 사용하여 제거한다.
(5) 문제로부터 도출된 근본 원인을 효과적으로 해결할 수 있는 최적의 해결방안을 수립한다.

① (2)−(3)−(1)−(5)−(4)
② (3)−(2)−(1)−(5)−(4)
③ (3)−(2)−(5)−(4)−(1)
④ (4)−(5)−(2)−(3)−(1)
⑤ (4)−(3)−(1)−(2)−(5)

문제처리능력이란 목표와 현상을 분석하고 이 분석결과를 토대로 문제를 도출하여 최적의 해결책을 찾아 실행, 평가 처리해 나가는 일련의 활동을 수행하는 능력이라 할 수 있다. 이 러한 문제처리능력은 문제해결절차를 의미하는 것으로, 일반적인 문제해결절차는 문제 인 식, 문제 도출, 원인 분석, 해결안 개발, 실행 및 평가의 5단계를 따른다.

42 다음에 설명하고 있는 문제해결을 위한 기본적 사고는?

> 전체를 각각의 요소로 나누어 그 요소의 의미를 도출한 뒤 우선순위를 부여하고 구체 적인 문제해결방법을 실행한다.

① 전략적 사고   ② 분석적 사고
③ 발상의 전환   ④ 내외부자원의 활용
⑤ 계획적 행동

 문제해결을 위한 기본적 사고
 ㉠ 전략적 사고
 ㉡ 분석적 사고
 ㉢ 발상의 전환
 ㉣ 내외부자원의 활용

43 다음 중 창의적인 사고에 대한 설명으로 옳은 것은?

① 창의적인 사고는 유용하거나 적절하지 않아도 된다.
② 창의적인 사고는 발산적 사고로서 아이디어가 독특한 것을 의미한다.
③ 창의적인 사고는 기존의 아이디어들을 객관적으로 정리하는 과정이다.
④ 창의적인 사고는 선천적인 것으로 교육을 통해 개발하기 힘들다.
⑤ 창의적인 사고는 문제를 정확하게 파악하는 문제의식에서 시작한다.

 ① 창의적인 사고는 유용하고 적절하며, 가치가 있어야 한다.
③ 창의적인 사고는 기존의 정보들을 특정한 요구조건에 맞거나 유용하도록 새롭게 조합시 킨 것이다.
④ 창의적인 사고는 창의력 교육훈련을 통해서 개발할 수 있다.
⑤ 비판적 사고에 관한 설명이다.

Answer⌐→ 40.③ 41.② 42.② 43.②

44 다음은 발산적(창의적) 사고를 개발하기 위한 방법이다. 이에 해당하는 것은?

> 이 방법은 어떤 생각에서 다른 생각을 계속해서 떠올리는 작업을 통해 어떤 주제에서 생각나는 것을 계속해서 열거해 나가는 방법이다.

① 브레인스토밍　　　　　　　② 체크리스트
③ NM법　　　　　　　　　　④ Synectics
⑤ SWOT 분석

(Tip) **자유연상법** … 어떤 생각에서 다른 생각을 계속해서 떠올리는 작업을 통해 어떤 주제에서 생각나는 것을 계속해서 열거해 나가는 방법으로 구체적 기법에는 브레인스토밍이 있다.

45 신제품 출시에 대해 비판 없는 아이디어를 수용하기 위해 가장 적절한 발상법은?

① 브레인스토밍　　　　　　　② 체크리스트
③ NM기법　　　　　　　　　④ Synectics법
⑤ SWOT 분석

(Tip) ① 브레인스토밍은 자유분방한 아이디어를 얻고자 할 때 적절한 발상법이다.

46 다음 중 창의적인 사고에 대한 설명으로 옳지 않은 것은?

① 확산적인 사고로 아이디어가 많고 다양한 것을 의미한다.
② 통상적인 것이 아니라 기발하거나 독창적인 것이다.
③ 새롭고 신기한 것이라면 유용성은 중요하지 않다.
④ 정보와 정보의 조합이다.
⑤ 문제를 다른 방법으로 해결하려고 노력한다.

(Tip) ③ 창의적 사고는 사회나 개인에게 새로운 가치를 창출할 수 있는 유용한 아이디어를 생산해 내는 정신적인 과정이다.

47 다음에 설명하고 있는 창의적 사고 개발 방법은?

> 주제와 본질적으로 닮은 것을 힌트로 하여 새로운 아이디어를 얻는 방법이다.

① 자유 연상법
② 강제 연상법
③ 비교 발상법
④ 대조 발상법
⑤ 확산 연상법

> (Tip) **창의적 사고 개발 방법**
> ㉠ **자유 연상법**：생각나는 대로 자유롭게 발상
> ㉡ **강제 연상법**：각종 힌트에 강제적으로 연결지어 발상
> ㉢ **비교 발상법**：주제의 본질과 닮은 것을 힌트로 발상

48 논리적 사고의 구성요소로 옳지 않은 것은?

① 생각하는 습관
② 상대 논리의 구조화
③ 타인에 대한 이해
④ 대략적인 생각
⑤ 설득

> (Tip) **논리적 사고의 구성요소**
> ㉠ 생각하는 습관
> ㉡ 상대 논리의 구조화
> ㉢ 구체적인 생각
> ㉣ 타인에 대한 이해
> ㉤ 설득

Answer↱ 44.① 45.① 46.③ 47.③ 48.④

49 다음 중 SWOT 분석 기법과 함께 문제해결을 위한 대표적인 툴(tool)인 3C 기법의 분석 요소에 대한 설명으로 옳지 않은 것은?

① 자사·경쟁사 제품의 장단점은 무엇이고 어떤 차이점이 있는지 확인한다.

② 회사 직원들이 제공한 서비스 내용이 고객에게 감동을 주었는지 확인한다.

③ 회사의 제품이 고객에게 만족스러운 기능을 제공하였는가를 확인한다.

④ 국제 경제에 중대한 변화를 가져 올 요소가 무엇인지 확인한다.

⑤ 회사에서 목표한 매출이 제대로 달성되었는지 확인한다.

 국제 경제에 중대한 변화를 가져 올 요소는 전반적인 업계의 환경이 변하는 것으로 이것은 자사, 고객, 경쟁사에 해당하는 사항이 아니며, SWOT 환경 분석기법상의 외부 요인으로 구분할 수 있다.
① 경쟁사와의 비교, 경쟁사에 대한 정보 분석 등은 '경쟁사(Competitor)' 요인에 대한 분석이다.
②③ 고객의 만족을 확인하고자 하는 것으로 '고객(Customer)' 요인에 대한 분석이다.
⑤ 자사의 목표 달성을 확인하고자 하는 것으로 '자사(Company)' 요인에 대한 분석이다.

50 다음은 대한민국의 대표 커피 브랜드 중 하나인 C 브랜드의 SWOT분석이다. 다음 보기의 설명 중 옳은 것은?

강점(STRENGH)	약점(WEAKNESS)
• 세련된 유럽풍 인테리어, 고급스러운 느낌 • 공격적인 매장 확장 • 성공적인 스타마케팅	• 스타이미지에 치중 • 명확한 BI 부재 • 품질에 대한 만족도가 낮음
기회(OPPORTUNITY)	위협(THREAT)
• 고급 커피시장의 확대 • 소득 수준의 향상 • 커뮤니케이션 매체의 다각화	• 경쟁 업체의 증가 • 원두가격의 불안정성

① SO 전략 – 커피의 가격이 조금 올라가더라도 최고의 스타로 마케팅을 하여 브랜드 가치를 높인다.

② ST 전략 – 매장 수를 더욱 늘려 시장 점유율을 높인다.

③ WO 전략 – 「'C 커피'는 맛있다.」 공모전을 열어 소비자 인식을 긍정적으로 바꾼다.

④ WT 전략 – 원두가격이 변할 때마다 능동적으로 커피가격에 변화를 주어 C 커피는 능동적이다라는 이미지를 소비자에게 심어준다.

⑤ SO 전략 – 소득수준이 향상되었기 때문에 커피가격을 올려 더 유명한 스타를 영입한다.

> (Tip) 품질에 대한 만족도가 낮기 때문에 다양한 커뮤니케이션 매체를 동원하여 만족도를 높일 수 있는 방법을 찾아야 한다.
> ① C 커피는 성공적인 스타마케팅이 강점이기는 하지만 그만큼 스타이미지에 치중된 약점 도 가지고 있으므로 스타이미지에 더욱 치중하는 것을 올바르지 않다.
> ② 매장 확장이 경쟁업체가 늘어나는 것을 막을 수 있는 것은 아니다.
> ④ 매번 가격이 달라진다면 소비자의 혼란만 가중시키는 결과를 초래할 것이다.
> ⑤ 소득수준의 향상과 커피가격의 상승 간에는 연관성이 결여되어 있다.

Answer → 49.④ 50.③

04 조직이해능력

1 조직과 개인

(1) 조직

① 조직과 기업
   ㉠ 조직 : 두 사람 이상이 공동의 목표를 달성하기 위해 의식적으로 구성된 상호작용과 조정을 행하는 행동의 집합체
   ㉡ 기업 : 노동, 자본, 물자, 기술 등을 투입하여 제품이나 서비스를 산출하는 기관

② 조직의 유형

기준	구분	예
공식성	공식조직	조직의 규모, 기능, 규정이 조직화된 조직
	비공식조직	인간관계에 따라 형성된 자발적 조직
영리성	영리조직	사기업
	비영리조직	정부조직, 병원, 대학, 시민단체
조직규모	소규모 조직	가족 소유의 상점
	대규모 조직	대기업

(2) 경영

① 경영의 의미 … 경영은 조직의 목적을 달성하기 위한 전략, 관리, 운영활동이다.

② 경영의 구성요소
   ㉠ 경영목적 : 조직의 목적을 달성하기 위한 방법이나 과정
   ㉡ 인적자원 : 조직의 구성원·인적자원의 배치와 활용
   ㉢ 자금 : 경영활동에 요구되는 돈·경영의 방향과 범위 한정
   ㉣ 경영전략 : 변화하는 환경에 적응하기 위한 경영활동 체계화

③ 경영자의 역할

대인적 역할	정보적 역할	의사결정적 역할
• 조직의 대표자 • 조직의 리더 • 상징자, 지도자	• 외부환경 모니터 • 변화전달 • 정보전달자	• 문제 조정 • 대외적 협상 주도 • 분쟁조정자, 자원배분자, 협상가

(3) 조직체제 구성요소

① **조직목표** ··· 전체 조직의 성과, 자원, 시장, 인력개발, 혁신과 변화, 생산성에 대한 목표

② **조직구조** ··· 조직 내의 부문 사이에 형성된 관계

③ **조직문화** ··· 조직구성원들 간에 공유하는 생활양식이나 가치

④ **규칙 및 규정** ··· 조직의 목표나 전략에 따라 수립되어 조직구성원들이 활동범위를 제약하고 일관성을 부여하는 기능

예제 1

주어진 글의 빈칸에 들어갈 말로 가장 적절한 것은?

조직이 지속되게 되면 조직구성원들 간 생활양식이나 가치를 공유하게 되는데 이를 조직의 (㉠)라고 한다. 이는 조직구성원들의 사고와 행동에 영향을 미치며 일체감과 정체성을 부여하고 조직이 (㉡)으로 유지되게 한다. 최근 이에 대한 중요성이 부각되면서 긍정적인 방향으로 조성하기 위한 경영층의 노력이 이루어지고 있다.

① ㉠ : 목표, ㉡ : 혁신적　　　② ㉠ : 구조, ㉡ : 단계적
③ ㉠ : 문화, ㉡ : 안정적　　　④ ㉠ : 규칙, ㉡ : 체계적

답 ③

---

(4) 조직변화의 과정

환경변화 인지 → 조직변화 방향 수립 → 조직변화 실행 → 변화결과 평가

(5) 조직과 개인

개인	지식, 기술, 경험 →	조직
	← 연봉, 성과급, 인정, 칭찬, 만족감	

2　조직이해능력을 구성하는 하위능력

(1) 경영이해능력

① 경영 … 경영은 조직의 목적을 달성하기 위한 전략, 관리, 운영활동이다.
　㉠ 경영의 구성요소 : 경영목적, 인적자원, 자금, 전략
　㉡ 경영의 과정

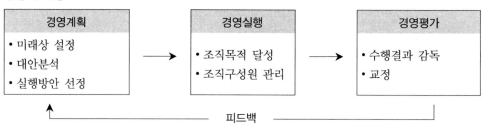

　㉢ 경영활동 유형
　　• 외부경영활동 : 조직외부에서 조직의 효과성을 높이기 위해 이루어지는 활동이다.
　　• 내부경영활동 : 조직내부에서 인적, 물적 자원 및 생산기술을 관리하는 것이다.
② 의사결정과정
　㉠ 의사결정의 과정
　　• 확인 단계 : 의사결정이 필요한 문제를 인식한다.
　　• 개발 단계 : 확인된 문제에 대하여 해결방안을 모색하는 단계이다.
　　• 선택 단계 : 해결방안을 마련하며 실행가능한 해결안을 선택한다.
　㉡ 집단의사결정의 특징
　　• 지식과 정보가 더 많아 효과적인 결정을 할 수 있다.
　　• 다양한 견해를 가지고 접근할 수 있다.
　　• 결정된 사항에 대하여 의사결정에 참여한 사람들이 해결책을 수월하게 수용하고, 의사소통의 기회도 향상된다.
　　• 의견이 불일치하는 경우 의사결정을 내리는데 시간이 많이 소요된다.

• 특정 구성원에 의해 의사결정이 독점될 가능성이 있다.

③ 경영전략
　㉠ 경영전략 추진과정

전략목표설정	환경분석	경영전략 도출	경영전략 실행	평가 및 피드백
• 비전 설정 • 미션 설정	• 내부환경 분석 • 외부환경 분석 　(SWOT 등)	• 조직전략 • 사업전략 • 부문전략	• 경영목적 달성	• 경영전략 결과 　평가 • 전략목표 및 경 　영전략 재조명

　㉡ 마이클 포터의 본원적 경쟁전략

		전략적 우위 요소	
		고객들이 인식하는 제품의 특성	원가우위
전략적 목표	산업전체	차별화	원가우위
	산업의 특정부문	집중화	
		(차별화 + 집중화)	(원가우위 + 집중화)

■ 예제 2

다음은 경영전략을 세우는 방법 중 하나인 SWOT에 따른 어느 기업의 분석 결과이다. 다음 중 주어진 기업 분석 결과에 대응하는 전략은?

강점(Strength)	• 차별화된 맛과 메뉴 • 폭넓은 네트워크
약점(Weakness)	• 매출의 계절적 변동폭이 큼 • 딱딱한 기업 이미지
기회(Opportunity)	• 소비자의 수요 트랜드 변화 • 가계의 외식 횟수 증가 • 경기회복 가능성
위협(Threat)	• 새로운 경쟁자의 진입 가능성 • 과도한 가계부채

내부환경 외부환경	강점(Strength)	약점(Weakness)
기회 (Opportunity)	① 계절 메뉴 개발을 통한 분기 매출 확보	② 고객의 소비패턴을 반영한 광고를 통한 이미지 쇄신
위협 (Threat)	③ 소비 트렌드 변화를 반영한 시장 세분화 정책	④ 고급화 전략을 통한 매출 확대

[출제의도]
본 문항은 조직이해능력의 하위 능력인 경영관리능력을 측정하는 문제이다. 기업에서 경영전략을 세우는데 많이 사용되는 SWOT분석에 대해 이해하고 주어진 분석표를 통해 가장 적절한 경영전략을 도출할 수 있는지를 확인할 수 있다.
[해설]
② 딱딱한 이미지를 현재 소비자의 수요 트렌드라는 환경 변화에 대응하여 바꿀 수 있다.

답 ②

④ 경영참가제도

    ㉠ 목적

- 경영의 민주성을 제고할 수 있다.
- 공동으로 문제를 해결하고 노사 간의 세력 균형을 이룰 수 있다.
- 경영의 효율성을 제고할 수 있다.
- 노사 간 상호 신뢰를 증진시킬 수 있다.

    ㉡ 유형

- 경영참가 : 경영자의 권한인 의사결정과정에 근로자 또는 노동조합이 참여하는 것
- 이윤참가 : 조직의 경영성과에 대하여 근로자에게 배분하는 것
- 자본참가 : 근로자가 조직 재산의 소유에 참여하는 것

예제 3

다음은 중국의 H사에서 시행하는 경영참가제도에 대한 기사이다. 밑줄 친 이 제도는 무엇인가?

> H사는 '사람' 중심의 수평적 기업문화가 발달했다. H사는 이 제도의 시행을 통해 직원들이 경영에 간접적으로 참여할 수 있게 하였는데 이에 따라 자연스레 기업에 대한 직원들의 책임 의식도 강화됐다. 참여주주는 8만 2471명이다. 모두 H사의 임직원이며, 이 중 창립자인 CEO R은 개인 주주로 총 주식의 1.18%의 지분과 퇴직연금으로 주식총액의 0.21%만을 보유하고 있다.

① 노사협의회제도   ② 이윤분배제도
③ 종업원지주제도   ④ 노동주제도

[출제의도]
경영참가제도는 조직원이 자신이 속한 조직에서 주인의식을 갖고 조직의 의사결정과정에 참여할 수 있도록 하는 제도이다. 본 문항은 경영참가제도의 유형을 구분해낼 수 있는가를 묻는 질문이다.
[해설]
종업원지주제도 … 기업이 자사 종업원에게 특별한 조건과 방법으로 자사 주식을 분양·소유하게 하는 제도이다. 이 제도의 목적은 종업원에 대한 근검저축의 장려, 공로에 대한 보수, 자사에의 귀속의식 고취, 자사에의 일체감 조성 등이 있다.

답 ③

---

(2) 체제이해능력

① 조직목표 … 조직이 달성하려는 장래의 상태

    ㉠ 조직목표의 기능

- 조직이 존재하는 정당성과 합법성 제공
- 조직이 나아갈 방향 제시
- 조직구성원 의사결정의 기준
- 조직구성원 행동수행의 동기유발
- 수행평가 기준

- 조직설계의 기준
  - ⓛ 조직목표의 특징
    - 공식적 목표와 실제적 목표가 다를 수 있음
    - 다수의 조직목표 추구 가능
    - 조직목표 간 위계적 상호관계가 있음
    - 가변적 속성
    - 조직의 구성요소와 상호관계를 가짐
② 조직구조
  - ㉠ 조직구조의 결정요인 : 전략, 규모, 기술, 환경
  - ⓛ 조직구조의 유형과 특징

유형	특징
기계적 조직	• 구성원들의 업무가 분명하게 규정 • 엄격한 상하 간 위계질서 • 다수의 규칙과 규정 존재
유기적 조직	• 비공식적인 상호의사소통 • 급변하는 환경에 적합한 조직

③ 조직문화
  - ㉠ 조직문화 기능
    - 조직구성원들에게 일체감, 정체성 부여
    - 조직몰입 향상
    - 조직구성원들의 행동지침 : 사회화 및 일탈행동 통제
    - 조직의 안정성 유지
  - ⓛ 조직문화 구성요소(7S) : 공유가치(Shared Value), 리더십 스타일(Style), 구성원(Staff), 제도 · 절차(System), 구조(Structure), 전략(Strategy), 스킬(Skill)
④ 조직 내 집단
  - ㉠ 공식적 집단 : 조직에서 의식적으로 만든 집단으로 집단의 목표, 임무가 명확하게 규정되어 있다.
    - 예 임시위원회, 작업팀 등
  - ⓛ 비공식적 집단 : 조직구성원들의 요구에 따라 자발적으로 형성된 집단이다.
    - 예 스터디모임, 봉사활동 동아리, 각종 친목회 등

(3) 업무이해능력

① 업무 … 업무는 상품이나 서비스를 창출하기 위한 생산적인 활동이다.

　㉠ 업무의 종류

부서	업무(예)
총무부	주주총회 및 이사회개최 관련 업무, 의전 및 비서업무, 집기비품 및 소모품의 구입과 관리, 사무실 임차 및 관리, 차량 및 통신시설의 운영, 국내외 출장 업무 협조, 복리후생 업무, 법률자문과 소송관리, 사내외 홍보 광고업무
인사부	조직기구의 개편 및 조정, 업무분장 및 조정, 인력수급계획 및 관리, 직무 및 정원의 조정 종합, 노사관리, 평가관리, 상벌관리, 인사발령, 교육체계 수립 및 관리, 임금제도, 복리후생제도 및 지원업무, 복무관리, 퇴직관리
기획부	경영계획 및 전략 수립, 전사기획업무 종합 및 조정, 중장기 사업계획의 종합 및 조정, 경영정보 조사 및 기획보고, 경영진단업무, 종합예산수립 및 실적관리, 단기사업계획 종합 및 조정, 사업계획, 손익추정, 실적관리 및 분석
회계부	회계제도의 유지 및 관리, 재무상태 및 경영실적 보고, 결산 관련 업무, 재무제표 분석 및 보고, 법인세, 부가가치세, 국세·지방세 업무자문 및 지원, 보험가입 및 보상업무, 고정자산 관련 업무
영업부	판매 계획, 판매예산의 편성, 시장조사, 광고 선전, 견적 및 계약, 제조지시서의 발행, 외상매출금의 청구 및 회수, 제품의 재고 조절, 거래처로부터의 불만처리, 제품의 애프터서비스, 판매원가 및 판매가격의 조사 검토

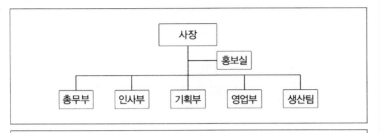
    ⊙ 업무의 특성

- 공통된 조직의 목적 지향
- 요구되는 지식, 기술, 도구의 다양성
- 다른 업무와의 관계, 독립성
- 업무수행의 자율성, 재량권

② 업무수행 계획

    ㉠ 업무지침 확인 : 조직의 업무지침과 나의 업무지침을 확인한다.

    ㉡ 활용 자원 확인 : 시간, 예산, 기술, 인간관계

    ㉢ 업무수행 시트 작성

- 간트 차트 : 단계별로 업무의 시작과 끝 시간을 바 형식으로 표현
- 워크 플로 시트 : 일의 흐름을 동적으로 보여줌
- 체크리스트 : 수행수준 달성을 자가점검

Point ≫ 간트 차트와 플로 차트

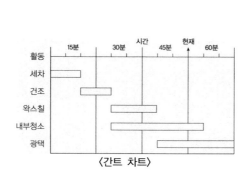

〈간트 차트〉

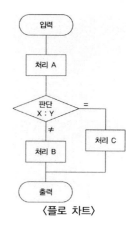

〈플로 차트〉

예제 5

다음 중 업무수행 시 단계별로 업무를 시작해서 끝나는 데까지 걸리는 시간을 바 형식으로 표시하여 전체 일정 및 단계별로 소요되는 시간과 각 업무활동 사이의 관계를 볼 수 있는 업무수행 시트는?

① 간트 차트
② 워크 플로 차트
③ 체크리스트
④ 퍼트 차트

③ 업무 방해요소

　　㉠ 다른 사람의 방문, 인터넷, 전화, 메신저 등

　　㉡ 갈등관리

　　㉢ 스트레스

(4) 국제감각

① 세계화와 국제경영

  ㉠ 세계화 : 3Bs(국경 ; Border, 경계 ; Boundary, 장벽 ; Barrier)가 완화되면서 활동범위가 세계로 확대되는 현상이다.

  ㉡ 국제경영 : 다국적 내지 초국적 기업이 등장하여 범지구적 시스템과 네트워크 안에서 기업 활동이 이루어지는 것이다.

② 이문화 커뮤니케이션 … 서로 상이한 문화 간 커뮤니케이션으로 직업인이 자신의 일을 수행하는 가운데 문화배경을 달리하는 사람과 커뮤니케이션을 하는 것이 이에 해당한다. 이문화 커뮤니케이션은 언어적 커뮤니케이션과 비언어적 커뮤니케이션으로 구분된다.

③ 국제 동향 파악 방법

  ㉠ 관련 분야 해외사이트를 방문해 최신 이슈를 확인한다.

  ㉡ 매일 신문의 국제면을 읽는다.

  ㉢ 업무와 관련된 국제잡지를 정기구독 한다.

  ㉣ 고용노동부, 한국산업인력공단, 산업통상자원부, 중소기업청, 상공회의소, 산업별인적자원개발협의체 등의 사이트를 방문해 국제동향을 확인한다.

  ㉤ 국제학술대회에 참석한다.

  ㉥ 업무와 관련된 주요 용어의 외국어를 알아둔다.

  ㉦ 해외서점 사이트를 방문해 최신 서적 목록과 주요 내용을 파악한다.

  ㉧ 외국인 친구를 사귀고 대화를 자주 나눈다.

④ 대표적인 국제매너

  ㉠ 미국인과 인사할 때에는 눈이나 얼굴을 보는 것이 좋으며 오른손으로 상대방의 오른손을 힘주어 잡았다가 놓아야 한다.

  ㉡ 러시아와 라틴아메리카 사람들은 인사할 때에 포옹을 하는 경우가 있는데 이는 친밀함의 표현이므로 자연스럽게 받아주는 것이 좋다.

  ㉢ 명함은 받으면 꾸기거나 계속 만지지 않고 한 번 보고나서 탁자 위에 보이는 채로 대화하거나 명함집에 넣는다.

  ㉣ 미국인들은 시간 엄수를 중요하게 생각하므로 약속시간에 늦지 않도록 주의한다.

  ㉤ 스프를 먹을 때에는 몸쪽에서 바깥쪽으로 숟가락을 사용한다.

  ㉥ 생선요리는 뒤집어 먹지 않는다.

  ㉦ 빵은 스프를 먹고 난 후부터 디저트를 먹을 때까지 먹는다.

출제예상문제

1 조직의 개념을 다음과 같이 구분할 때, 비공식 조직(A)과 비영리 조직(B)을 알맞게 짝지은 것은 어느 것인가?

> 조직은 공식화 정도에 따라 공식조직과 비공식조직으로 구분할 수 있다. 공식조직은 조직의 구조, 기능, 규정 등이 조직화되어 있는 조직을 의미하며, 비공식조직은 개인들의 협동과 상호작용에 따라 형성된 자발적인 집단 조직이다. 즉, 비공식조직은 인간관계에 따라 형성된 것으로, 조직이 발달해 온 역사를 보면 비공식조직으로부터 공식화가 진행되어 공식조직으로 발전해 왔다.
> 또한 조직은 영리성을 기준으로 영리조직과 비영리조직으로 구분할 수 있다. 영리조직은 기업과 같이 이윤을 목적으로 하는 조직이며, 비영리조직은 공익을 추구하는 기관이나 단체 등이 해당한다.
> 조직을 규모로 구분하여 보았을 때, 가족 소유의 상점과 같이 소규모 조직도 있지만, 대기업과 같이 대규모 조직도 있으며, 최근에는 다국적 기업도 증가하고 있다. 다국적 기업이란 동시에 둘 이상의 국가에서 법인을 등록하고 경영활동을 벌이는 기업을 의미한다.

	(A)	(B)
①	사기업	시민 단체
②	병원	대학
③	계모임	종교 단체
④	대기업	소규모 빵집
⑤	정부조직	노동조합

 비공식조직은 자발적으로 형성된 조직으로 구조나 규정 등이 조직화되어 있지 않아야 한다. 또한 비영리조직은 이윤 추구가 아닌 공익을 추구하는 기관이나 단체가 해당되므로 주어진 보기에서는 계모임과 종교 단체가 각각 비공식조직과 비영리조직에 해당된다고 볼 수 있다.

2 다음 중 밑줄 친 (개)와 (내)에 대한 설명으로 적절하지 않은 것은 어느 것인가?

> 조직 내에서는 (개)개인이 단독으로 의사결정을 내리는 경우도 있지만 집단이 의사결정을 하기도 한다. 조직에서 여러 문제가 발생하면 직업인은 의사결정과정에 참여하게 된다. 이때 조직의 의사결정은 (내)집단적으로 이루어지는 경우가 많으며, 여러 가지 제약요건이 존재하기 때문에 조직의 의사결정에 적합한 과정을 거쳐야 한다. 조직의 의사결정은 개인의 의사결정에 비해 복잡하고 불확실하다. 따라서 대부분 기존의 결정을 조금씩 수정해나가는 방향으로 이루어진다.

① (내)가 보다 효과적인 결정을 내릴 확률이 높다.
② (개)는 결정된 사항에 대하여 의사결정에 참여한 사람들이 해결책을 수월하게 수용하지 않을 수도 있다.
③ (개)는 의사결정을 신속히 내릴 수 있다.
④ (내)는 다양한 시각과 견해를 가지고 의사결정에 접근할 수 있다.
⑤ (개)는 특정 구성원에 의해 의사결정이 독점될 가능성이 있다.

 집단의사결정은 한 사람이 가진 지식보다 집단이 가지고 있는 지식과 정보가 더 많아 효과적인 결정을 할 수 있다. 또한 다양한 집단구성원이 갖고 있는 능력은 각기 다르므로 각자 다른 시각으로 문제를 바라봄에 따라 다양한 견해를 가지고 접근할 수 있다. 집단의사결정을 할 경우 결정된 사항에 대하여 의사결정에 참여한 사람들이 해결책을 수월하게 수용하고, 의사소통의 기회도 향상되는 장점이 있다. 반면에 의견이 불일치하는 경우 의사결정을 내리는 데 시간이 많이 소요되며, 특정 구성원에 의해 의사결정이 독점될 가능성이 있다.

Answer 1.③ 2.⑤

3 다음 중 A사가 새롭게 도입하게 된 경영참가제도를 운영함에 있어 나타날 현상으로 보기에 적절하지 않은 것은 어느 것인가?

① 노사 양측의 공동 참여로 인해 신속하지만 부실한 의사결정 우려
② 근로자의 경영능력 부족에 따른 부작용
③ 노조의 고유 기능인 단체 교섭력 약화 우려
④ 제도에 참여하는 근로자가 모든 근로자의 권익을 효과적으로 대변할 수 있는 지 여부
⑤ 경영자 고유 권한인 경영권 약화 우려

 경영참가제도의 문제점
 • 경영능력이 부족한 근로자가 경영에 참여할 경우 의사결정이 늦어지고 합리적으로 일어날 수 없다.
 • 대표로 참여하는 근로자가 조합원들의 권익을 지속적으로 보장할 수 있는가의 문제.
 • 경영자의 고유한 권리인 경영권 약화
 • 경영참가제도를 통해 분배문제를 해결함으로써 노동조합의 단체교섭 기능이 약화
 따라서 신속한 의사 결정을 기대하는 것은 경영참가제도에 대한 적절한 판단으로 보기 어렵다.

4 다음 글의 빈 칸에 들어갈 적절한 말은 어느 것인가?

> 하나의 조직이 조직의 목적을 달성하기 위해서는 이를 관리, 운영하는 활동이 요구된다. 이러한 활동은 조직이 수립한 목적을 달성하기 위하여 계획을 세우고 실행하고 그 결과를 평가하는 과정이다. 직업인은 조직의 한 구성원으로서 자신이 속한 조직이 어떻게 운영되고 있으며, 어떤 방향으로 흘러가고 있는지, 현재 운영체제의 문제는 무엇이고 생산성을 높이기 위해 어떻게 개선되어야 하는지 등을 이해하고 자신의 업무 영역에 맞게 적용하는 (   )이 요구된다.

① 체제이해능력   ② 경영이해능력
③ 업무이해능력   ④ 자기개발능력
⑤ 업무활용능력

 경영은 한마디로 조직의 목적을 달성하기 위한 전략, 관리, 운영활동이다. 즉, 경영은 경영의 대상인 조직과 조직의 목적, 경영의 내용인 전략, 관리, 운영으로 이루어진다. 과거에는 경영(administration)을 단순히 관리(management)라고 생각하였다. 관리는 투입되는 자원을 최소화하거나 주어진 자원을 이용하여 추구하는 목표를 최대한 달성하기 위한 활동이다.

5 '조직몰입'에 대한 다음 설명을 참고할 때, 조직몰입의 유형에 대한 설명으로 적절하지 않은 것은 어느 것인가?

> 몰입이라는 용어는 사회학에서 주로 다루어져 왔는데 사전적 의미에서 몰입이란 "감성적 또는 지성적으로 특정의 행위과정에서 빠지는 것"이므로 몰입은 타인, 집단, 조직과의 관계를 포함하며, 조직몰입은 종업원이 자신이 속한 조직에 대해 얼마만큼의 열정을 가지고 몰두하느냐 하는 정도를 가리키는 개념이다. 즉, 조직에 대한 충성 동일화 및 참여의 견지에서 조직구성원이 가지는 조직에 대한 성향을 의미한다. 또한 조직몰입은 조직의 목표와 가치에 대한 강한 신념과 조직을 위해 상당한 노력을 하고자 하는 의지 및 조직의 구성원으로 남기를 바라는 강한 욕구를 의미하기도 한다. 최근에는 직무만족보다 성과나 이직 등의 조직현상에 대한 설명력이 높다는 관점에서 조직에 대한 조직구성원의 태도를 나타내는 조직몰입은 많은 연구의 관심사가 되고 있다.

① '도덕적 몰입'은 비영리적 조직에서 찾아볼 수 있는 조직몰입 형태이다.
② 조직과 구성원 간의 관계가 타산적이고 합리적일 때의 유형은 '계산적 몰입'에 해당된다.
③ 조직과 구성원 간의 관계가 부정적, 착취적 상태인 몰입의 유형은 '소외적 몰입'에 해당된다.
④ '도덕적 몰입'은 몰입의 정도가 가장 낮다고 할 수 있다.
⑤ '계산적 몰입'은 공인적 조직에서 찾아볼 수 있으며 단순한 참여와 근속만을 의미한다.

- 도덕적 몰입 : 비영리적 조직에서 찾아볼 수 있는 조직몰입 형태로 도덕적이며 규범적 동기에서 조직에 참가하는 것으로 조직몰입의 강도가 제일 높으며 가장 긍정적 조직으로의 지향을 나타낸다.
- 계산적 몰입 : 조직과 구성원 간의 관계가 타산적이고 합리적일 때의 유형으로 몰입의 정도는 중간 정도를 보이게 되며, 몰입 방향은 긍정적 혹은 부정적 방향으로 나타날 수 있다. 이러한 몰입은 공인적 조직에서 찾아볼 수 있으며 단순한 참여와 근속만을 의미한다.
- 소외적 몰입 : 주로 교도소, 포로수용소 등 착취적인 관계에서 볼 수 있는 것으로 조직과 구성원 간의 관계가 부정적 상태인 몰입이다.

Answer → 3.① 4.② 5.④

6 다음과 같은 팀장의 지시 사항을 수행하기 위하여 업무협조를 구해야 할 조직의 명칭이 순서대로 올바르게 나열된 것은 어느 것인가?

> 다들 사장님 보고 자료 때문에 정신이 없는 모양인데 이건 자네가 좀 처리해줘야겠군. 다음 주에 있을 기자단 간담회 자료가 필요한데 옆 부서 박 부장한테 말해 두었으니 오전 중에 좀 가져다주게나. 그리고 내일 사장님께서 보고 직전에 외부에서 오신다던데 어디서 오시는 건지 일정 좀 확인해서 알려주고, 이틀 전 퇴사한 엄 차장 퇴직금 처리가 언제 마무리 될지도 알아봐 주게나. 아, 그리고 말이야, 자네는 아직 사원증이 발급되지 않았나? 확인해 보고 얼른 요청해서 걸고 다니게.

① 기획실, 경영관리실, 총무부, 비서실
② 영업2팀, 홍보실, 회계팀, 물류팀
③ 총무부, 구매부, 비서실, 인사부
④ 경영관리실, 회계팀, 기획실, 총무부
⑤ 홍보실, 비서실, 인사부, 총무부

(Tip) 일반적으로 기자들을 상대하는 업무는 홍보실, 사장의 동선 및 일정 관리는 비서실, 퇴직 및 퇴직금 관련 업무는 인사부, 사원증 제작은 총무부에서 관장하는 업무로 분류된다.

7 다음 글을 참고할 때, 조직문화의 기능을 적절하게 설명하지 못한 것은 어느 것인가?

> 서로의 조직문화가 확연히 다른 두 기업 간의 합병은 기업문화에 어떤 영향을 미칠까.
> 1998년 독일의 다임러벤츠는 미국의 크라이슬러 자동차를 인수 합병했다. 그러나 꿈의 결합이 추락하는 건 시간 문제였다. 왜냐하면 서로의 조직문화가 너무 달라서 그들은 늘 충돌했기 때문이다.
> 자유분방한 분위기의 크라이슬러 직원들은 독일 특유의 수직적 기업문화를 이해하지 못했고, 두 조직의 결합은 시너지 효과는 고사하고 심각한 문화적 충돌만 일으켰다. 결국 이들의 합병은 엄청난 손해를 발생시키며, 매각을 통해 다시 결별하게 되었다. 기업이 가진 조직문화와 눈에 띄지 않는 공유 가치, 신념 등은 모두가 중요한 요소임을 깨달을 수 있는 국제적 사건이었던 것이다.

① 조직 구성원들에게 일체감과 정체성을 부여해 준다.
② 조직의 업무에 몰입할 수 있도록 해 준다.
③ 조직 구성원들의 행동지침으로 작용하여 일탈행동을 통제해 주는 역할을 한다.
④ 중장기적으로 조직의 안정성을 유지해 줄 수 있다.
⑤ 뿌리 깊은 굳건한 조직 문화는 조직원의 의견수렴과 조직의 유연한 변신에 긍정적인 역할을 한다.

8 다음 '갑' 기업과 '을' 기업에 대한 설명 중 적절하지 않은 것은 어느 것인가?

> '갑' 기업은 다양한 사외 기관, 단체들과의 상호 교류 등 업무가 잦아 관련 업무를 전담하는 조직이 갖춰져 있다. 전담 조직의 인원이 바뀌는 일은 가끔 있지만, 상설 조직이 있어 매번 발생하는 유사 업무를 효율적으로 수행한다.
> '을' 기업은 사내 당구 동호회가 구성되어 있어 동호회에 가입한 직원들은 정기적으로 당구장을 찾아 쌓인 스트레스를 풀곤 한다. 가입과 탈퇴가 자유로우며 당구를 좋아하는 직원은 누구든 참여가 가능하다. 당구 동호회에 가입한 직원은 직급이 아닌 당구 실력으로만 평가 받으며, 언제 어디서 당구를 즐기든 상사의 지시를 받지 않아도 된다.

① '갑' 기업의 상설 조직은 의도적으로 만들어진 집단이다.
② '갑' 기업 상설 조직의 임무는 보통 명확하지 않고 즉흥적인 성격을 띤다.
③ '을' 기업 당구 동호회는 공식적인 임무 이외에도 다양한 요구들에 의해 구성되는 경우가 많다.
④ '갑' 기업 상설 조직의 구성원은 인위적으로 참여한다.
⑤ '을' 기업 당구 동호회의 활동은 자발적이며 행위에 대한 보상은 '보람'이다.

 '갑' 기업의 상설 조직은 공식적, '을' 기업의 당구 동호회는 비공식적 집단이다. 공식적인 집단은 조직의 공식적인 목표를 추구하기 위해 조직에서 의도적으로 만든 집단이다. 따라서 공식적인 집단의 목표나 임무는 비교적 명확하게 규정되어 있으며, 여기에 참여하는 구성원들도 인위적으로 결정되는 경우가 많다.

9 다음 그림과 같은 형태의 조직체계를 유지하고 있는 기업에 대한 설명으로 적절한 것은 어느 것인가?

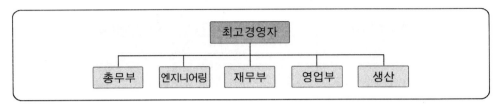

① 다양한 프로젝트를 수행해야 할 필요성이 커짐에 따라 조직 간의 유기적인 협조체제를 구축하였다.

② 의사결정 권한이 분산되어 더욱 전문적인 업무 처리가 가능하다.

③ 각 부서 간 내부 경쟁을 유발할 수 있다.

④ 조직 내 내부 효율성을 확보할 수 있는 조직 구조이다.

⑤ 의사결정까지 시간이 오래 걸리기 때문에 각 부서장의 역할이 매우 중요한 조직 구조이다.

> **Tip**
> 그림과 같은 조직 구조는 하나의 의사결정권자의 지시와 부서별 업무 분화가 명확해, 전문성은 높아지고 유연성 및 유기성은 떨어지는 조직 구조라고 볼 수 있다. 또한 의사결정권자가 한 명으로 집중되면서 내부 효율성이 확보된다.
> ① 조직의 유기적인 협조체제가 구축된 구조는 아니다.
> ② 의사결정 권한이 집중된 조직 구조이다.
> ③ 유사한 업무를 통한 내부 경쟁을 유발할 수 있는 구조는 사업별 조직구조이다.
> ⑤ 의사결정권자가 한 명이기 때문에 시간이 오래 걸리지 않는 구조에 해당한다.

10 다음 〈보기〉에 제시되고 있는 활동들은 기업 경영에 필요한 전략을 설명하고 있다. 설명된 전략들에 해당하는 것은 어느 것인가?

〈보기〉
• 모든 고객을 만족시킬 수는 없다는 것과 회사가 모든 역량을 가질 수는 없다는 것을 전제로 선택할 수 있는 전략이다.
• 기업이 고유의 독특한 내부 역량을 보유하고 있는 경우에 더욱 효과적인 전략이다.
• 사업 목표와 타당한 틈새시장을 찾아야 한다.
• 다양한 분류의 방법을 동원하여 고객을 세분화한다.

① 차별화 전략   ② 집중화 전략
③ 비교우위 전략   ④ 원가우위 전략
⑤ 고객본위 전략

차별화 전략과 원가우위 전략이 전체 시장을 상대로 하는 전략인 반면, 집중화 전략은 특정 시장을 대상으로 한다. 따라서 고객층을 세분화하여 타깃 고객층에 맞는 맞춤형 전략을 세울 필요가 있다. 타깃 고객층에 자사가 가진 특정 역량이 발휘되어 판매를 늘릴 수 있는 전략이라고 할 수 있다.

11 다음 글의 빈 칸에 들어갈 적절한 말은 어느 것인가?

> 하나의 조직이 조직의 목적을 달성하기 위해 이를 관리하고 운영하는 활동이 요구된다. 이러한 활동은 조직이 수립된 목적을 달성하기 위해 계획을 세우고 실행하고 그 결과를 평가하는 과정이다. 직업인은 조직의 한 구성원으로서 자신이 속한 조직이 어떻게 운영되고 있으며, 어떤 방향으로 흘러가고 있는지, 현재 운영체제의 문제는 무엇이고 생산성을 높이기 위해 어떻게 개선되어야 하는지 등을 이해하고 본인의 업무 역량에 맞게 적용하는 (   )이(가) 요구된다.

① 업무활용능력
② 업무이해능력
③ 자기개발능력
④ 체제이해능력
⑤ 경영이해능력

 경영은 조직의 목적을 달성하기 위한 전략, 관리 운영활동이다. 즉, 경영의 대상인 조직과 조직의 목적, 경영의 내용인 전략, 관리, 운영으로 이루어진다. 과거에는 경영을 단순 관리라고 생각하였다. 관리는 투입되는 지원을 최소화하거나 주어진 지원을 이용하여 추구하는 목표를 최대한 달성하기 위한 활동이다.

Answer 9.④ 10.② 11.⑤

12 경영전략의 유형으로 흔히 차별화, 원가 우위, 집중화 전략을 꼽을 수 있다. 다음에 제시된 내용들 중, 차별화 전략의 특징으로 볼 수 없는 설명을 모두 고른 것은?

> ㉠ 브랜드 강화를 위한 광고비용이 증가할 수 있다.
> ㉡ 견고한 유통망은 제품 차별화와 관계가 없다.
> ㉢ 차별화로 인한 규모의 경제 활용에 제약이 있을 수 있다.
> ㉣ 신규기업 진입에 대한 효과적인 억제가 어렵다.
> ㉤ 제품에 대한 소비자의 선호체계가 확연히 구분될 경우 효과적인 차별화가 가능하다.

① ㉠, ㉡   ② ㉡, ㉣

③ ㉡, ㉢   ④ ㉣, ㉤

⑤ ㉢, ㉣

㉡→강력하고 견고한 유통망이 있을 경우, 고객을 세분화하여 제품 차별화 전략을 활용할 수 있다.

㉣→차별화를 이루게 되면 경험과 노하우에 따른 더욱 특화된 제품이나 서비스가 제공되므로 신규기업 진입에 대한 효과적인 억제가 가능하게 된다.

㉠, ㉢→차별화에는 많은 비용이 소요되므로 반드시 비용측면을 고려해야 하며 일정 부분의 경영상 제약이 생길 수 있다.

㉤→지역별, 연령별, 성별 특성 등의 선호체계 구분이 뚜렷할 경우 맞춤형 전략 수립이 용이하다.

13 '경영참가제도'는 노사협의제, 이윤분배제, 종업원지주제 등의 형태로 나타난다. 다음에 제시된 항목 중, 이러한 경영참가제도가 발전하게 된 배경으로 보기 어려운 두 가지가 알맞게 짝지어진 것은?

> ㉠ 근로자들의 경영참가 욕구 증대
> ㉡ 노동조합을 적대적 존재로서가 아니라 파트너로서 역할을 인정하게 된 사용자 측의 변화
> ㉢ 노동조합의 다양한 기능의 점진적 축소
> ㉣ 기술혁신과 생산성 향상
> ㉤ 근로자의 자발적, 능동적 참여가 사기와 만족도를 높이고 생산성 향상에 기여하게 된다는 의식이 확산됨
> ㉥ 노사 양측의 조직규모가 축소됨에 따라 기업의 사회적 책임의식이 약해짐

① ㉠, ㉢　　　　　　　　　　　② ㉡, ㉥
③ ㉡, ㉣　　　　　　　　　　　④ ㉣, ㉥
⑤ ㉢, ㉥

 ㉢ 노동조합의 기능이 다양하게 확대됨에 따라 근로자의 경영참가를 자연스럽게 받아들일 수밖에 없는 사회 전반적인 분위기 확산도 경영참가제도의 발전 배경으로 볼 수 있다.
　㉥ 노사 양측의 조직규모는 지속적으로 거대화 되었으며, 이에 따른 사회적 책임이 증대되었고 노사관계가 국민경제에 미치는 영향이 커짐으로 인해 분쟁을 가능한 한 회피하고 평화적으로 해결하기 위한 필요성도 경영참가제도를 발전시킨 배경으로 볼 수 있다.
　㉣ 기술혁신은 인력의 절감효과를 가져와 격렬한 노사분쟁을 유발하고 생산성 향상에 오히려 역효과를 초래하게 되어, 결국 이러한 문제 해결을 위해 노사 간의 충분한 대화가 필요해지며 이런 대화의 장을 마련하기 위한 방안으로 경영참가제도가 발전하였다고 볼 수 있다.

14 다음은 각 지역에 사무소를 운영하고 있는 A사의 임직원 행동강령의 일부이다. 다음 내용에 부합되지 않는 설명은?

> 제5조【이해관계직무의 회피】
> ① 임직원은 자신이 수행하는 직무가 다음 각 호의 어느 하나에 해당하는 경우에는 그 직무의 회피 여부 등에 관하여 지역관할 행동강령책임관과 상담한 후 처리하여야 한다. 다만, 사무소장이 공정한 직무수행에 영향을 받지 아니한다고 판단하여 정하는 단순 민원업무의 경우에는 그러하지 아니한다.
>   1. 자신, 자신의 직계 존속·비속, 배우자 및 배우자의 직계 존속·비속의 금전적 이해와 직접적인 관련이 있는 경우
>   2. 4촌 이내의 친족이 직무관련자인 경우
>   3. 자신이 2년 이내에 재직하였던 단체 또는 그 단체의 대리인이 직무관련자이거나 혈연, 학연, 지연, 종교 등으로 지속적인 친분관계에 있어 공정한 직무수행이 어렵다고 판단되는 자가 직무관련자인 경우
>   4. 그 밖에 지역관할 행동강령책임관이 공정한 직무수행이 어려운 관계에 있다고 정한 자가 직무관련자인 경우
> ② 제1항에 따라 상담요청을 받은 지역관할 행동강령책임관은 해당 임직원이 그 직무를 계속 수행하는 것이 적절하지 아니하다고 판단되면 본사 행동강령책임관에게 보고하여야 한다. 다만, 지역관할 행동강령책임관이 그 권한의 범위에서 그 임직원의 직무를 일시적으로 재배정할 수 있는 경우에는 그 직무를 재배정하고 본사 행동강령책임관에게 보고하지 아니할 수 있다.
> ③ 제2항에 따라 보고를 받은 본사 행동강령책임관은 직무가 공정하게 처리될 수 있도록 인력을 재배치하는 등 필요한 조치를 하여야 한다.
> 제6조【특혜의 배제】 임직원은 직무를 수행함에 있어 지연·혈연·학연·종교 등을 이유로 특정인에게 특혜를 주거나 특정인을 차별하여서는 아니 된다.
> 제6조의2【직무관련자와의 사적인 접촉 제한】
> ① 임직원은 소관업무와 관련하여 우월적 지위에 있는 경우 그 상대방인 직무관련자(직무관련자인 퇴직자를 포함한다)와 당해 직무 개시시점부터 종결시점까지 사적인 접촉을 하여서는 아니 된다. 다만, 부득이한 사유로 접촉할 경우에는 사전에 소속 사무소장에게 보고(부재 시 등 사후보고) 하여야 하고, 이 경우에도 내부정보 누설 등의 행위를 하여서는 아니 된다.
> ② 제1항의 "사적인 접촉"이란 다음 각 호의 어느 하나에 해당하는 것을 말한다.
>   1. 직무관련자와 사적으로 여행을 함께하는 경우
>   2. 직무관련자와 함께 사행성 오락(마작, 화투, 카드 등)을 하는 경우
> ③ 제1항의 "부득이한 사유"는 다음 각 호의 어느 하나에 해당하는 경우를 말한다.(제2항 제2호 제외)
>   1. 직무관련자인 친족과 가족 모임을 함께하는 경우
>   2. 동창회 등 친목단체에 직무관련자가 있어 부득이하게 함께하는 경우

3. 사업추진을 위한 협의 등을 사유로 계열사 임직원과 함께하는 경우
4. 사전에 직무관련자가 참석한 사실을 알지 못한 상태에서 그가 참석한 행사 등에서 접촉한 경우

① 이전 직장의 퇴직이 2년이 경과하지 않은 시점에서 이전 직장의 이해관계와 연관 있는 업무는 회피하여야 한다.
② 이해관계 직무를 회피하기 위해 임직원의 업무가 재배정된 경우 이것이 반드시 본사 행동강령책임관에게 보고되는 것은 아니다.
③ 임직원이 직무 관련 우월적 지위에 있는 경우, 소속 사무소장에게 보고하지 않는(사후보고 제외) 직무 상대방과의 '사적인 접촉'은 어떠한 경우에도 허용되지 않는다.
④ 지역관할 행동강령책임관은 공정한 직무수행이 가능한 직무관련자인지의 여부를 본인의 판단으로 결정할 수 없다.
⑤ 직무관련성이 있는 대학 동창이 포함된 동창회에서 여행을 가게 될 경우 사무소장에게 보고 후 참여할 수 있다.

 임직원행동강령에서는 '그 밖에 지역관할 행동강령책임관이 공정한 직무수행이 어려운 관계에 있다고 정한 자가 직무관련인 경우'라고 규정하고 있으므로 지역관할 행동강령책임관의 판단으로 결정할 수 있다.
① 이전 직장 퇴직 후 2년이 경과하지 않으면 직무관련성이 남아 있는 것으로 간주한다.
② '지역관할 행동강령책임관이 그 권한의 범위에서 그 임직원의 직무를 일시적으로 재배정할 수 있는 경우에는 그 직무를 재배정하고 본사 행동강령책임관에게 보고하지 아니할 수 있다.'고 규정하고 있다.
③ 규정되어 있는 '사적인 접촉'은 어떠한 경우에도 사전에 보고되어야 하며, 보고받는 자가 부재 시에는 사후에 반드시 보고하도록 규정하고 있다.
⑤ 여행을 가는 경우는 사적인 접촉에 해당되며, 직무관련자가 대학 동창인 것은 부득이한 사유에 해당한다. 따라서 이 경우 사무소장에게 보고를 한 후 여행에 참여할 수 있으며 정보 누설 등의 금지 원칙을 준수하여야 한다.

Answer ↪ 14.④

15 다음과 같은 팀장의 지시를 받은 오 대리가 업무를 처리하기 위해 들러야 하는 조직의 명칭이 순서대로 올바르게 나열된 것은?

> "오 대리, 갑자기 본부장님의 급한 지시 사항을 처리해야 하는데, 나 좀 도와줄 수 있겠나? 어제 사장님께 보고 드릴 자료를 완성했는데, 자네가 혹시 오류나 수정 사항이 있는지를 좀 확인해 주고 남 비서에게 전달을 좀 해 주게. 그리고 모레 있을 바이어 미팅은 대형 계약 성사를 위해 매우 중요한 일이 될 테니 계약서 초안 검토 작업이 어느 정도 되고 있는지도 한 번 알아봐 주게. 오는 길에 바이어 픽업 관련 배차 현황도 다시 한 번 확인해 주고, 다음 주 선적해야 할 물량 통관 작업에는 문제없는 지 확인해서 박 과장에게 알려줘야 하네. 실수 없도록 잘 좀 부탁하네."

① 총무팀, 회계팀, 인사팀, 법무팀
② 자금팀, 기획팀, 인사팀, 회계팀
③ 기획팀, 총무팀, 홍보팀, 물류팀
④ 기획팀, 비서실, 회계팀, 물류팀
⑤ 비서실, 법무팀, 총무팀, 물류팀

 오 대리가 들러야 하는 조직과 업무 내용은 다음과 같이 정리할 수 있다.
보고 서류 전달 – 비서실
계약서 검토 확인 – 법무팀
배차 현황 확인 – 총무팀
통관 작업 확인 – 물류팀

16 업무를 수행할 때는 업무지침과 활용자원을 확인하여 구체적인 업무수행 계획을 수립하게 된다. 이러한 업무수행을 계획하는 다음과 같은 형식의 자료를 지칭하는 이름은 어느 것인가?

업무	6월	7월	8월	9월
설계				
자료수집				
기본설계				
타당성 조사 및 실시설계				
시공				
시공				
결과 보고				

① 워크 플로 시트(work flow sheet)

② 간트 차트(Gantt chart)

③ 체크리스트(check list)

④ 대차대조표

⑤ 타당성 조사표

 간트 차트는 미국의 간트(Henry Laurence Gantt)가 1919년에 창안한 작업진도 도표로, 단계별로 업무를 시작해서 끝나는데 걸리는 시간을 바(bar) 형식으로 표시할한 것이다. 이는 전체 일정을 한 눈에 볼 수 있고, 단계별로 소요되는 시간과 각 업무활동 사이의 관계를 보여줄 수 있다.
워크 플로 시트는 일의 흐름을 동적으로 보여주는데 효과적이다. 특히 워크 플로 시트에 사용하는 도형을 다르게 표현함으로써 주된 작업과 부차적인 작업, 혼자 처리할 수 있는 일과 다른 사람의 협조를 필요로 하는 일, 주의해야 할 일, 컴퓨터와 같은 도구를 사용해서 할 일 등을 구분해서 표현할 수 있다.

Answer → 15.⑤ 16.②

17 H공단의 다음과 같은 조직도를 참고할 때, 〈보기〉와 같은 개선 사항을 반영한 업무 변경에 대한 올바른 지적은?

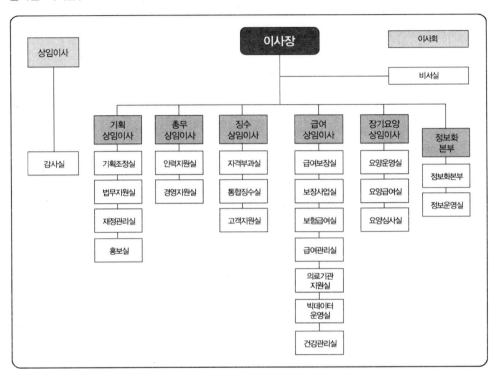

〈보기〉
• 4대 사회보험료 징수업무(고지·수납)에 대한 민원을 ONE-STOP으로 처리할 수 있어 여러 기관을 방문해야 하는 불편함이 해소되었으며, 고지방식, 납부방법, 창구일원화로 국민들이 보다 편리하게 사회보험을 처리할 수 있다.
• 국민건강보험공단, 국민연금공단, 근로복지공단은 중복업무의 효율화를 통하여 인건비, 고지서 발송 비용, 기타 행정 비용 등을 절감할 수 있다.
• 절감 인력을 신규서비스 및 기존 서비스 확대 업무에 재배치하여 비용증가 없이도 대국민서비스가 향상될 수 있다.

① 인력지원실은 신규 인원이 배치되어 보다 효율적인 업무 수행이 가능해진다.
② 재정관리실은 H공단의 징수업무 추가에 따라 비용 부담이 더 증가할 전망이다.
③ 비서실의 업무는 H공단 추가 조직 신설에 따라 세분화되어야 한다.
④ 정보화본부는 4대 사회보험료 평가액의 재산정에 따라 업무량이 더 증가할 전망이다.
⑤ 징수 상임이사는 4대 사회보험료 징수 총괄업무를 관장하여야 한다.

4대 사회보험료 징수업무 통합 수행에 관한 내용으로 이를 담당하는 '통합징수실'에서는 4대 사회보험 통합징수 기획 및 지원, 수납 및 수납정산에 관한 업무를 담당하게 된다. 따라서 통합징수실의 상위 조직에 위치한 징수 상임이사는 4대 사회보험료 징수 총괄업무를 관장하여야 한다.

☞ 4대 사회보험료 통합징수는 2011년 1월부터 국민건강보험공단, 국민연금공단, 근로복지공단에서 각각 수행하였던 건강보험, 국민연금, 고용보험, 산재보험의 업무 중 유사·중복성이 높은 보험료 징수업무(고지, 수납, 체납)를 국민건강보험공단이 통합하여 운영하는 제도이다.

④ 징수업무 일원화는 사회보험료의 고지와 수납의 업무만을 H공단으로 일원화시킨 것이므로 평가액 재산정 등의 업무가 추가되는 것은 아니라고 보아야 한다.

18 다음은 어느 회사의 회의록이다. 이를 통해 이해할 수 있는 내용이 아닌 것은?

일시	2020. 00. 00 14:00 ~ 16:00	장소	5층 소회의실
참석자	기획개발부장, 영업본부장, 영업1부장, 영업3부장 불참자(1명) : 영업2부장(해외출장)		
제목	고객 관리 및 영업 관리 체계 개선 방안 모색		
의안	고객 관리 체계 개선 방법 및 영업 관리 대책 모색 – 고객 관리 체계 확립을 위한 개선 및 A/S 고객의 만족도 증진방안 – 자사 영업직원의 적극적인 영업활동을 위한 개선방안		
토의 내용	1. 효율적인 고객관리 체계 개선 방법 • 고객 관리를 위한 시스템 정비 및 고객관리 업무 전담 직원 증원 필요(영업3부장) • 영업 조직 체계를 제품별이 아닌 기업별 담당제로 전환(영업1부장) • 영업부와 기획개발부 간의 지속적 제품 개선 방안 협의 건의(기획개발부장) • 각 부서의 여업직원의 고객 방문 스케줄 공유로 방문처 중복을 방지(영업1부장) • 고객 정보를 부장차원에서 통합관리(영업3부장) 2. 자사 영업직원의 적극적 영업활동을 위한 개선방안 • 영업직원의 영업능력을 향상시키기 위한 교육프로그램 운영(영업본부장)		
협의 사항	1. IT본부과 고객 리스트 관리 프로그램 교체를 논의 2. 인사과와 협의하여 추가 업업 사무를 처리하는 전담 직원 채용 3. 인사과와 협의하여 연 2회 교육 세미나를 실시함으로써 영업교육과 프레젠테이션 　기술 교육을 받을 수 있도록 함 4. 기획개발부와 협의하여 제품에 대한 자세한 이해와 매뉴얼 숙지를 위해 신제품 　출시에 맞춰 영업직원을 위한 설명회를 열도록 함 5. 기획개발부와 협의하여 주기적인 회의를 갖도록 함		

① 영업본부의 업무 개선을 위한 회의이다.

② 영업1부와 2부의 스케줄 공유가 필요하다.

③ 교육 세미나의 강사는 인사과의 담당직원이다.

④ 다른 부서와 협의 단계를 거쳐야하는 사항이 있다.

⑤ 회의 참석 대상자는 총 5명이다.

 직원 교육에 대한 업무는 인사과에서 담당하기 때문에 교육 세미나에 대해 인사과와 협의해야하지만 영업교육과 프레젠테이션 기술 교육을 인사과 직원이 직접 하는 것은 아니다.

19 다음은 경영전략의 추진과정을 도식화하여 나타낸 표이다. 표의 빈칸 ㈎~㈐에 대한 설명으로 적절하지 않은 것은?

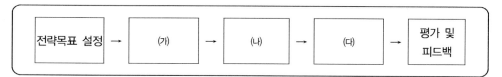

① ㈎에서는 SWOT 분석을 통해 기업이 처한 환경을 분석해 본다.

② ㈏에서는 조직과 사업부문의 전략을 수립한다.

③ ㈐에서는 경영전략을 실행한다.

④ ㈏에서는 경영전략을 도출하여 실행에 대한 모든 준비를 갖춘다.

⑤ ㈐에서는 경영 목표와 전략을 재조정할 수 있는 기회를 갖는다.

 ㈎는 환경분석 단계로 내부와 외부의 환경을 SWOT 분석을 통하여 파악해 본다.
㈏는 경영전략 도출 단계로 조직, 사업이나 부분 등의 전략을 수립한다.
㈐는 경영전략 실행 단계로 경영목적을 달성하는 단계이다.

20 다음과 같은 전결사항에 관한 사정을 보고 내린 판단으로 적절하지 않은 것은?

업무내용	결재권자			
	팀장	본부장	부사장	사장
월별 실적보고	O	O		
주간 업무보고	O			
팀장급 인수인계			O	
10억 이상 예산집행				O
10억 이하 예산집행			O	
노조관련 협의사항			O	
이사회 위원 위촉				O
임직원 해외 출장		O(직원)		O(임원)
임직원 휴가		O(직원)		O(임원)

결재권자가 출장, 휴가 등 사유로 부재중일 경우, 결재권자의 차상급 직위자의 전결사항으로 하되, 반드시 결재권자의 업무 복귀 후 후결로 보완한다.

① 이과장의 해외 출장 보고서는 본부장이 결재권자이다.

② 윤팀장의 권한은 실적 · 업무보고만 결재까지이다.

③ 부사장이 출장 시 팀장의 업무 인수인계 결재는 부사장 복귀 후 받는다.

④ 김대리와 최이사가 휴가를 가기 위해 사장의 결재를 받아야한다.

⑤ 예산집행 결재는 금액에 따라 결재권자가 달라진다.

(Tip) 임원은 사장에게 결재를 받아야하고 직원은 본부장에게 결재를 받아야한다. 김대리는 본부장에게, 최이사는 사장의 결재를 받는다.

21 조직의 경영전략과 관련된 다음의 신문 기사에서 밑줄 친 '이 제도'가 말하는 것은?

> 중국 민성증권 보고서에 따르면 이미 올 6월 현재 상장국유기업 39곳이 실시 중인 것으로 나타났다. 이 가운데 종업원의 우리사주 보유 비율이 전체 지분의 2%를 넘는 곳은 14곳이었다. 아직까지는 도입 속도가 느린 편이지만 향후 제도 확대와 기업 참여가 가속화되고 종업원의 지분보유 비율도 높아질 것으로 예상된다. 분야도 일반 경쟁 산업에서 통신·철도교통·비철금속 등 비경쟁산업으로 확대될 것으로 전망된다.
>
> 중국 정부는 종업원이 주식을 보유함으로써 경영 효율을 높이고 기업혁신에 기여할 수 있을 것으로 내다보고 있다. 남수중 공주대 교수는 이와 관련된 리포트에서 "중국에서 이 제도의 시행은 국유기업 개혁의 성공과 밀접하게 관련돼 있다"면서 "국유기업의 지배구조 개선에도 유리한 작용을 할 것으로 기대되며 국유기업 개혁 과정에서 발생할 가능성이 높은 경영층과 노동자들의 대립도 완화할 수 있을 것"이라고 분석했다.

① 스톡옵션제 ② 노동주제
③ 노사협의회제 ④ 종업원지주제
⑤ 이익배분제

 조직의 구성원들이 경영에 참여하는 것을 경영참가제도라 한다. 경영참가제도는 조직의 경영에 참가하는 공동의사결정제도와 노사협의회제도, 이윤에 참가하는 이윤분배제도, 자본에 참가하는 종업원지주제도 및 노동주제도 등이 있다.
종업원지주제란 회사의 경영방침과 관계법령을 통해 특별한 편의를 제공, 종업원들이 자기 회사 주식을 취득하고 보유하는 제도를 말한다.

Answer → 20.④ 21.④

〈수당 지급〉

◆ 자녀학비보조수당

○ 지급 대상 : 초등학교 · 중학교 또는 고등학교에 취학하는 자녀가 있는 직원(부부가 함께 근무하는 경우 한 쪽에만 지급)

○ 지급범위 및 지급액

　– (범위) 수업료와 학교운영지원비(입학금은 제외)

　– (지급액) 상한액 범위 내에서 공납금 납입영수증 또는 공납금 납입고지서에 기재된 학비 전액 지급하며 상한액은 자녀 1명당 월 60만 원

◆ 육아휴직수당

○ 지급 대상 : 만 8세 이하의 자녀를 양육하기 위하여 필요하거나 여직원이 임신 또는 출산하게 된 때로 30일 이상 휴직한 남 · 녀 직원

○ 지급액 : 휴직 개시일 현재 호봉 기준 월 봉급액의 40퍼센트

　– (휴직 중) 총 지급액에서 15퍼센트에 해당하는 금액을 뺀 나머지 금액

　　※ 월 봉급액의 40퍼센트에 해당하는 금액이 100만 원을 초과하는 경우에는 100만 원을, 50만 원 미만일 경우에는 50만 원을 지급

　– (복직 후) 총 지급액의 15퍼센트에 해당하는 금액

　　※ 복직하여 6개월 이상 계속하여 근무한 경우 7개월 째 보수지급일에 지급함. 다만, 복직 후 6개월 경과 이전에 퇴직하는 경우에는 지급하지 않음

○ 지급기간 : 휴직일로부터 최초 1년 이내

◆ 위험근무수당

○ 지급 대상 : 위험한 직무에 상시 종사하는 직원

○ 지급 기준

　1) 직무의 위험성은 각 부문과 등급별에서 정한 내용에 따름

　2) 상시 종사란 공무원이 위험한 직무를 일정기간 또는 계속 수행하는 것을 의미. 따라서 일시적 · 간헐적으로 위험한 직무에 종사하는 경우는 지급대상에 포함될 수 없음

　3) 직접 종사란 해당 부서 내에서도 업무 분장 상에 있는 위험한 작업 환경과 장소에 직접 노출되어 위험한 업무를 직접 수행하는 것을 의미

○ 지급방법 : 실제 위험한 직무에 종사한 기간에 대하여 일할 계산하여 지급함

22 다음 중 위의 수당 관련 설명을 잘못 이해한 내용은?

① 위험한 직무에 3일간 근무한 것은 위험근무수당 지급 대상이 되지 않는다.

② 자녀학비보조수당은 수업료와 입학금 등 정상적인 학업에 관한 일체의 비용이 포함된다.

③ 육아휴직수당은 휴직일로부터 최초 1년이 경과하면 지급받을 수 없다.

④ 부부가 함께 근무해도 자녀학비보조수당은 부부 중 한 쪽에게만 지급된다.

⑤ 초등학교 고학년에 재학 중인 자녀가 있는 부모에게는 육아휴직수당이 지급되지 않는다.

 자녀학비보조수당은 수업료와 학교운영지원비를 포함하며 입학금은 제외된다고 명시되어 있다.
① 위험근무수당은 위험한 직무에 상시 종사한 직원에게 지급된다.
③ 육아휴직수당은 휴직일로부터 최초 1년 이내에만 지급된다.
⑤ 육아휴직수당은 만 8세 이하의 자녀를 양육하기 위하여 필요한 경우 지급된다.

23 월 급여액 200만 원인 C대리가 육아휴직을 받게 되었다. 이에 대한 다음의 설명 중 올바른 것은?

① 3월 1일부로 복직을 하였다면, 8월에 육아휴직수당 잔여분을 지급받게 된다.

② 육아휴직수당의 총 지급액은 100만 원이다.

③ 복직 후 3개월째에 퇴직을 할 경우, 휴가 중 지급받은 육아휴직수당을 회사에 반환해야 한다.

④ 복직 후에 육아휴직수당 총 지급액 중 12만 원을 지급받을 수 있다.

⑤ 육아휴직일수가 한 달이 되지 않는 경우는 일할 계산하여 지급한다.

 월 급여액이 200만 원이므로 총 지급액은 200만 원의 40퍼센트인 80만 원이며, 이는 50~100만 원 사이의 금액이므로 80만 원의 15퍼센트에 해당하는 금액인 12만 원이 복직 후에 지급된다.
① 3월 1일부로 복직을 하였다면, 6개월을 근무하고 7개월째인 9월에 육아휴직수당 잔여분을 지급받게 된다.
② 육아휴직수당의 총 지급액은 80만 원이다.
③ 복직 후 3개월째에 퇴직을 할 경우, 복직 후 지급받을 15퍼센트가 지급되지 않으며 휴가 중 지급받은 육아휴직수당을 회사에 반환할 의무 규정은 없다.
⑤ 육아휴직수당의 지급 대상은 30일 이상 휴직한 남·녀 직원이다.

Answer → 22.② 23.④

팀	주요 업무	필요 자질
영업관리	영업전략 수립, 단위조직 손익관리, 영업 인력 관리 및 지원	마케팅/유통/회계 지식, 대외 섭외력, 분석력
생산관리	원가/재고/외주 관리, 생산계획 수립	제조공정/회계/통계/제품 지식, 분석력, 계산력
생산기술	공정/시설 관리, 품질 안정화, 생산 검증, 생산력 향상	기계/전기 지식, 창의력, 논리력, 분석력
연구개발	신제품 개발, 제품 개선, 원재료 분석 및 기초 연구	연구 분야 전문 지식, 외국어 능력, 기획력, 시장분석력, 창의/집중력
기획	중장기 경영전략 수립, 경영정보 수집 및 분석, 투자사 관리, 손익 분석	재무/회계/경제/경영 지식, 창의력, 분석력, 전략적 사고
영업(국내/해외)	신시장 및 신규고객 발굴, 네트워크 구축, 거래선 관리	제품 지식, 협상력, 프레젠테이션 능력, 정보력, 도전정신
마케팅	시장조사, 마케팅 전략수립, 성과 관리, 브랜드 관리	마케팅/제품/통계 지식, 분석력, 통찰력, 의사결정력
총무	자산관리, 문서관리, 의전 및 비서, 행사 업무, 환경 등 위생관리	책임감, 협조성, 대외 섭외력, 부동산 및 보험 등 일반 지식
인사/교육	채용, 승진, 평가, 보상, 교육, 인재개발	조직구성 및 노사 이해력, 교육학 지식, 객관성, 사회성
홍보/광고	홍보, 광고, 언론/사내 PR, 커뮤니케이션	창의력, 문장력, 기획력, 매체의 이해

24 위의 업무분장 표를 참고할 때, 창의력과 분석력을 겸비한 경영학도인 신입사원이 배치되기에 가장 적합한 팀은?

① 연구개발팀   ② 홍보/광고팀
③ 마케팅팀   ④ 영업관리팀
⑤ 기획팀

 경영전략을 수립하고 각종 경영정보를 수집/분석하는 업무를 하는 기획팀에서 요구되는 자질은 재무/회계/경제/경영 지식, 창의력, 분석력, 전략적 사고 등이다.

25 다음 중 해당 팀 자체의 업무보다 타 팀 및 전사적인 업무 활동에 도움을 주는 업무가 주된 역할인 팀으로 묶인 것은?

① 총무팀, 마케팅팀
② 생산기술팀, 영업팀
③ 홍보/광고팀, 연구개발팀
④ 인사/교육팀, 생산관리팀
⑤ 홍보/광고팀, 총무팀

 지원본부의 역할은 생산이나 영업 등 자체의 활동보다 출장이나 교육 등 타 팀이나 전사 공통의 업무 활동에 있어 해당 조직 자체적인 역량으로 해결하기 어렵거나 곤란한 업무를 원활히 지원해 주는 일이 주된 업무 내용이 된다.
제시된 팀은 지원본부(기획, 총무, 인사/교육, 홍보/광고), 사업본부(마케팅, 영업, 영업관리), 생산본부(생산관리, 생산기술, 연구개발) 등으로 구분하여 볼 수 있다.

Answer ⟶ 24.⑤ 25.⑤

❙ 26~27 ❙ 다음 위임전결규정을 보고 이어지는 질문에 답하시오.

〈결재규정〉
- 결재를 받으려는 업무에 대해서는 최고결재권자(대표이사)를 포함한 이하 직책자의 결재를 받아야 한다.
- '전결'이라 함은 회사의 경영활동이나 관리활동을 수행함에 있어 의사 결정이나 판단을 요하는 일에 대하여 최고결재권자의 결재를 생략하고, 자신의 책임 하에 최종적으로 의사 결정이나 판단을 하는 행위를 말한다.
- 전결사항에 대해서도 위임 받은 자를 포함한 이하 직책자의 결재를 받아야 한다.
- 표시내용 : 결재를 올리는 자는 최고결재권자로부터 전결 사항을 위임 받은 자가 있는 경우 결재란에 전결이라고 표시하고 최종 결재권자란에 위임 받은 자를 표시한다. 다만, 결재가 불필요한 직책자의 결재란은 상향대각선으로 표시한다.
- 최고결재권자의 결재사항 및 최고결재권자로부터 위임된 전결사항은 아래의 표에 따른다.

구분	내용	금액기준	결재서류	팀장	본부장	대표이사
접대비	거래처 식대, 경조사비 등	20만 원 이하	접대비지출품의서 지출결의서	● ■		
		30만 원 이하			● ■	
		30만 원 초과				● ■
교통비	국내 출장비	30만 원 이하	출장계획서 출장비신청서	● ■		
		50만 원 이하		●	■	
		50만 원 초과		●		■
	해외 출장비			●		■
소모품비	사무용품		지출결의서	■		
	문서, 전산소모품					■
	기타 소모품	20만 원 이하		■		
		30만 원 이하			■	
		30만 원 초과				■
교육훈련비	사내외 교육		기안서 지출결의서	●		■
법인카드	법인카드 사용	50만 원 이하	법인카드신청서	■		
		100만 원 이하			■	
		100만 원 초과				■

※ ● : 기안서, 출장계획서, 접대비지출품의서
   ■ : 지출결의서, 세금계산서, 발행요청서, 각종신청서

26 홍 대리는 바이어 일행 내방에 따른 저녁 식사비로 약 120만 원의 지출 비용을 책정하였다. 법인 카드를 사용하여 이를 결제할 예정인 홍 대리가 작성해야 할 문서의 결재 양식으로 옳은 것은?

①

법인카드신청서			
결재 담당	팀장	본부장	대표이사
홍 대리			

②

접대비지출품의서			
결재 담당	팀장	본부장	대표이사
홍 대리			

③

법인카드신청서			
결재 담당	팀장	본부장	최종 결재
홍 대리			

④

접대비지출품의서			
결재 담당	팀장	본부장	대표이사
홍 대리		전결	

⑤

법인카드신청서			
결재 담당	팀장	본부장	대표이사
홍 대리			

(Tip) 100만 원을 초과하는 금액을 법인카드로 결제할 경우, 대표이사를 최종결재권자로 하는 법 인카드신청서를 작성해야 한다. 따라서 문서의 제목은 법인카드신청서가 되며, 대표이사가 최종결재권자이므로 결재란에 '전결' 또는 상향대각선 등 별다른 표기 없이 작성하면 된다.

Answer ↪ 26.①

27 권 대리는 광주로 출장을 가기 위하여 출장비 45만 원에 대한 신청서를 작성하려 한다. 권 대리가 작성해야 할 문서의 결재 양식으로 옳은 것은?

①

출장비신청서				
결재	담당	팀장	본부장	최종 결재
	권 대리			본부장

②

출장계획서				
결재	담당	팀장	본부장	최종 결재
	권 대리			／

③

출장계획서				
결재	담당	팀장	본부장	최종 결재
	권 대리		전결	／

④

출장비신청서				
결재	담당	팀장	본부장	최종 결재
	권 대리			／

⑤

출장비신청서				
결재	담당	팀장	본부장	최종 결재
	권 대리		전결	본부장

(Tip) 50만 원 이하의 출장비신청서가 필요한 경우이므로 전결규정에 의해 본부장을 최종 결재권자로 하는 출장비신청서가 필요하다. 따라서 본부장 결재란에는 '전결'이라고 표시하고 최종 결재권자란에 본부장이 결재를 하게 된다.

28 다음에 주어진 조직의 특성 중 유기적 조직에 대한 설명을 모두 고른 것은?

> ㉠ 구성원들의 업무가 분명하게 규정되어 있다.
> ㉡ 급변하는 환경에 적합하다.
> ㉢ 많은 규칙과 규정이 존재한다.
> ㉣ 엄격한 상하 간의 위계질서가 존재한다.
> ㉤ 비공식적인 상호의사소통이 원활하게 이루어진다.

① ㉡㉤
② ㉡㉠
③ ㉢㉤
④ ㉢㉣
⑤ ㉠㉡

 유기적 조직 : 의사결정권한이 조직의 하부구성원들에게 많이 위임되어 있으며 업무 또한 고정되지 않고 공유 가능한 조직이다. 유기적 조직에서는 비공식적인 상호의사소통이 원활히 이루어지며, 규제나 통제의 정도가 낮아 변화에 따라 쉽게 변할 수 있는 특징을 갖는다.

29 다음에서 설명하고 있는 조직은 무엇인가?

> • 구성원들의 업무가 분명하게 규정된다.
> • 엄격한 상하 간 위계질서가 있다.
> • 다수의 규칙과 규정이 존재한다.

① 정부 조직
② 기계적 조직
③ 유기적 조직
④ 환경적 조직
⑤ 전략적 조직

 조직구조의 유형
㉠ 기계적 조직
• 구성원들의 업무가 분명하게 규정
• 엄격한 상하 간 위계질서
• 다수의 규칙과 규정 존재
㉡ 유기적 조직
• 비공식적인 상호의사소통
• 급변하는 환경에 적합한 조직

Answer → 27.⑤ 28.① 29.②

▌30~31 ▌ 다음 조직도를 보고 이어지는 물음에 답하시오.

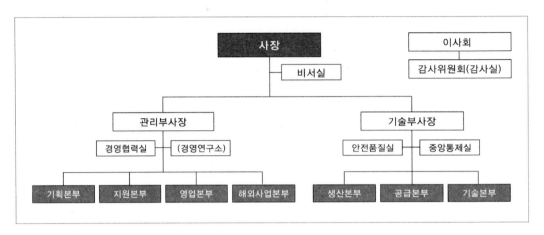

30 조직 및 인적 구성을 한눈에 알 수 있게 해 주는 위와 같은 조직도를 참고할 때, 하위 7개 본부 중 '인사노무처'와 '자원기술처'라는 명칭의 조직이 속한다고 볼 수 있는 본부로 가장 적절한 것은?

① 지원본부, 기술본부

② 기획본부, 생산본부

③ 영업본부, 공급본부

④ 지원본부, 생산본부

⑤ 기획본부, 공급본부

 인사노무처는 인력을 관리하고, 급여, 노사관리 등의 지원 업무가 주 활동이므로 지원본부, 자원기술처는 생산기술이나 자원 개발 등에 관한 기술적 노하우 등 자원 활용기술 업무가 주 활동이라고 판단할 수 있으므로 기술본부에 속하는 것이 가장 합리적인 조직 배치라고 할 수 있다.

31 위의 조직도에 대한 설명으로 적절하지 않은 것은?

① 업무의 내용이 유사하고 관련성이 있는 업무들을 결합해서 조직을 구성하였다.

② 위와 같은 조직도를 통해 조직에서 하는 일은 무엇이며, 조직구성원들이 어떻게 상호작용하는지를 파악할 수 있다.

③ 일반적으로 위와 같은 형태의 조직구조는 급변하는 환경변화에 효과적으로 대응하고 제품, 지역, 고객별 차이에 신속하게 적응하기에 적절한 구조는 아니다.

④ 산하 조직의 수가 더 많은 관리부사장이 기술부사장보다 강력한 권한과 지위를 갖는다.

⑤ 위와 같은 조직구조의 형태를 '기능적 조직구조'라고 한다.

 제시된 그림의 조직구조는 기능적 조직구조의 형태를 갖는다. 환경이 안정적이거나 일상적인 기술, 조직의 내부 효율성을 중요시하며 기업의 규모가 작을 때에는 업무의 내용이 유사하고 관련성이 있는 것들을 결합해서 제시된 그림과 같이 '기능적 조직구조' 형태를 이룬다. 또한, 급변하는 환경변화에 효과적으로 대응하고 제품, 지역, 고객별 차이에 신속하게 적응하기 위해서는 분권화된 의사결정이 가능한 '사업별 조직구조' 형태를 이룰 필요가 있다. 사업별 조직구조는 개별 제품, 서비스, 제품그룹, 주요 프로젝트나 프로그램 등에 따라 조직화되며 제품에 따라 조직이 구성되고 각 사업별 구조 아래 생산, 판매, 회계 등의 역할이 이루어진다.

한편, 업무적 중요도나 경영의 방향 등의 요소를 배제하고 단순히 산하 조직 수의 많고 적음으로 해당 조직의 장(長)의 권한과 파워가 결정된다고 볼 수는 없다.

Answer ↠ 30.① 31.④

32 조직문화는 과업지향, 관계지향, 위계지향, 혁신지향 문화로 분류된다. 다음 보기 중 과업지향 문화에 해당하는 것은?

> A : 엄격한 통제를 통한 결속과 안정성을 추구한다. 분명한 명령계통으로 조직의 통합을 이루는 일을 제일의 가치로 삼는다.
> B : 업무 수행의 효율성을 강조하여 목표 달성과 생산성 향상을 위해 전 조직원이 산출물 극대화를 위해 노력하는 문화가 조성되어 있다.
> C : 자율성과 개인의 책임을 강조한다. 고유 업무 뿐 아니라 근태 · 잔업 · 퇴근 후 시간 활용에 있어서도 정해진 흐름을 배제하고 개인의 자율과 그에 따른 책임을 강조한다.
> D : 구성원들 간의 완만한 관계를 맺고 서로 신뢰하며 팀워크를 강조한다.
> E : 직원에게 창의성과 기업가 정신을 강조한다. 또한, 조직의 유연성을 통해 외부 환경에의 적응력에 비중을 둔 조직문화를 가지고 있다.

① A ② B
③ C ④ D
⑤ E

과업지향	• 조직의 성과 달성과 과업 수행에 있어 효율성 강조 • 명확한 조직목표의 설정을 강조하며, 합리적 목표 달성을 위한 수단으로서 구성원의 전문능력을 중시하고, 구성원들 간의 경쟁을 주요 자극제로 활용
관계지향	• 조직 내 가족적인 분위기의 창출과 유지에 가장 큰 역점을 둠 • 조직 구성원의 소속감, 상호 신뢰, 인화/단결 및 팀워크, 참여 등이 핵심 가치로 자리 잡음
위계지향	• 조직 내부의 안정적이고 지속적인 통합/조정을 바탕으로 조직효율성 추구 • 분명한 위계질서와 명령계통, 공식적인 절차와 규칙을 중시
혁신지향	• 조직의 유연성 강조와 외부 환경에의 적응에 초점을 둠 • 적응과 조직성장을 뒷받침할 수 있는 적절한 자원획득이 중요하고, 구성원들의 창의성 및 기업가정신이 핵심 가치로 강조

33 다음 글에 나타난 집단에 관한 설명으로 옳지 않은 것은?

> • ○○ 집단은 정서적인 뜻에서의 친밀한 인간관계를 겨누어 사람들의 역할관계가 개인의 특성에 따라 자연적이고 비형식적으로 분화되어 있는 집단을 말한다.
> • ○○ 집단은 호손 실험에 의하여 '제1차 집단의 재발견'으로 평가되었으며, 그 특질은 자연발생적이며 심리집단적이고 결합 자체를 목적으로 하여 감정의 논리에 따라 유동적·비제도적으로 행동하는 데 있다.
> • 관료적인 거대조직에 있어서 인간회복의 수단으로 ○○ 집단을 유효하게 이용하여 관료제의 폐단을 완화하려는 발상이 생겨났는데, 이를 인간관계적 어프로치라고 한다.

① 조직에서 오는 소외감을 감소시켜 준다.
② 조직에서 의식적으로 만든 집단으로 집단의 목표, 임무가 명확하게 규정되어 있다.
③ 조직구성원들의 요구에 따라 자발적으로 형성된 집단이다.
④ 조직구성원들의 사기(morale)와 생산력을 높여 준다.
⑤ 조직구성원들의 상호의사소통이 활발하다.

Tip 제시된 글은 비공식 집단에 대한 설명이다.
②는 공식적 집단에 관한 설명이다.

34 다음 중 ㉠에 들어갈 경영전략 추진과정은?

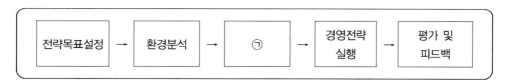

① 경영전략 구성　　　　　　② 경영전략 분석
③ 경영전략 도출　　　　　　④ 경영전략 제고
⑤ 경영전략 수정

Tip

전략목표설정	환경분석	경영전략 도출	경영전략 실행	평가 및 피드백
• 비전 설정 • 미션 설정	• 내부환경 분석 • 외부환경 분석(SWOT 등)	• 조직전략 • 사업전략 • 부문전략	• 경영목적 달성	• 경영전략 결과 평가 • 전략목표 및 경영전략 재조명

Answer→ 32.② 33.② 34.③

35 다음 중 조직목표의 기능이 아닌 것은?

① 조직이 존재하는 정당성과 합법성 제공

② 조직이 나아갈 방향 제시

③ 조직구성원 의사결정의 기준

④ 조직구성원 행동 억제

⑤ 조직구성원 행동수행의 동기유발

 조직목표의 기능
• 조직이 존재하는 정당성과 합법성 제공
• 조직이 나아갈 방향 제시
• 조직구성원 의사결정의 기준
• 조직구성원 행동수행의 동기유발
• 수행평가 기준
• 조직설계의 기준

36 다음 중 경영참가제도의 특징으로 옳지 않은 것은?

① 사측 단독으로 문제를 해결할 수 있다.

② 경영의 민주성을 제고할 수 있다.

③ 경영의 효율성을 통제할 수 있다.

④ 노사 간 상호 신뢰를 증진시킬 수 있다.

⑤ 경영참가, 이윤참가, 자본참가 유형이 있다.

 경영참가제도
㉠ 목적
• 경영의 민주성을 제고할 수 있다.
• 공동으로 문제를 해결하고 노사 간의 세력 균형을 이룰 수 있다.
• 경영의 효율성을 제고할 수 있다.
• 노사 간 상호 신뢰를 증진시킬 수 있다.
㉡ 유형
• **경영참가** : 경영자의 권한인 의사결정과정에 근로자 또는 노동조합이 참여하는 것
• **이윤참가** : 조직의 경영성과에 대하여 근로자에게 배분하는 것
• **자본참가** : 근로자가 조직 재산의 소유에 참여하는 것

37 다음 중 밑줄 친 ㈎와 ㈏에 대한 설명으로 적절하지 않은 것은?

> 조직 내에서는 ㈎개인이 단독으로 의사결정을 내리는 경우도 있지만 집단이 의사결정을 하기도 한다. 조직에서 여러 문제가 발생하면 직업인은 의사결정과정에 참여하게 된다. 이때 조직의 의사결정은 ㈏집단적으로 이루어지는 경우가 많으며, 여러 가지 제약요건이 존재하기 때문에 조직의 의사결정에 적합한 과정을 거쳐야 한다. 조직의 의사결정은 개인의 의사결정에 비해 복잡하고 불확실하다. 따라서 대부분 기존의 결정을 조금씩 수정해 나가는 방향으로 이루어진다.

① ㈎는 결정된 사항에 대해 조직 구성원이 수월하게 수용하지 않을 수 있다.
② ㈎는 신속한 의사결정을 내릴 수 있다.
③ ㈏는 의사소통 기회가 저하될 수 있다.
④ ㈏는 다양한 시각과 견해를 갖고 의사결정에 접근할 수 있다.
⑤ ㈎보다 ㈏가 효과적인 결정을 내릴 확률이 높다.

 집단의사결정은 한 사람이 가진 지식보다 집단이 갖고 있는 지식·정보가 더 많아 효과적인 결정을 할 수 있다. 또한 다양한 집단구성원이 갖고 있는 능력은 각기 다르므로 각자 다른 시각으로 문제를 바라봄에 따라 다양한 견해를 가지고 접근할 수 있다. 집단의사결정을 할 경우 결정된 사항에 대해 의사결정에 참여한 사람들이 해결책을 수월하게 수용하고, 의사소통의 기회도 향상되는 장점이 있다. 반면 의견이 불일치하는 경우 의사결정을 내리는 데 시간이 많이 소요되며, 특정 구성원들에 의해 의사결정이 독점될 가능성이 있다.

Answer↦ 35.④ 36.① 37.③

38 다음 글을 읽고 진성이가 소속된 부서로 알맞은 것은?

> 진성이가 소속된 부서는 매주 월요일마다 직원들이 모여 경영계획에 대한 회의를 한다. 이번 안건은 최근 문제가 된 중장기 사업계획으로, 이를 종합하여 조정을 하거나 적절하게 예산수립을 하기 위해 의견을 공유하는 자리가 되었다. 더불어 오후에는 기존의 사업의 손익을 추정하여 관리 및 분석을 통한 결과를 부장님께 보고하기로 하였다.

① 총무부   ② 인사부
③ 기획부   ④ 회계부
⑤ 영업부

 제시된 글은 기획부의 업무에 해당한다.

※ 업무의 종류
　㉠ **총무부** : 주주총회 및 이사회개최 관련 업무, 의전 및 비서업무, 집기비품 및 소모품의 구입과 관리, 사무실 임차 및 관리, 차량 및 통신시설의 운영, 국내외 출장 업무 협조, 복리후생 업무, 법률자문과 소송관리, 사내외 홍보 광고업무
　㉡ **인사부** : 조직기구의 개편 및 조정, 업무분장 및 조정, 인력수급계획 및 관리, 직무 및 정원의 조정 종합, 노사관리, 평가관리, 상벌관리, 인사발령, 교육체계 수립 및 관리, 임금제도, 복리후생제도 및 지원업무, 복무관리, 퇴직관리
　㉢ **기획부** : 경영계획 및 전략 수립, 전사기획업무 종합 및 조정, 중장기 사업계획의 종합 및 조정, 경영정보 조사 및 기획보고, 경영진단업무, 종합예산수립 및 실적관리, 단기사업계획 종합 및 조정, 사업계획, 손익추정, 실적관리 및 분석
　㉣ **회계부** : 회계제도의 유지 및 관리, 재무상태 및 경영실적 보고, 결산 관련 업무, 재무제표 분석 및 보고, 법인세, 부가가치세, 국세 지방세 업무자문 및 지원, 보험가입 및 보상업무, 고정자산 관련 업무
　㉤ **영업부** : 판매 계획, 판매예산의 편성, 시장조사, 광고 선전, 견적 및 계약, 제조지시서의 발행, 외상매출금의 청구 및 회수, 제품의 재고 조절, 거래처로부터의 불만처리, 제품의 애프터서비스, 판매원가 및 판매가격의 조사 검토

39 다음 중 준호가 소속되어있는 부서로 올바른 것은?

> 준호는 매일 아침 회사에 출근하여 그 날의 판매 계획 · 예산 · 시장 · 재고 등을 조사하여 정리한다. 또한 외상매출금이나 견적 및 계약 등의 문제를 해결하기 위해 자료를 조사 · 검토한다.

① 총무부   ② 인사부

③ 기획부   ④ 영업부

⑤ 회계부

 제시된 글은 영업부의 업무에 해당한다.

※ **영업부** : 판매 계획, 판매예산의 편성, 시장조사, 광고 선전, 견적 및 계약, 제조지시서의 발행, 외상매출금의 청구 및 회수, 제품의 재고 조절, 거래처로부터의 불만처리, 제품의 애프터서비스, 판매원가 및 판매가격의 조사 검토

40 다음 조직의 경영자에 대한 정의를 참고할 때, 경영자의 역할로 적절하지 않은 것은?

> 조직의 경영자는 조직의 전략, 관리 및 운영활동을 주관하며, 조직구성원들과 의사결정을 통해 조직이 나아갈 방향을 제시하고 조직의 유지와 발전에 대해 책임을 지는 사람이며, 조직의 변화방향을 설정하는 리더이며, 조직구성원들이 조직의 목표에 부합된 활동을 할 수 있도록 이를 결합시키고 관리하는 관리자이다.

① 외국의 유사 기관 기관장 일행의 방문을 맞이하여 업무협약서 체결을 지시한다.

② 우수한 인재를 뽑기 위한 구체적이고 개선된 채용 기준을 마련한다.

③ 미래전략을 연구하기 위해 기획조정실과의 회의를 주도한다.

④ 외부환경 변화를 주시하며 조직의 변화 방향을 설정한다.

⑤ 대외 협상을 주도하기 위한 자문위원을 선발한다.

 우수한 인재를 채용하고자 하는 등의 기본 방침을 설정하는 일은 조직 경영자로서의 역할이라고 할 수 있으나, 그에 따른 구체적인 채용 기준을 마련하는 일은 해당 산하 조직의 역할이라고 보아야 한다.

Answer → 38.③   39.④   40.②

41 다음 S 전자기업의 각 부서별 직원과 업무 간의 연결이 옳지 않은 것은?

① 영업부 김 대리 : 제품의 재고조절, 거래처로부터의 불만처리, 판매계획

② 회계부 이 과장 : 재무상태 및 경영실적 보고, 결산 관련 업무

③ 인사부 박 부장 : 인사발령 및 임금제도, 복리후생제도 및 지원업무, 퇴직관리

④ 총무부 정 사원 : 외상매출금의 청구 및 회수, 판매예산의 편성, 견적 및 계약

⑤ 기획부 오 대리 : 경영계획 및 전략수립, 경영진단업무, 단기사업계획 조정

> (Tip) 총무부는 주주총회 및 이사회개최 관련 업무, 의전 및 비서업무, 법률자문과 소송관리의 업무를 하며, 영업부가 외상매출금의 청구 및 회수, 판매예산의 편성, 견적 및 계약의 업무를 다룬다.

42 다음 그림과 같은 형태의 조직체계를 유지하는 기업에 대한 설명으로 적절한 것은?

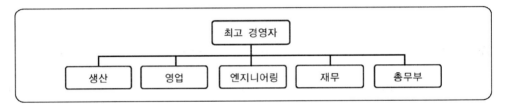

① 의사결정 권한이 분산되어 더욱 전문적인 업무 처리가 가능하다.

② 의사결정까지 시간이 오래 걸리므로 각 부서장의 역할이 매우 중요한 조직 구조이다.

③ 조직 내 내부 효율성을 확보할 수 있는 조직 구조이다.

④ 각 부서 간 내부 경쟁을 유발할 수 있다.

⑤ 다양한 프로젝트를 수행해야 할 필요성이 커짐에 따라 조직 간의 유기적인 협조체제를 구축하였다.

> (Tip) 하나의 의사결정권자의 지시와 부서별 업무 분화가 명확해, 전문성은 높아지고 유연성 및 유기성은 떨어지는 조직 구조라고 볼 수 있다. 또한 의사결정권자가 한 명으로 집중되면서 내부 효율성이 확보된다.

43 경영전략의 추진 과정으로 옳은 것은?

① 전략목표 설정 → 경영전략 도출 → 환경 분석 → 경영전략 실행 → 평가 및 피드백
② 전략목표 설정 → 환경 분석 → 경영전략 도출 → 경영전략 실행 → 평가 및 피드백
③ 전략목표 설정 → 환경 분석 → 경영전략 실행 → 경영전략 도출 → 평가 및 피드백
④ 전략목표 설정 → 경영전략 실행 → 환경 분석 → 경영전략 도출 → 평가 및 피드백
⑤ 전략목표 설정 → 경영전략 실행 → 경영전략 도출 → 환경 분석 → 평가 및 피드백

 경영전략의 추진 과정… 전략목표 설정 → 환경 분석 → 경영전략 도출 → 경영전략 실행 → 평가 및 피드백

44 국제동향 파악 방법으로 옳지 않은 것은?

① 관련 분야 해외 사이트를 방문하여 최신 이슈를 확인한다.
② 해외 서점 사이트를 방문해 최신 서적 목록과 주요 내용을 파악한다.
③ 업무와 관련된 국제잡지를 정기 구독한다.
④ 일주일에 한 번씩 신문의 국제면을 읽는다.
⑤ 국제학술대회에 참여한다.

 ④ 매일 신문의 국제면을 읽는다.
　　※ **국제동향 파악 방법**
　　　㉠ 관련 분야 해외 사이트를 방문하여 최신 이슈를 확인한다.
　　　㉡ 매일 신문의 국제면을 읽는다.
　　　㉢ 업무와 관련된 국제잡지를 정기 구독한다.
　　　㉣ 노동부, 한국산업인력공단, 산업자원부, 중소기업청, 상공회의소, 산업별인적자원개발협의체 등의 사이트를 방문해 국제동향을 확인한다.
　　　㉤ 국제학술대회에 참석한다.
　　　㉥ 업무와 관련된 주요 용어의 외국어를 알아둔다.
　　　㉦ 해외 서점 사이트를 방문해 최신 서적 목록과 주요 내용을 파악한다.
　　　㉧ 외국인 친구를 사귀고 대화를 자주 나눈다.

Answer→ 41.④　42.③　43.②　44.④

45 조직변화 과정의 순서로 옳은 것은?

① 조직변화 방향 수립→환경변화 인지→조직변화 실행→변화결과 평가
② 환경변화 인지→조직변화 실행→조직변화 방향 수립→변화결과 평가
③ 조직변화 실행→조직변화 방향 수립→환경변화 인지→변화결과 평가
④ 환경변화 인지→조직변화 방향 수립→조직변화 실행→변화결과 평가
⑤ 조직변화 실행→환경변화 인지→조직변화 방향 수립→변화결과 평가

 조직변화의 과정 … 환경변화 인지→조직변화 방향 수립→조직변화 실행→변화결과 평가

46 다음 <보기>에서 조직문화의 형태와 특징에 대한 설명 중 옳은 것을 모두 고른 것은?

> ㉠ 관계를 지향하는 조직문화는 구성원들의 상호 신뢰와 인화 단결을 중요시한다.
> ㉡ 과업을 지향하는 조직문화는 업무 수행의 효율성을 강조한다.
> ㉢ 위계를 지향하는 조직문화는 조직원 개개인의 능력과 개성을 존중한다.
> ㉣ 혁신을 지향하는 조직문화는 조직의 유연성과 외부 환경에의 적응에 초점을 둔다.

① ㉠㉡㉢
② ㉠㉡㉣
③ ㉠㉢㉣
④ ㉡㉢㉣
⑤ ㉠㉡㉢㉣

 ㉢ 위계를 강조하는 조직문화는 조직 내부의 안정적이고 지속된 통합, 조정을 바탕으로 일사불란한 조직 운영의 효율성을 추구하게 되는 특징이 있다. 조직원 개개인의 능력과 개성을 존중하는 모습은 혁신과 관계를 지향하는 조직문화에서 찾아볼 수 있는 특징이다.

47 한국금융그룹사(계열사 : 한국은행, 한국카드, 한국증권사)의 본사 총무 부서에 근무 중인 A는 2017년에 10년째를 맞이하는 '우수 직원 해외연수단'을 편성하기 위해 각 계열사에 공문을 보내고자 한다. 한국은행의 경우 3년차 직원, 한국카드는 5년차 직원, 한국증권사는 7년차 직원 중 희망자를 대상으로 인사부의 Y 부장은 P 과장에게 결재권한을 위임하였다. 기안문을 작성할 때, ㈎~㈑에 들어갈 내용으로 적절한 것은?

(㈎)

수신자 : 한국은행, 한국카드, 한국증권사

(경유)

제목 : (㈏)

---

1. 서무 1056-2431(2017. 02. 03.)과 관련입니다.
2. 2017년도 우수 직원을 대상으로 해외연수단을 편성하고자 하오니, 회사에 재직 중인 직원 중 기본적 영어회화가 가능하며 글로벌 감각이 뛰어난 사원을 다음 사항을 참고로 선별하여 2017. 03. 03.까지 통보해 주시기 바랍니다.

- 다음 -

가. 참가범위
　　1) 한국은행 : 3년차 직원 중 희망자
　　2) 한국카드 : (㈐)
　　3) 한국증권사 : (㈑)
나. 아울러 지난해에 참가했던 책임자와 직원은 제외시켜 주시기 바라며, 지난해 참가 직원 명단을 첨부하니 참고하시기 바랍니다.
첨부 : 2016년도 참가 직원 명단 1부. 끝.

한 국 금 융 그 룹 사 장

사원 A　　　　　　　　　　계장 B　　　　　　　　　　과장 ㈒ P
협조자
시행 총무부-27(1.19)
접수 우13456 주소 서울 강남구 오공로75 5F / www.hkland.co.kr
전화 (02-256-3456) 팩스(02-257-3456) / webmaster@hkland.com / 완전공개

---

① ㈎ 한국은행그룹사　　　　　　② ㈏ 2016년도 우수 직원 해외연수단 편성
③ ㈐ 4년차 직원 중 희망자　　　　④ ㈑ 7년차 직원 중 희망자
⑤ ㈒ 대결

 ㈎ 한국금융그룹사, ㈏ 2017년도 우수 직원 해외연수단 편성, ㈐ 5년차 직원 중 희망자, ㈒ 전결이다.

48 다음 표를 참고할 때, 적절한 행위로 볼 수 없는 것은?

업무내용(소요예산 기준)	전결권자				이사장
	팀원	팀장	국(실)장	이사	
1. 공사 도급					
3억 원 이상					o
1억 원 이상				o	
1억 원 미만			o		
1,000만 원 이하	o				
2. 물품(비품, 사무용품 등) 제조/구매 및 용역					
3억 원 이상					o
1억 원 이상				o	
1억 원 미만			o		
1,000만 원 이하	o				
3. 물품 수리					
500만 원 이상			o		
500만원 미만	o				
4. 자산의 임(대)차 계약					
1억 원 이상					o
1억 원 미만				o	
5,000만 원 미만			o		
5. 기타 사업비 예산집행 기본품의					
1,000만 원 이상			o		
1,000만 원 미만	o				

① 소요예산이 800만 원인 인쇄물의 구매 건은 팀장의 전결 사항이다.
② 소요예산이 600만 원인 물품수리 건은 이사의 결재가 필요하지 않다.
③ 기타 사업비 관련 품의서는 금액에 상관없이 국장이 전결권자이다.
④ 국장이 부재 중일 경우, 소요예산 5,000만 원인 공사 도급 계약은 팀장이 전결권자다.
⑤ 이사장이 부재 중일 경우, 소요예산이 2억 원인 자산 임대차 계약은 국장이 전결권자다.

Tip 차상위자가 전결권자가 되어야 하므로 이사가 전결권자가 되어야한다.

|49~50 | 다음 결재규정을 보고 주어진 상황에 알맞게 작성된 양식을 고르시오.

<결재규정>

- 결재를 받으려면 업무에 대해서는 최고결재권자(대표이사)를 포함한 이하 직책자의 결재를 받아야 한다.
- '전결'이라 함은 회사의 경영활동이나 관리활동을 수행함에 있어 의사결정이나 판단을 요하는 일에 대하여 최고결재권자의 결재를 생략하고, 자신의 책임 하에 최종적으로 의사결정이나 판단을 하는 행위를 말한다.
- 전결사항에 대해서도 위임 받은 자를 포함한 이하 직책자의 결재를 받아야 한다.
- 표시내용 : 결재를 올리는 자는 최고결재권자로부터 전결사항을 위임 받은 자가 있는 경우 결재란에 전결이라고 표시하고 최종 결재권자에 위임 받은 자를 표시한다. 다만, 결재가 불필요한 직책자의 결재란은 상황대각선으로 표시한다.
- 최고결재권자의 결재사항 및 최고결재권자로부터 위임된 전결사항은 다음의 표에 따른다.

구분	내용	금액기준	결재서류	팀장	본부장	대표이사
접대비	거래처 식대, 경조사비 등	20만 원 이하	접대비지출품의서 지출결의서	● ■		
		30만 원 이하			● ■	
		30만 원 초과				● ■
교통비	국내 출장비	30만 원 이하	출장계획서 출장비신청서	● ■		
		50만 원 이하		●	■	
		50만 원 초과		●		■
	해외 출장비			●		■
소모품비	사무용품		지출결의서	■		
	문서, 전산소모품					■
	기타 소모품	20만 원 이하		■		
		30만 원 이하			■	
		30만 원 초과				■
교육 훈련비	사내외 교육		기안서 지출결의서	●		■
법인카드	법인카드 사용	50만 원 이하	법인카드신청서	■		
		100만 원 이하			■	
		100만 원 초과				■

- ● : 기안서, 출장계획서, 접대비지출품의서
- ■ : 지출결의서, 세금계산서, 발행요청서, 각종 신청서

49 영업부 사원 L씨는 편집부 K씨의 부친상에 부조금 50만 원을 회사 명의로 지급하기로 하였다. L 씨가 작성한 결재 방식은?

①

접대비지출품의서			
담당	팀장	본부장	최종 결재
L			팀장

②

접대비지출품의서			
담당	팀장	본부장	최종 결재
L		전결	본부장

③

지출결의서			
담당	팀장	본부장	최종 결재
L	전결		대표이사

④

지출결의서			
담당	팀장	본부장	최종 결재
L			대표이사

⑤

지출결의서			
담당	팀장	본부장	최종 결재
	L		대표이사

 경조사비는 접대비에 해당하므로 접대비지출품의서나 지출결의서를 작성하고 30만 원을 초과하였으므로 결재권자는 대표이사에게 있다. 또한 누구에게도 전결되지 않았다.

50 영업부 사원 I씨는 거래업체 직원들과 저녁 식사를 위해 270,000원을 지불하였다. I씨가 작성해야 하는 결재 방식으로 옳은 것은?

① 접대비지출품의서

결 재	담당	팀장	본부장	최종 결재
	I			전결

② 접대비지출품의서

결 재	담당	팀장	본부장	최종 결재
	I	전결		본부장

③ 지출결의서

결 재	담당	팀장	본부장	최종 결재
	I	전결		본부장

④ 접대비지출품의서

결 재	담당	팀장	본부장	최종 결재
	I		전결	본부장

⑤ 지출결의서

결 재	담당	팀장	본부장	최종 결재
	I			팀장

 거래처 식대이므로 접대비지출품의서나 지출결의서를 작성하고 30만 원 이하이므로 최종 결재는 본부장이 한다. 본부장이 최종 결재를 하고 본부장 란에는 전결을 표시한다.

Answer 49.④ 50.④

PART

III

인성검사

01 인성검사의 개요

02 실전 인성검사

01 인성검사의 개요

1 인성검사의 개념과 목적

인성(성격)이란 개인을 특징짓는 평범하고 일상적인 사회적 이미지, 즉 지속적이고 일관된 공적 성격(Public – personality)이며, 환경에 대응함으로써 선천적·후천적 요소의 상호작용으로 결정화된 심리적·사회적 특성 및 경향을 의미한다.

인성검사는 직무적성검사를 실시하는 대부분의 기업체에서 병행하여 실시하고 있으며, 인성검사만 독자적으로 실시하는 기업도 있다.

기업체에서는 인성검사를 통하여 각 개인이 어떠한 성격 특성이 발달되어 있고, 어떤 특성이 얼마나 부족한지, 그것이 해당 직무의 특성 및 조직문화와 얼마나 맞는지를 알아보고 이에 적합한 인재를 선발하고자 한다. 또한 개인에게 적합한 직무 배분과 부족한 부분을 교육을 통해 보완하도록 할 수 있다.

인성검사의 측정요소는 검사방법에 따라 차이가 있다. 또한 각 기업체들이 사용하고 있는 인성검사는 기존에 개발된 인성검사방법에 각 기업체의 인재상을 적용하여 자신들에게 적합하게 재개발하여 사용하는 경우가 많다. 그러므로 기업체에서 요구하는 인재상을 파악하여 그에 따른 대비책을 준비하는 것이 바람직하다. 본서에서 제시된 인성검사는 크게 '특성'과 '유형'의 측면에서 측정하게 된다.

2 성격의 특성

(1) 정서적 측면

정서적 측면은 평소 마음의 당연시하는 자세나 정신상태가 얼마나 안정되어 있는지 또는 불안정한지를 측정한다.

정서의 상태는 직무수행이나 대인관계와 관련하여 태도나 행동으로 드러난다. 그러므로 정서적 측면을 측정하는 것에 의해, 장래 조직 내의 인간관계에 어느 정도 잘 적응할 수 있을까(또는 적응하지 못할까)를 예측하는 것이 가능하다.

그렇기 때문에, 정서적 측면의 결과는 채용 시에 상당히 중시된다. 아무리 능력이 좋아도 장기적으로 조직 내의 인간관계에 잘 적응할 수 없다고 판단되는 인재는 기본적으로는 채용되지 않는다.

일반적으로 인성(성격)검사는 채용과는 관계없다고 생각하나 정서적으로 조직에 적응하지 못하는 인재는 채용단계에서 가려내지는 것을 유의하여야 한다.

① 민감성(신경도) … 꼼꼼함, 섬세함, 성실함 등의 요소를 통해 일반적으로 신경질적인지 또는 자신의 존재를 위협받는다는 불안을 갖기 쉬운지를 측정한다.

질문	전혀 그렇지 않다	그렇지 않다	그렇다	매우 그렇다
• 배려적이라고 생각한다. • 어지러진 방에 있으면 불안하다. • 실패 후에는 불안하다. • 세세한 것까지 신경쓴다. • 이유 없이 불안할 때가 있다.				

▶측정결과

㉠ '그렇다'가 많은 경우(상처받기 쉬운 유형) : 사소한 일에 신경 쓰고 다른 사람의 사소한 한마디 말에 상처를 받기 쉽다.

• 면접관의 심리 : '동료들과 잘 지낼 수 있을까?', '실패할 때마다 위축되지 않을까?'

• 면접대책 : 다소 신경질적이라도 능력을 발휘할 수 있다는 평가를 얻도록 한다. 주변과 충분한 의사소통이 가능하고, 결정한 것을 실행할 수 있다는 것을 보여주어야 한다.

㉡ '그렇지 않다'가 많은 경우(정신적으로 안정적인 유형) : 사소한 일에 신경 쓰지 않고 금방 해결하며, 주위 사람의 말에 과민하게 반응하지 않는다.

• 면접관의 심리 : '계약할 때 필요한 유형이고, 사고 발생에도 유연하게 대처할 수 있다.'

• 면접대책 : 일반적으로 '민감성'의 측정치가 낮으면 플러스 평가를 받으므로 더욱 자신감 있는 모습을 보여준다.

② **자책성(과민도)** ··· 자신을 비난하거나 책망하는 정도를 측정한다.

질문	전혀 그렇지 않다	그렇지 않다	그렇다	매우 그렇다
• 후회하는 일이 많다.				
• 자신이 하찮은 존재라 생각된다.				
• 문제가 발생하면 자기의 탓이라고 생각한다.				
• 무슨 일이든지 끙끙대며 진행하는 경향이 있다.				
• 온순한 편이다.				

▶측정결과

㉠ '그렇다'가 많은 경우(자책하는 유형) : 비관적이고 후회하는 유형이다.
• 면접관의 심리 : '끙끙대며 괴로워하고, 일을 진행하지 못할 것 같다.'
• 면접대책 : 기분이 저조해도 항상 의욕을 가지고 생활하는 것과 책임감이 강하다는 것을 보여준다.

㉡ '그렇지 않다'가 많은 경우(낙천적인 유형) : 기분이 항상 밝은 편이다.
• 면접관의 심리 : '안정된 대인관계를 맺을 수 있고, 외부의 압력에도 흔들리지 않는다.'
• 면접대책 : 일반적으로 '자책성'의 측정치가 낮아야 좋은 평가를 받는다.

③ **기분성(불안도)** ··· 기분의 굴곡이나 감정적인 면의 미숙함이 어느 정도인지를 측정하는 것이다.

질문	전혀 그렇지 않다	그렇지 않다	그렇다	매우 그렇다
• 다른 사람의 의견에 자신의 결정이 흔들리는 경우가 많다.				
• 기분이 쉽게 변한다.				
• 종종 후회한다.				
• 다른 사람보다 의지가 약한 편이라고 생각한다.				
• 금방 싫증을 내는 성격이라는 말을 자주 듣는다.				

▶측정결과

㉠ '그렇다'가 많은 경우(감정의 기복이 많은 유형) : 의지력보다 기분에 따라 행동하기 쉽다.
- 면접관의 심리 : '감정적인 것에 약하며, 상황에 따라 생산성이 떨어지지 않을까?'
- 면접대책 : 주변 사람들과 항상 협조한다는 것을 강조하고 한결같은 상태로 일할 수 있다는 평가를 받도록 한다.

㉡ '그렇지 않다'가 많은 경우(감정의 기복이 적은 유형) : 감정의 기복이 없고, 안정적이다.
- 면접관의 심리 : '안정적으로 업무에 임할 수 있다.'
- 면접대책 : 기분성의 측정치가 낮으면 플러스 평가를 받으므로 자신감을 가지고 면접에 임한다.

④ 독자성(개인도) … 주변에 대한 견해나 관심, 자신의 견해나 생각에 어느 정도의 속박감을 가지고 있는지를 측정한다.

질문	전혀 그렇지 않다	그렇지 않다	그렇다	매우 그렇다
• 창의적 사고방식을 가지고 있다. • 융통성이 있는 편이다. • 혼자 있는 편이 많은 사람과 있는 것보다 편하다. • 개성적이라는 말을 듣는다. • 교제는 번거로운 것이라고 생각하는 경우가 많다.				

▶측정결과

㉠ '그렇다'가 많은 경우 : 자기의 관점을 중요하게 생각하는 유형으로, 주위의 상황보다 자신의 느낌과 생각을 중시한다.
- 면접관의 심리 : '제멋대로 행동하지 않을까?'
- 면접대책 : 주위 사람과 협조하여 일을 진행할 수 있다는 것과 상식에 얽매이지 않는다는 인상을 심어준다.

㉡ '그렇지 않다'가 많은 경우 : 상식적으로 행동하고 주변 사람의 시선에 신경을 쓴다.
- 면접관의 심리 : '다른 직원들과 협조하여 업무를 진행할 수 있겠다.'
- 면접대책 : 협조성이 요구되는 기업체에서는 플러스 평가를 받을 수 있다.

⑤ **자신감**(자존심도) … 자기 자신에 대해 얼마나 긍정적으로 평가하는지를 측정한다.

질문	전혀 그렇지 않다	그렇지 않다	그렇다	매우 그렇다
• 다른 사람보다 능력이 뛰어나다고 생각한다. • 다소 반대의견이 있어도 나만의 생각으로 행동할 수 있다. • 나는 다른 사람보다 기가 센 편이다. • 동료가 나를 모욕해도 무시할 수 있다. • 대개의 일을 목적한 대로 헤쳐나갈 수 있다고 생각한다.				

▶**측정결과**

㉠ '그렇다'가 많은 경우 : 자기 능력이나 외모 등에 자신감이 있고, 비판당하는 것을 좋아하지 않는다.
• 면접관의 심리 : '자만하여 지시에 잘 따를 수 있을까?'
• 면접대책 : 다른 사람의 조언을 잘 받아들이고, 겸허하게 반성하는 면이 있다는 것을 보여주고, 동료들과 잘 지내며 리더의 자질이 있다는 것을 강조한다.

㉡ '그렇지 않다'가 많은 경우 : 자신감이 없고 다른 사람의 비판에 약하다.
• 면접관의 심리 : '패기가 부족하지 않을까?', '쉽게 좌절하지 않을까?'
• 면접대책 : 극도의 자신감 부족으로 평가되지는 않는다. 그러나 마음이 약한 면은 있지만 의욕적으로 일을 하겠다는 마음가짐을 보여준다.

⑥ **고양성**(분위기에 들뜨는 정도) … 자유분방함, 명랑함과 같이 감정(기분)의 높고 낮음의 정도를 측정한다.

질문	전혀 그렇지 않다	그렇지 않다	그렇다	매우 그렇다
• 침착하지 못한 편이다. • 다른 사람보다 쉽게 우쭐해진다. • 모든 사람이 아는 유명인사가 되고 싶다. • 모임이나 집단에서 분위기를 이끄는 편이다. • 취미 등이 오랫동안 지속되지 않는 편이다.				

▶측정결과

㉠ '그렇다'가 많은 경우 : 자극이나 변화가 있는 일상을 원하고 기분을 들뜨게 하는 사람과 친밀하게 지내는 경향이 강하다.
- 면접관의 심리 : '일을 진행하는 데 변덕스럽지 않을까?'
- 면접대책 : 밝은 태도는 플러스 평가를 받을 수 있지만, 착실한 업무능력이 요구되는 직종에서는 마이너스 평가가 될 수 있다. 따라서 자기조절이 가능하다는 것을 보여준다.

㉡ '그렇지 않다'가 많은 경우 : 감정이 항상 일정하고, 속을 드러내 보이지 않는다.
- 면접관의 심리 : '안정적인 업무 태도를 기대할 수 있겠다.'
- 면접대책 : '고양성'의 낮음은 대체로 플러스 평가를 받을 수 있다. 그러나 '무엇을 생각하고 있는지 모르겠다' 등의 평을 듣지 않도록 주의한다.

⑦ 허위성(진위성) … 필요 이상으로 자기를 좋게 보이려 하거나 기업체가 원하는 '이상형'에 맞춘 대답을 하고 있는지, 없는지를 측정한다.

질문	전혀 그렇지 않다	그렇지 않다	그렇다	매우 그렇다
• 약속을 깨뜨린 적이 한 번도 없다. • 다른 사람을 부럽다고 생각해 본 적이 없다. • 꾸지람을 들은 적이 없다. • 사람을 미워한 적이 없다. • 화를 낸 적이 한 번도 없다.				

▶측정결과

㉠ '그렇다'가 많은 경우 : 실제의 자기와는 다른, 말하자면 원칙으로 해답할 가능성이 있다.
- 면접관의 심리 : '거짓을 말하고 있다.'
- 면접대책 : 조금이라도 좋게 보이려고 하는 '거짓말쟁이'로 평가될 수 있다. '거짓을 말하고 있다.'는 마음 따위가 전혀 없다 해도 결과적으로는 정직하게 답하지 않는다는 것이 되어 버린다. '허위성'의 측정 질문은 구분되지 않고 다른 질문 중에 섞여 있다. 그러므로 모든 질문에 솔직하게 답하여야 한다. 또한 자기 자신과 너무 동떨어진 이미지로 답하면 좋은 결과를 얻지 못한다. 그리고 면접에서 '허위성'을 기본으로 한 질문을 받게 되므로 당황하거나 또다른 모순된 답변을 하게 된다. 겉치레를 하거나 무리한 욕심을 부리지 말고 '이런 사회인이 되고 싶다.'는 현재의 자신보다, 조금 성장한 자신을 표현하는 정도가 적당하다.

㉡ '그렇지 않다'가 많은 경우 : 냉정하고 정직하며, 외부의 압력과 스트레스에 강한 유형이다. '대쪽 같음'의 이미지가 굳어지지 않도록 주의한다.

(2) 행동적인 측면

행동적 측면은 인격 중에 특히 행동으로 드러나기 쉬운 측면을 측정한다. 사람의 행동 특징 자체에는 선도 악도 없으나, 일반적으로는 일의 내용에 의해 원하는 행동이 있다. 때문에 행동적 측면은 주로 직종과 깊은 관계가 있는데 자신의 행동 특성을 살려 적합한 직종을 선택한다면 플러스가 될 수 있다.

행동 특성에서 보여지는 특징은 면접장면에서도 드러나기 쉬운데 본서의 모의 TEST의 결과를 참고하여 자신의 태도, 행동이 면접관의 시선에 어떻게 비치는지를 점검하도록 한다.

① **사회적 내향성** … 대인관계에서 나타나는 행동경향으로 '낯가림'을 측정한다.

질문	선택
A : 파티에서는 사람을 소개받은 편이다. B : 파티에서는 사람을 소개하는 편이다.	
A : 처음 보는 사람과는 어색하게 시간을 보내는 편이다. B : 처음 보는 사람과는 즐거운 시간을 보내는 편이다.	
A : 친구가 적은 편이다. B : 친구가 많은 편이다.	
A : 자신의 의견을 말하는 경우가 적다. B : 자신의 의견을 말하는 경우가 많다.	
A : 사교적인 모임에 참석하는 것을 좋아하지 않는다. B : 사교적인 모임에 항상 참석한다.	

▶측정결과

㉠ 'A'가 많은 경우 : 내성적이고 사람들과 접하는 것에 소극적이다. 자신의 의견을 말하지 않고 조심스러운 편이다.
- 면접관의 심리 : '소극적인데 동료와 잘 지낼 수 있을까?'
- 면접대책 : 대인관계를 맺는 것을 싫어하지 않고 의욕적으로 일을 할 수 있다는 것을 보여준다.

㉡ 'B'가 많은 경우 : 사교적이고 자기의 생각을 명확하게 전달할 수 있다.
- 면접관의 심리 : '사교적이고 활동적인 것은 좋지만, 자기주장이 너무 강하지 않을까?'
- 면접대책 : 협조성을 보여주고, 자기주장이 너무 강하다는 인상을 주지 않도록 주의한다.

② 내성성(침착도) … 자신의 행동과 일에 대해 침착하게 생각하는 정도를 측정한다.

질문	선택
A : 시간이 걸려도 침착하게 생각하는 경우가 많다.	
B : 짧은 시간에 결정을 하는 경우가 많다.	
A : 실패의 원인을 찾고 반성하는 편이다.	
B : 실패를 해도 그다지(별로) 개의치 않는다.	
A : 결론이 도출되어도 몇 번 정도 생각을 바꾼다.	
B : 결론이 도출되면 신속하게 행동으로 옮긴다.	
A : 여러 가지 생각하는 것이 능숙하다.	
B : 여러 가지 일을 재빨리 능숙하게 처리하는 데 익숙하다.	
A : 여러 가지 측면에서 사물을 검토한다.	
B : 행동한 후 생각을 한다.	

▶측정결과

㉠ 'A'가 많은 경우 : 행동하기 보다는 생각하는 것을 좋아하고 신중하게 계획을 세워 실행한다.
 • 면접관의 심리 : '행동으로 실천하지 못하고, 대응이 늦은 경향이 있지 않을까?'
 • 면접대책 : 발로 뛰는 것을 좋아하고, 일을 더디게 한다는 인상을 주지 않도록 한다.

㉡ 'B'가 많은 경우 : 차분하게 생각하는 것보다 우선 행동하는 유형이다.
 • 면접관의 심리 : '생각하는 것을 싫어하고 경솔한 행동을 하지 않을까?'
 • 면접대책 : 계획을 세우고 행동할 수 있는 것을 보여주고 '사려깊다'라는 인상을 남기도록 한다.

③ **신체활동성** … 몸을 움직이는 것을 좋아하는가를 측정한다.

질문	선택
A : 민첩하게 활동하는 편이다. B : 준비행동이 없는 편이다.	
A : 일을 척척 해치우는 편이다. B : 일을 더디게 처리하는 편이다.	
A : 활발하다는 말을 듣는다. B : 얌전하다는 말을 듣는다.	
A : 몸을 움직이는 것을 좋아한다. B : 가만히 있는 것을 좋아한다.	
A : 스포츠를 하는 것을 즐긴다. B : 스포츠를 보는 것을 좋아한다.	

▶측정결과

㉠ 'A'가 많은 경우 : 활동적이고, 몸을 움직이게 하는 것이 컨디션이 좋다.
  • 면접관의 심리 : '활동적으로 활동력이 좋아 보인다.'
  • 면접대책 : 활동하고 얻은 성과 등과 주어진 상황의 대응능력을 보여준다.
㉡ 'B'가 많은 경우 : 침착한 인상으로, 차분하게 있는 타입이다.
  • 면접관의 심리 : '좀처럼 행동하려 하지 않아 보이고, 일을 빠르게 처리할 수 있을까?'

④ **지속성(노력성)** … 무슨 일이든 포기하지 않고 끈기 있게 하려는 정도를 측정한다.

질문	선택
A : 일단 시작한 일은 시간이 걸려도 끝까지 마무리한다. B : 일을 하다 어려움에 부딪히면 단념한다.	
A : 끈질긴 편이다. B : 바로 단념하는 편이다.	
A : 인내가 강하다는 말을 듣는다. B : 금방 싫증을 낸다는 말을 듣는다.	
A : 집념이 깊은 편이다. B : 담백한 편이다.	
A : 한 가지 일에 구애되는 것이 좋다고 생각한다. B : 간단하게 체념하는 것이 좋다고 생각한다.	

▶측정결과

㉠ 'A'가 많은 경우 : 시작한 것은 어려움이 있어도 포기하지 않고 인내심이 높다.
- 면접관의 심리 : '한 가지의 일에 너무 구애되고, 업무의 진행이 원활할까?'
- 면접대책 : 인내력이 있는 것은 플러스 평가를 받을 수 있지만 집착이 강해 보이기도 한다.

㉡ 'B'가 많은 경우 : 뒤끝이 없고 조그만 실패로 일을 포기하기 쉽다.
- 면접관의 심리 : '질리는 경향이 있고, 일을 정확히 끝낼 수 있을까?'
- 면접대책 : 지속적인 노력으로 성공했던 사례를 준비하도록 한다.

⑤ 신중성(주의성) … 자신이 처한 주변상황을 즉시 파악하고 자신의 행동이 어떤 영향을 미치는지를 측정한다.

질문	선택
A : 여러 가지로 생각하면서 완벽하게 준비하는 편이다. B : 행동할 때부터 임기응변적인 대응을 하는 편이다.	
A : 신중해서 타이밍을 놓치는 편이다. B : 준비 부족으로 실패하는 편이다.	
A : 자신은 어떤 일에도 신중히 대응하는 편이다. B : 순간적인 충동으로 활동하는 편이다.	
A : 시험을 볼 때 끝날 때까지 재검토하는 편이다. B : 시험을 볼 때 한 번에 모든 것을 마치는 편이다.	
A : 일에 대해 계획표를 만들어 실행한다. B : 일에 대한 계획표 없이 진행한다.	

▶측정결과

㉠ 'A'가 많은 경우 : 주변 상황에 민감하고, 예측하여 계획 있게 일을 진행한다.
- 면접관의 심리 : '너무 신중해서 적절한 판단을 할 수 있을까?', '앞으로의 상황에 불안을 느끼지 않을까?'
- 면접대책 : 예측을 하고 실행을 하는 것은 플러스 평가가 되지만, 너무 신중하면 일의 진행이 정체될 가능성을 보이므로 추진력이 있다는 강한 의욕을 보여준다.

㉡ 'B'가 많은 경우 : 주변 상황을 살펴보지 않고 착실한 계획 없이 일을 진행시킨다.
- 면접관의 심리 : '사려 깊지 않고, 실패하는 일이 많지 않을까?', '판단이 빠르고 유연한 사고를 할 수 있을까?'
- 면접대책 : 사전준비를 중요하게 생각하고 있다는 것 등을 보여주고, 경솔한 인상을 주지 않도록 한다. 또한 판단력이 빠르거나 유연한 사고 덕분에 일 처리를 잘 할 수 있다는 것을 강조한다.

(3) 의욕적인 측면

의욕적인 측면은 의욕의 정도, 활동력의 유무 등을 측정한다. 여기서의 의욕이란 우리들이 보통 말하고 사용하는 '하려는 의지'와는 조금 뉘앙스가 다르다. '하려는 의지'란 그 때의 환경이나 기분에 따라 변화하는 것이지만, 여기에서는 조금 더 변화하기 어려운 특징, 말하자면 정신적 에너지의 양으로 측정하는 것이다.

의욕적 측면은 행동적 측면과는 다르고, 전반적으로 어느 정도 점수가 높은 쪽을 선호한다. 모의검사의 의욕적 측면의 결과가 낮다면, 평소 일에 몰두할 때 조금 의욕 있는 자세를 가지고 서서히 개선하도록 노력해야 한다.

① 달성의욕 … 목적의식을 가지고 높은 이상을 가지고 있는지를 측정한다.

질문	선택
A : 경쟁심이 강한 편이다. B : 경쟁심이 약한 편이다.	
A : 어떤 한 분야에서 제1인자가 되고 싶다고 생각한다. B : 어느 분야에서든 성실하게 임무를 진행하고 싶다고 생각한다.	
A : 규모가 큰 일을 해보고 싶다. B : 맡은 일에 충실히 임하고 싶다.	
A : 아무리 노력해도 실패한 것은 아무런 도움이 되지 않는다. B : 가령 실패했을 지라도 나름대로의 노력이 있었으므로 괜찮다.	
A : 높은 목표를 설정하여 수행하는 것이 의욕적이다. B : 실현 가능한 정도의 목표를 설정하는 것이 의욕적이다.	

▶측정결과

㉠ 'A'가 많은 경우 : 큰 목표와 높은 이상을 가지고 승부욕이 강한 편이다.
- 면접관의 심리 : '열심히 일을 해줄 것 같은 유형이다.'
- 면접대책 : 달성의욕이 높다는 것은 어떤 직종이라도 플러스 평가가 된다.

㉡ 'B'가 많은 경우 : 현재의 생활을 소중하게 여기고 비약적인 발전을 위하여 기를 쓰지 않는다.
- 면접관의 심리 : '외부의 압력에 약하고, 기획입안 등을 하기 어려울 것이다.'
- 면접대책 : 일을 통하여 하고 싶은 것들을 구체적으로 어필한다.

② **활동의욕** … 자신에게 잠재된 에너지의 크기로, 정신적인 측면의 활동력이라 할 수 있다.

질문	선택
A : 하고 싶은 일을 실행으로 옮기는 편이다. B : 하고 싶은 일을 좀처럼 실행할 수 없는 편이다.	
A : 어려운 문제를 해결해 가는 것이 좋다. B : 어려운 문제를 해결하는 것을 잘하지 못한다.	
A : 일반적으로 결단이 빠른 편이다. B : 일반적으로 결단이 느린 편이다.	
A : 곤란한 상황에도 도전하는 편이다. B : 사물의 본질을 깊게 관찰하는 편이다.	
A : 시원시원하다는 말을 잘 듣는다. B : 꼼꼼하다는 말을 잘 듣는다.	

▶측정결과

㉠ 'A'가 많은 경우 : 꾸물거리는 것을 싫어하고 재빠르게 결단해서 행동하는 타입이다.
 • 면접관의 심리 : '일을 처리하는 솜씨가 좋고, 일을 척척 진행할 수 있을 것 같다.'
 • 면접대책 : 활동의욕이 높은 것은 플러스 평가가 된다. 사교성이나 활동성이 강하다는 인상을 준다.

㉡ 'B'가 많은 경우 : 안전하고 확실한 방법을 모색하고 차분하게 시간을 아껴서 일에 임하는 타입이다.
 • 면접관의 심리 : '재빨리 행동을 못하고, 일의 처리속도가 느린 것이 아닐까?'
 • 면접대책 : 활동성이 있는 것을 좋아하고 움직임이 더디다는 인상을 주지 않도록 한다.

3 성격의 유형

(1) 인성검사유형의 4가지 척도

정서적인 측면, 행동적인 측면, 의욕적인 측면의 요소들은 성격 특성이라는 관점에서 제시된 것들로 각 개인의 장·단점을 파악하는 데 유용하다. 그러나 전체적인 개인의 인성을 이해하는 데는 한계가 있다.

성격의 유형은 개인의 '성격적인 특색'을 가리키는 것으로, 사회인으로서 적합한지, 아닌지를 말하는 관점과는 관계가 없다. 따라서 채용의 합격 여부에는 사용되지 않는 경우가 많으며, 입사 후의 적정 부서 배치의 자료가 되는 편이라 생각하면 된다. 그러나 채용과 관계가 없다고 해서 아무런 준비도 필요없는 것은 아니다. 자신을 아는 것은 면접 대책의 밑거름이 되므로 모의검사 결과를 충분히 활용하도록 하여야 한다.

본서에서는 4개의 척도를 사용하여 기본적으로 16개의 패턴으로 성격의 유형을 분류하고 있다. 각 개인의 성격이 어떤 유형인지 재빨리 파악하기 위해 사용되며, '적성'에 맞는지, 맞지 않는지의 관점에 활용된다.

- 흥미·관심의 방향 : 내향형 ←—————→ 외향형
- 사물에 대한 견해 : 직관형 ←—————→ 감각형
- 판단하는 방법 : 감정형 ←—————→ 사고형
- 환경에 대한 접근방법 : 지각형 ←—————→ 판단형

(2) 성격유형

① 흥미·관심의 방향(내향⇆외향) … 흥미·관심의 방향이 자신의 내면에 있는지, 주위환경 등 외면에 향하는지를 가리키는 척도이다.

질문	선택
A : 내성적인 성격인 편이다. B : 개방적인 성격인 편이다.	
A : 항상 신중하게 생각을 하는 편이다. B : 바로 행동에 착수하는 편이다.	
A : 수수하고 조심스러운 편이다. B : 자기 표현력이 강한 편이다.	
A : 다른 사람과 함께 있으면 침착하지 않다. B : 혼자서 있으면 침착하지 않다.	

▶측정결과

㉠ 'A'가 많은 경우(내향) : 관심의 방향이 자기 내면에 있으며, 조용하고 낯을 가리는 유형이다. 행동력은 부족하나 집중력이 뛰어나고 신중하고 꼼꼼하다.

㉡ 'B'가 많은 경우(외향) : 관심의 방향이 외부환경에 있으며, 사교적이고 활동적인 유형이다. 꼼꼼함이 부족하여 대충하는 경향이 있으나 행동력이 있다.

② 일(사물)을 보는 **방법**(직감⇆감각) … 일(사물)을 보는 법이 직감적으로 형식에 얽매이는지, 감각적으로 상식적인지를 가리키는 척도이다.

질문	선택
A : 현실주의적인 편이다. B : 상상력이 풍부한 편이다.	
A : 정형적인 방법으로 일을 처리하는 것을 좋아한다. B : 만들어진 방법에 변화가 있는 것을 좋아한다.	
A : 경험에서 가장 적합한 방법으로 선택한다. B : 지금까지 없었던 새로운 방법을 개척하는 것을 좋아한다.	
A : 성실하다는 말을 듣는다. B : 호기심이 강하다는 말을 듣는다.	

▶측정결과
㉠ 'A'가 많은 경우(감각) : 현실적이고 경험주의적이며 보수적인 유형이다.
㉡ 'B'가 많은 경우(직관) : 새로운 주제를 좋아하며, 독자적인 시각을 가진 유형이다.

③ 판단하는 **방법**(감정⇆사고) … 일을 감정적으로 판단하는지, 논리적으로 판단하는지를 가리키는 척도이다.

질문	선택
A : 인간관계를 중시하는 편이다. B : 일의 내용을 중시하는 편이다.	
A : 결론을 자기의 신념과 감정에서 이끌어내는 편이다. B : 결론을 논리적 사고에 의거하여 내리는 편이다.	
A : 다른 사람보다 동정적이고 눈물이 많은 편이다. B : 다른 사람보다 이성적이고 냉정하게 대응하는 편이다.	
A : 남의 이야기를 듣고 감정몰입이 빠른 편이다. B : 고민 상담을 받으면 해결책을 제시해주는 편이다.	

▶측정결과
㉠ 'A'가 많은 경우(감정) : 일을 판단할 때 마음·감정을 중요하게 여기는 유형이다. 감정이 풍부하고 친절하나 엄격함이 부족하고 우유부단하며, 합리성이 부족하다.
㉡ 'B'가 많은 경우(사고) : 일을 판단할 때 논리성을 중요하게 여기는 유형이다. 이성적이고 합리적이나 타인에 대한 배려가 부족하다.

④ **환경에 대한 접근방법** … 주변상황에 어떻게 접근하는지, 그 판단기준을 어디에 두는지를 측정한다.

질문	선택
A : 사전에 계획을 세우지 않고 행동한다. B : 반드시 계획을 세우고 그것에 의거해서 행동한다.	
A : 자유롭게 행동하는 것을 좋아한다. B : 조직적으로 행동하는 것을 좋아한다.	
A : 조직성이나 관습에 속박당하지 않는다. B : 조직성이나 관습을 중요하게 여긴다.	
A : 계획 없이 낭비가 심한 편이다. B : 예산을 세워 물건을 구입하는 편이다.	

▶측정결과
㉠ 'A'가 많은 경우(지각) : 일의 변화에 융통성을 가지고 유연하게 대응하는 유형이다. 낙관적이며 질서보다는 자유를 좋아하나 임기응변식의 대응으로 무계획적인 인상을 줄 수 있다.
㉡ 'B'가 많은 경우(판단) : 일의 진행시 계획을 세워서 실행하는 유형이다. 순차적으로 진행하는 일을 좋아하고 끈기가 있으나 변화에 대해 적절하게 대응하지 못하는 경향이 있다.

(3) 성격유형의 판정

성격유형은 합격 여부의 판정보다는 배치를 위한 자료로써 이용된다. 즉, 기업은 입사시험단계에서 입사 후에도 사용할 수 있는 정보를 입수하고 있다는 것이다. 성격검사에서는 어느 척도가 얼마나 고득점이었는지에 주시하고 각각의 측면에서 반드시 하나씩 고르고 편성한다. 편성은 모두 16가지가 되나 각각의 측면을 더 세분하면 200가지 이상의 유형이 나온다.

여기에서는 16가지 편성을 제시한다. 성격검사에 어떤 정보가 게재되어 있는지를 이해하면서 자기의 성격유형을 파악하기 위한 실마리로 활용하도록 한다.

① 내향 - 직관 - 감정 - 지각(TYPE A)
관심이 내면에 향하고 조용하고 소극적이다. 사물에 대한 견해는 새로운 것에 대해 호기심이 강하고, 독창적이다. 감정은 좋아하는 것과 싫어하는 것의 판단이 확실하고, 감정이 풍부하고 따뜻한 느낌이 있는 반면, 합리성이 부족한 경향이 있다. 환경에 접근하는 방법은 순응적이고 상황의 변화에 대해 유연하게 대응하는 것을 잘한다.

② 내향 – 직관 – 감정 – 판단(TYPE B)

관심이 내면으로 향하고 조용하고 쑥스러움을 잘 타는 편이다. 사물을 보는 관점은 독창적이며, 자기나름대로 궁리하며 생각하는 일이 많다. 좋고 싫음으로 판단하는 경향이 강하고 타인에게는 친절한 반면, 우유부단하기 쉬운 편이다. 환경 변화에 대해 유연하게 대응하는 것을 잘한다.

③ 내향 – 직관 – 사고 – 지각(TYPE C)

관심이 내면으로 향하고 얌전하고 교제범위가 좁다. 사물을 보는 관점은 독창적이며, 현실에서 먼 추상적인 것을 생각하기를 좋아한다. 논리적으로 생각하고 판단하는 경향이 강하고 이성적이지만, 남의 감정에 대해서는 무반응인 경향이 있다. 환경의 변화에 순응적이고 융통성 있게 임기응변으로 대응할 수가 있다.

④ 내향 – 직관 – 사고 – 판단(TYPE D)

관심이 내면으로 향하고 주의깊고 신중하게 행동을 한다. 사물을 보는 관점은 독창적이며 논리를 좋아해서 이치를 따지는 경향이 있다. 논리적으로 생각하고 판단하는 경향이 강하고, 객관적이지만 상대방의 마음에 대한 배려가 부족한 경향이 있다. 환경에 대해서는 순응하는 것보다 대응하며, 한 번 정한 것은 끈질기게 행동하려 한다.

⑤ 내향 – 감각 – 감정 – 지각(TYPE E)

관심이 내면으로 향하고 조용하며 소극적이다. 사물을 보는 관점은 상식적이고 그대로의 것을 좋아하는 경향이 있다. 좋음과 싫음으로 판단하는 경향이 강하고 타인에 대해서 동정심이 많은 반면, 엄격한 면이 부족한 경향이 있다. 환경에 대해서는 순응적이고, 예측할 수 없다해도 태연하게 행동하는 경향이 있다.

⑥ 내향 – 감각 – 감정 – 판단(TYPE F)

관심이 내면으로 향하고 얌전하며 쑥스러움을 많이 탄다. 사물을 보는 관점은 상식적이고 논리적으로 생각하는 것보다도 경험을 중요시하는 경향이 있다. 좋고 싫음으로 판단하는 경향이 강하고 사람이 좋은 반면, 개인적 취향이나 소원에 영향을 받는 일이 많은 경향이 있다. 환경에 대해서는 영향을 받지 않고, 자기 페이스 대로 꾸준히 성취하는 일을 잘한다.

⑦ 내향 – 감각 – 사고 – 지각(TYPE G)

관심이 내면으로 향하고 얌전하고 교제범위가 좁다. 사물을 보는 관점은 상식적인 동시에 실천적이며, 틀에 박힌 형식을 좋아한다. 논리적으로 판단하는 경향이 강하고 침착하지만 사람에 대해서는 엄격하여 차가운 인상을 주는 일이 많다. 환경에 대해서 순응적이고, 계획적으로 행동하지 않으며 자유로운 행동을 좋아하는 경향이 있다.

⑧ 내향 - 감각 - 사고 - 판단(TYPE H)

관심이 내면으로 향하고 주의 깊고 신중하게 행동을 한다. 사물을 보는 관점이 상식적이고 새롭고 경험하지 못한 일에 대응을 잘 하지 못한다. 논리적으로 생각하고 판단하는 경향이 강하고, 공평하지만 상대방의 감정에 대해 배려가 부족할 때가 있다. 환경에 대해서는 작용하는 편이고, 질서 있게 행동하는 것을 좋아한다.

⑨ 외향 - 직관 - 감정 - 지각(TYPE I)

관심이 외향으로 향하고 밝고 활동적이며 교제범위가 넓다. 사물을 보는 관점은 독창적이고 호기심이 강하며 새로운 것을 생각하는 것을 좋아한다. 좋음 싫음으로 판단하는 경향이 강하다. 사람은 좋은 반면 개인적 취향이나 소원에 영향을 받는 일이 많은 편이다.

⑩ 외향 - 직관 - 감정 - 판단(TYPE J)

관심이 외향으로 향하고 개방적이며 누구와도 쉽게 친해질 수 있다. 사물을 보는 관점은 독창적이고 자기 나름대로 궁리하고 생각하는 면이 많다. 좋음과 싫음으로 판단하는 경향이 강하고, 타인에 대해 동정적이기 쉽고 엄격함이 부족한 경향이 있다. 환경에 대해서는 작용하는 편이고 질서 있는 행동을 하는 것을 좋아한다.

⑪ 외향 - 직관 - 사고 - 지각(TYPE K)

관심이 외향으로 향하고 태도가 분명하며 활동적이다. 사물을 보는 관점은 독창적이고 현실과 거리가 있는 추상적인 것을 생각하는 것을 좋아한다. 논리적으로 생각하고 판단하는 경향이 강하고, 공평하지만 상대에 대한 배려가 부족할 때가 있다.

⑫ 외향 - 직관 - 사고 - 판단(TYPE L)

관심이 외향으로 향하고 밝고 명랑한 성격이며 사교적인 것을 좋아한다. 사물을 보는 관점은 독창적이고 논리적인 것을 좋아하기 때문에 이치를 따지는 경향이 있다. 논리적으로 생각하고 판단하는 경향이 강하고 침착성이 뛰어나지만 사람에 대해서 엄격하고 차가운 인상을 주는 경우가 많다. 환경에 대해 작용하는 편이고 계획을 세우고 착실하게 실행하는 것을 좋아한다.

⑬ 외향 - 감각 - 감정 - 지각(TYPE M)

관심이 외향으로 향하고 밝고 활동적이고 교제범위가 넓다. 사물을 보는 관점은 상식적이고 종래대로 있는 것을 좋아한다. 보수적인 경향이 있고 좋아함과 싫어함으로 판단하는 경향이 강하며 타인에게는 친절한 반면, 우유부단한 경우가 많다. 환경에 대해 순응적이고, 융통성이 있고 임기응변으로 대응할 가능성이 높다.

⑭ 외향 – 감각 – 감정 – 판단(TYPE N)

관심이 외향으로 향하고 개방적이며 누구와도 쉽게 대면할 수 있다. 사물을 보는 관점은 상식적이고 논리적으로 생각하기보다는 경험을 중시하는 편이다. 좋아함과 싫어함으로 판단하는 경향이 강하고 감정이 풍부하며 따뜻한 느낌이 있는 반면에 합리성이 부족한 경우가 많다. 환경에 대해서 작용하는 편이고, 한 번 결정한 것은 끈질기게 실행하려고 한다.

⑮ 외향 – 감각 – 사고 – 지각(TYPE O)

관심이 외향으로 향하고 시원한 태도이며 활동적이다. 사물을 보는 관점이 상식적이며 동시에 실천적이고 명백한 형식을 좋아하는 경향이 있다. 논리적으로 생각하고 판단하는 경향이 강하고, 객관적이지만 상대 마음에 대해 배려가 부족한 경향이 있다.

⑯ 외향 – 감각 – 사고 – 판단(TYPE P)

관심이 외향으로 향하고 밝고 명랑하며 사교적인 것을 좋아한다. 사물을 보는 관점은 상식적이고 경험하지 못한 새로운 것에 대응을 잘 하지 못한다. 논리적으로 생각하고 판단하는 경향이 강하고 이성적이지만 사람의 감정에 무심한 경향이 있다. 환경에 대해서는 작용하는 편이고, 자기 페이스대로 꾸준히 성취하는 것을 잘한다.

4 **인성검사의 대책**

(1) 미리 알아두어야 할 점

① 출제 문항 수 … 인성검사의 출제 문항 수는 특별히 정해진 것이 아니며 각 기업체의 기준에 따라 달라질 수 있다. 보통 100문항 이상에서 500문항까지 출제된다고 예상하면 된다.

② 출제형식

　㉠ 1Set로 묶인 세 개의 문항 중 자신에게 가장 가까운 것(Most)과 가장 먼 것(Least)을 하나씩 고르는 유형

다음 세 가지 문항 중 자신에게 가장 가까운 것은 Most, 가장 먼 것은 Least에 체크하시오.		
질문	Most	Least
① 자신의 생각이나 의견은 좀처럼 변하지 않는다.	✓	
② 구입한 후 끝까지 읽지 않은 책이 많다.		✓
③ 여행가기 전에 계획을 세운다.		

© '예' 아니면 '아니오'의 유형

다음 문항을 읽고 자신에게 해당되는지 안 되는지를 판단하여 해당될 경우 '예'를, 해당되지 않을 경우 '아니오'를 고르시오.

질문	예	아니오
① 걱정거리가 있어서 잠을 못 잘 때가 있다.	✓	
② 시간에 쫓기는 것이 싫다.		✓

© 그 외의 유형

다음 문항에 대해서 평소에 자신이 생각하고 있는 것이나 행동하고 있는 것에 체크하시오.

질문	전혀 그렇지 않다	그렇지 않다	그렇다	매우 그렇다
① 머리를 쓰는 것보다 땀을 흘리는 일이 좋다.			✓	
② 자신은 사교적이 아니라고 생각한다.	✓			

(2) 임하는 자세

① 솔직하게 있는 그대로 표현한다 … 인성검사는 평범한 일상생활 내용들을 다룬 짧은 문장과 어떤 대상이나 일에 대한 선로를 선택하는 문장으로 구성되었으므로 평소에 자신이 생각한 바를 너무 골똘히 생각하지 말고 문제를 보는 순간 떠오른 것을 표현한다.

② 모든 문제를 신속하게 대답한다 … 인성검사는 시간 제한이 없는 것이 원칙이지만 기업체들은 일정한 시간 제한을 두고 있다. 인성검사는 개인의 성격과 자질을 알아보기 위한 검사이기 때문에 정답이 없다. 다만, 기업체에서 바람직하게 생각하거나 기대되는 결과가 있을 뿐이다. 따라서 시간에 쫓겨서 대충 대답을 하는 것은 바람직하지 못하다.

02 실전 인성검사

▌1~210▐ 다음 (　　) 안에 당신에게 적합하다면 YES, 그렇지 않다면 NO를 선택하시오(인성검사는 응시자의 개인성향을 파악하기 위한 자료이므로 정답이 존재하지 않습니다). (시간 : 30분)

	YES	NO
1. 조금이라도 나쁜 소식은 절망의 시작이라고 생각해 버린다.	( )	( )
2. 언제나 실패가 걱정이 되어 어쩔 줄 모른다.	( )	( )
3. 다수결의 의견에 따르는 편이다.	( )	( )
4. 혼자서 커피숍에 들어가는 것은 전혀 두려운 일이 아니다.	( )	( )
5. 승부근성이 강하다.	( )	( )
6. 자주 흥분해서 침착하지 못하다.	( )	( )
7. 지금까지 살면서 타인에게 폐를 끼친 적이 없다.	( )	( )
8. 소곤소곤 이야기하는 것을 보면 자기에 대해 험담하고 있는 것으로 생각된다.	( )	( )
9. 무엇이든지 자기가 나쁘다고 생각하는 편이다.	( )	( )
10. 자신을 변덕스러운 사람이라고 생각한다.	( )	( )
11. 고독을 즐기는 편이다.	( )	( )
12. 자존심이 강하다고 생각한다.	( )	( )
13. 금방 흥분하는 성격이다.	( )	( )
14. 거짓말을 한 적이 없다.	( )	( )
15. 신경질적인 편이다.	( )	( )
16. 끙끙대며 고민하는 타입이다.	( )	( )
17. 감정적인 사람이라고 생각한다.	( )	( )
18. 자신만의 신념을 가지고 있다.	( )	( )
19. 다른 사람을 바보 같다고 생각한 적이 있다.	( )	( )
20. 금방 말해버리는 편이다.	( )	( )
21. 싫어하는 사람이 없다.	( )	( )
22. 대재앙이 오지 않을까 항상 걱정을 한다.	( )	( )
23. 쓸데없는 고생을 하는 일이 많다.	( )	( )
24. 자주 생각이 바뀌는 편이다.	( )	( )
25. 문제점을 해결하기 위해 여러 사람과 상의한다.	( )	( )
26. 내 방식대로 일을 한다.	( )	( )

27. 영화를 보고 운 적이 많다. ·· ( )( )

28. 어떤 것에 대해서도 화낸 적이 없다. ··· ( )( )

29. 사소한 충고에도 걱정을 한다. ··· ( )( )

30. 자신은 도움이 안 되는 사람이라고 생각한다. ······························ ( )( )

31. 금방 싫증을 내는 편이다. ··· ( )( )

32. 개성적인 사람이라고 생각한다. ··· ( )( )

33. 자기주장이 강한 편이다. ··· ( )( )

34. 뒤숭숭하다는 말을 들은 적이 있다. ··· ( )( )

35. 학교를 쉬고 싶다고 생각한 적이 한 번도 없다. ························· ( )( )

36. 사람들과 관계 맺는 것을 잘하지 못한다. ····································· ( )( )

37. 사려 깊은 편이다. ··· ( )( )

38. 몸을 움직이는 것을 좋아한다. ··· ( )( )

39. 끈기가 있는 편이다. ··· ( )( )

40. 신중한 편이라고 생각한다. ··· ( )( )

41. 인생의 목표는 큰 것이 좋다. ··· ( )( )

42. 어떤 일이라도 바로 시작하는 타입이다. ······································· ( )( )

43. 낯가림을 하는 편이다. ··· ( )( )

44. 생각하고 나서 행동하는 편이다. ··· ( )( )

45. 쉬는 날은 밖으로 나가는 경우가 많다. ··· ( )( )

46. 시작한 일은 반드시 완성시킨다. ··· ( )( )

47. 면밀한 계획을 세운 여행을 좋아한다. ··· ( )( )

48. 야망이 있는 편이라고 생각한다. ··· ( )( )

49. 활동력이 있는 편이다. ··· ( )( )

50. 많은 사람들과 왁자지껄하게 식사하는 것을 좋아하지 않는다. ······· ( )( )

51. 돈을 허비한 적이 없다. ··· ( )( )

52. 어릴 적에 운동회를 아주 좋아하고 기대했다. ····························· ( )( )

53. 하나의 취미에 열중하는 타입이다. ··· ( )( )

54. 모임에서 리더에 어울린다고 생각한다. ··· ( )( )

55. 입신출세의 성공이야기를 좋아한다. ··· ( )( )

56. 어떠한 일도 의욕을 가지고 임하는 편이다. ······························· ( )( )

57. 학급에서는 존재가 희미했다. ··· ( )( )

58. 항상 무언가를 생각하고 있다. ……………………………………(　)(　)

59. 스포츠는 보는 것보다 하는 게 좋다. …………………………(　)(　)

60. '참 잘했네요'라는 말을 자주 듣는다. ……………………………(　)(　)

61. 흐린 날은 반드시 우산을 가지고 간다. ………………………(　)(　)

62. 주연상을 받을 수 있는 배우를 좋아한다. ……………………(　)(　)

63. 공격하는 타입이라고 생각한다. …………………………………(　)(　)

64. 리드를 받는 편이다. …………………………………………………(　)(　)

65. 너무 신중해서 기회를 놓친 적이 있다. ………………………(　)(　)

66. 시원시원하게 움직이는 타입이다. ………………………………(　)(　)

67. 야근을 해서라도 업무를 끝낸다. …………………………………(　)(　)

68. 누군가를 방문할 때는 반드시 사전에 확인한다. ……………(　)(　)

69. 노력해도 결과가 따르지 않으면 의미가 없다. ………………(　)(　)

70. 무조건 행동해야 한다. ……………………………………………(　)(　)

71. 유행에 둔감하다고 생각한다. ……………………………………(　)(　)

72. 정해진 대로 움직이는 것은 시시하다. ………………………(　)(　)

73. 꿈을 계속 가지고 있고 싶다. ……………………………………(　)(　)

74. 질서보다 자유를 중요시하는 편이다. …………………………(　)(　)

75. 혼자서 취미에 몰두하는 것을 좋아한다. ……………………(　)(　)

76. 직관적으로 판단하는 편이다. ……………………………………(　)(　)

77. 영화나 드라마를 보면 등장인물의 감정에 이입된다. ………(　)(　)

78. 시대의 흐름에 역행해서라도 자신을 관철하고 싶다. ………(　)(　)

79. 다른 사람의 소문에 관심이 없다. ………………………………(　)(　)

80. 창조적인 편이다. ……………………………………………………(　)(　)

81. 비교적 눈물이 많은 편이다. ………………………………………(　)(　)

82. 융통성이 있다고 생각한다. ………………………………………(　)(　)

83. 친구의 휴대전화 번호를 잘 모른다. ……………………………(　)(　)

84. 스스로 고안하는 것을 좋아한다. …………………………………(　)(　)

85. 정이 두터운 사람으로 남고 싶다. ………………………………(　)(　)

86. 조직의 일원으로 별로 안 어울린다. ……………………………(　)(　)

87. 세상의 일에 별로 관심이 없다. …………………………………(　)(　)

88. 변화를 추구하는 편이다. …………………………………………(　)(　)

89. 업무는 인간관계로 선택한다. ……………………………………………( )( )

90. 환경이 변하는 것에 구애되지 않는다. ………………………………( )( )

91. 불안감이 강한 편이다. ……………………………………………………( )( )

92. 인생은 살 가치가 없다고 생각한다. …………………………………( )( )

93. 의지가 약한 편이다. ………………………………………………………( )( )

94. 다른 사람이 하는 일에 별로 관심이 없다. …………………………( )( )

95. 사람을 설득시키는 것은 어렵지 않다. ………………………………( )( )

96. 심심한 것을 못 참는다. …………………………………………………( )( )

97. 다른 사람을 욕한 적이 한 번도 없다. ………………………………( )( )

98. 다른 사람에게 어떻게 보일지 신경을 쓴다. ………………………( )( )

99. 금방 낙심하는 편이다. …………………………………………………( )( )

100. 다른 사람에게 의존하는 경향이 있다. ……………………………( )( )

101. 그다지 융통성이 있는 편이 아니다. ………………………………( )( )

102. 다른 사람이 내 의견에 간섭하는 것이 싫다. ……………………( )( )

103. 낙천적인 편이다. …………………………………………………………( )( )

104. 숙제를 잊어버린 적이 한 번도 없다. ………………………………( )( )

105. 밤길에는 발소리가 들리기만 해도 불안하다. ……………………( )( )

106. 상냥하다는 말을 들은 적이 있다. …………………………………( )( )

107. 자신은 유치한 사람이다. ………………………………………………( )( )

108. 잡담을 하는 것보다 책을 읽는 것이 낫다. ………………………( )( )

109. 나는 영업에 적합한 타입이라고 생각한다. ………………………( )( )

110. 술자리에서 술을 마시지 않아도 흥을 돋울 수 있다. …………( )( )

111. 한 번도 병원에 간 적이 없다. ………………………………………( )( )

112. 나쁜 일은 걱정이 되어서 어쩔 줄을 모른다. ……………………( )( )

113. 금세 무기력해지는 편이다. …………………………………………( )( )

114. 비교적 고분고분한 편이라고 생각한다. …………………………( )( )

115. 독자적으로 행동하는 편이다. ………………………………………( )( )

116. 적극적으로 행동하는 편이다. ………………………………………( )( )

117. 금방 감격하는 편이다. …………………………………………………( )( )

118. 어떤 것에 대해서는 불만을 가진 적이 없다. ……………………( )( )

119. 밤에 못 잘 때가 많다. …………………………………………………( )( )

120. 자주 후회하는 편이다. ·· (   )(   )

121. 뜨거워지기 쉽고 식기 쉽다. ·· (   )(   )

122. 자신만의 세계를 가지고 있다. ·· (   )(   )

123. 많은 사람 앞에서도 긴장하는 일은 없다. ····································· (   )(   )

124. 말하는 것을 아주 좋아한다. ·· (   )(   )

125. 인생을 포기하는 마음을 가진 적이 한 번도 없다. ························· (   )(   )

126. 어두운 성격이다. ·· (   )(   )

127. 금방 반성한다. ·· (   )(   )

128. 활동범위가 넓은 편이다. ·· (   )(   )

129. 자신을 끈기 있는 사람이라고 생각한다. ······································ (   )(   )

130. 좋다고 생각하더라도 좀 더 검토하고 나서 실행한다. ··················· (   )(   )

131. 위대한 인물이 되고 싶다. ·· (   )(   )

132. 한 번에 많은 일을 떠맡아도 힘들지 않다. ·································· (   )(   )

133. 사람과 만날 약속은 부담스럽다. ·· (   )(   )

134. 질문을 받으면 충분히 생각하고 나서 대답하는 편이다. ················· (   )(   )

135. 머리를 쓰는 것보다 땀을 흘리는 일이 좋다. ······························· (   )(   )

136. 결정한 것에는 철저히 구속받는다. ·· (   )(   )

137. 외출 시 문을 잠갔는지 몇 번을 확인한다. ·································· (   )(   )

138. 이왕 할 거라면 일등이 되고 싶다. ·· (   )(   )

139. 과감하게 도전하는 타입이다. ·· (   )(   )

140. 자신은 사교적이 아니라고 생각한다. ·· (   )(   )

141. 무심코 도리에 대해서 말하고 싶어진다. ······································ (   )(   )

142. '항상 건강하네요'라는 말을 듣는다. ·· (   )(   )

143. 단념하면 끝이라고 생각한다. ·· (   )(   )

144. 예상하지 못한 일은 하고 싶지 않다. ·· (   )(   )

145. 파란만장하더라도 성공하는 인생을 걷고 싶다. ····························· (   )(   )

146. 활기찬 편이라고 생각한다. ·· (   )(   )

147. 소극적인 편이라고 생각한다. ·· (   )(   )

148. 무심코 평론가가 되어 버린다. ··· (   )(   )

149. 자신은 성급하다고 생각한다. ·· (   )(   )

150. 꾸준히 노력하는 타입이라고 생각한다. ·· (   )(   )

151. 내일의 계획이라도 메모한다. ··· (   )(   )

152. 리더십이 있는 사람이 되고 싶다. ··· (   )(   )

153. 열정적인 사람이라고 생각한다. ··· (   )(   )

154. 다른 사람 앞에서 이야기를 잘 하지 못한다. ································· (   )(   )

155. 통찰력이 있는 편이다. ·· (   )(   )

156. 엉덩이가 가벼운 편이다. ·· (   )(   )

157. 여러 가지로 구애됨이 있다. ··· (   )(   )

158. 돌다리도 두들겨 보고 건너는 쪽이 좋다. ··· (   )(   )

159. 자신에게는 권력욕이 있다. ·· (   )(   )

160. 업무를 할당받으면 기쁘다. ·· (   )(   )

161. 사색적인 사람이라고 생각한다. ··· (   )(   )

162. 비교적 개혁적이다. ·· (   )(   )

163. 좋고 싫음으로 정할 때가 많다. ··· (   )(   )

164. 전통에 구애되는 것은 버리는 것이 적절하다. ··· (   )(   )

165. 교제 범위가 좁은 편이다. ·· (   )(   )

166. 발상의 전환을 할 수 있는 타입이라고 생각한다. ··································· (   )(   )

167. 너무 주관적이어서 실패한다. ·· (   )(   )

168. 현실적이고 실용적인 면을 추구한다. ·· (   )(   )

169. 내가 어떤 배우의 팬인지 아무도 모른다. ··· (   )(   )

170. 현실보다 가능성이다. ·· (   )(   )

171. 마음이 담겨 있으면 선물은 아무 것이나 좋다. ······································ (   )(   )

172. 여행은 마음대로 하는 것이 좋다. ·· (   )(   )

173. 추상적인 일에 관심이 있는 편이다. ·· (   )(   )

174. 일은 대담히 하는 편이다. ·· (   )(   )

175. 괴로워하는 사람을 보면 우선 동정한다. ··· (   )(   )

176. 가치기준은 자신의 안에 있다고 생각한다. ··· (   )(   )

177. 조용하고 조심스러운 편이다. ·· (   )(   )

178. 상상력이 풍부한 편이라고 생각한다. ·· (   )(   )

179. 의리, 인정이 두터운 상사를 만나고 싶다. ··· (   )(   )

180. 인생의 앞날을 알 수 없어 재미있다. ·· (   )(   )

181. 밝은 성격이다. ··· (   )(   )

182. 별로 반성하지 않는다. ……………………………………………………(   )(   )

183. 활동범위가 좁은 편이다. …………………………………………………(   )(   )

184. 자신을 시원시원한 사람이라고 생각한다. ……………………………(   )(   )

185. 좋다고 생각하면 바로 행동한다. ………………………………………(   )(   )

186. 좋은 사람이 되고 싶다. ……………………………………………………(   )(   )

187. 한 번에 많은 일을 떠맡는 것은 골칫거리라고 생각한다. ……………(   )(   )

188. 사람과 만날 약속은 즐겁다. ……………………………………………(   )(   )

189. 질문을 받으면 그때의 느낌으로 대답하는 편이다. …………………(   )(   )

190. 땀을 흘리는 것보다 머리를 쓰는 일이 좋다. …………………………(   )(   )

191. 결정한 것이라도 그다지 구속받지 않는다. ……………………………(   )(   )

192. 외출 시 문을 잠갔는지 별로 확인하지 않는다. ………………………(   )(   )

193. 지위에 어울리면 된다. ……………………………………………………(   )(   )

194. 안전책을 고르는 타입이다. ………………………………………………(   )(   )

195. 자신은 사교적이라고 생각한다. …………………………………………(   )(   )

196. 도리는 상관없다. ……………………………………………………………(   )(   )

197. '침착하시네요'라는 말을 자주 듣는다. …………………………………(   )(   )

198. 단념이 중요하다고 생각한다. ……………………………………………(   )(   )

199. 예상하지 못한 일도 해보고 싶다. ………………………………………(   )(   )

200. 평범하고 평온하게 행복한 인생을 살고 싶다. ………………………(   )(   )

201. 몹시 귀찮아하는 편이라고 생각한다. ……………………………………(   )(   )

202. 특별히 소극적이라고 생각하지 않는다. …………………………………(   )(   )

203. 이것저것 평하는 것이 싫다. ……………………………………………(   )(   )

204. 자신은 성급하지 않다고 생각한다. ………………………………………(   )(   )

205. 꾸준히 노력하는 것을 잘 하지 못한다. …………………………………(   )(   )

206. 내일의 계획은 머릿속에 기억한다. ………………………………………(   )(   )

207. 협동성이 있는 사람이 되고 싶다. ………………………………………(   )(   )

208. 열정적인 사람이라고 생각하지 않는다. …………………………………(   )(   )

209. 다른 사람 앞에서 이야기를 잘한다. ……………………………………(   )(   )

210. 행동력이 있는 편이다. ……………………………………………………(   )(   )

PART

IV

면접

01 면접의 기본
02 면접기출

01 면접의 기본

1 면접준비

(1) 면접의 기본 원칙

① **면접의 의미** … 면접이란 다양한 면접기법을 활용하여 지원한 직무에 필요한 능력을 지원자가 보유하고 있는지를 확인하는 절차라고 할 수 있다. 즉, 지원자의 입장에서는 채용 직무수행에 필요한 요건들과 관련하여 자신의 환경, 경험, 관심사, 성취 등에 대해 기업에 직접 어필할 수 있는 기회를 제공받는 것이며, 기업의 입장에서는 서류전형만으로 알 수 없는 지원자에 대한 정보를 직접적으로 수집하고 평가하는 것이다.

② **면접의 특징** … 면접은 기업의 입장에서 서류전형이나 필기전형에서 드러나지 않는 지원자의 능력이나 성향을 볼 수 있는 기회로, 면대면으로 이루어지며 즉흥적인 질문들이 포함될 수 있기 때문에 지원자가 완벽하게 준비하기 어려운 부분이 있다. 하지만 지원자 입장에서도 서류전형이나 필기전형에서 모두 보여주지 못한 자신의 능력 등을 기업의 인사담당자에게 어필할 수 있는 추가적인 기회가 될 수도 있다.

[서류 · 필기전형과 차별화되는 면접의 특징]

- 직무수행과 관련된 다양한 지원자 행동에 대한 관찰이 가능하다.
- 면접관이 알고자 하는 정보를 심층적으로 파악할 수 있다.
- 서류상의 미비한 사항과 의심스러운 부분을 확인할 수 있다.
- 커뮤니케이션 능력, 대인관계 능력 등 행동 · 언어적 정보도 얻을 수 있다.

③ 면접의 유형
　㉠ **구조화 면접**: 구조화 면접은 사전에 계획을 세워 질문의 내용과 방법, 지원자의 답변 유형에 따른 추가 질문과 그에 대한 평가 역량이 정해져 있는 면접 방식으로 표준화 면접이라고도 한다.
　　- 표준화된 질문이나 평가요소가 면접 전 확정되며, 지원자는 편성된 조나 면접관에 영향을 받지 않고 동일한 질문과 시간을 부여받을 수 있다.

- 조직 또는 직무별로 주요하게 도출된 역량을 기반으로 평가요소가 구성되어, 조직 또는 직무에서 필요한 역량을 가진 지원자를 선발할 수 있다.
- 표준화된 형식을 사용하는 특성 때문에 비구조화 면접에 비해 신뢰성과 타당성, 객관성이 높다.
  - ⓛ 비구조화 면접 : 비구조화 면접은 면접 계획을 세울 때 면접 목적만을 명시하고 내용이나 방법은 면접관에게 전적으로 일임하는 방식으로 비표준화 면접이라고도 한다.
    - 표준화된 질문이나 평가요소 없이 면접이 진행되며, 편성된 조나 면접관에 따라 지원자에게 주어지는 질문이나 시간이 다르다.
    - 면접관의 주관적인 판단에 따라 평가가 이루어져 평가 오류가 빈번히 일어난다.
    - 상황 대처나 언변이 뛰어난 지원자에게 유리한 면접이 될 수 있다.

④ 경쟁력 있는 면접 요령
  - ㉠ 면접 전에 준비하고 유념할 사항
    - 예상 질문과 답변을 미리 작성한다.
    - 작성한 내용을 문장으로 외우지 않고 키워드로 기억한다.
    - 지원한 회사의 최근 기사를 검색하여 기억한다.
    - 지원한 회사가 속한 산업군의 최근 기사를 검색하여 기억한다.
    - 면접 전 1주일간 이슈가 되는 뉴스를 기억하고 자신의 생각을 반영하여 정리한다.
    - 찬반토론에 대비한 주제를 목록으로 정리하여 자신의 논리를 내세운 예상답변을 작성한다.
  - ㉡ 면접장에서 유념할 사항
    - 질문의 의도 파악 : 답변을 할 때에는 질문 의도를 파악하고 그에 충실한 답변이 될 수 있도록 질문사항을 유념해야 한다. 많은 지원자가 하는 실수 중 하나로 답변을 하는 도중 자기 말에 심취되어 질문의 의도와 다른 답변을 하거나 자신이 알고 있는 지식만을 나열하는 경우가 있는데, 이럴 경우 의사소통능력이 부족한 사람으로 인식될 수 있으므로 주의하도록 한다.
    - 답변은 두괄식 : 답변을 할 때에는 두괄식으로 결론을 먼저 말하고 그 이유를 설명하는 것이 좋다. 미괄식으로 답변을 할 경우 용두사미의 답변이 될 가능성이 높으며, 결론을 이끌어 내는 과정에서 논리성이 결여될 우려가 있다. 또한 면접관이 결론을 듣기 전에 말을 끊고 다른 질문을 추가하는 예상치 못한 상황이 발생될 수 있으므로 답변은 자신이 전달하고자 하는 바를 먼저 밝히고 그에 대한 설명을 하는 것이 좋다.

- 지원한 회사의 기업정신과 인재상을 기억 : 답변을 할 때에는 회사가 원하는 인재라는 인상을 심어주기 위해 지원한 회사의 기업정신과 인재상 등을 염두에 두고 답변을 하는 것이 좋다. 모든 회사에 해당되는 두루뭉술한 답변보다는 지원한 회사에 맞는 맞춤형 답변을 하는 것이 좋다.
- 나보다는 회사와 사회적 관점에서 답변 : 답변을 할 때에는 자기중심적인 관점을 피하고 좀 더 넓은 시각으로 회사와 국가, 사회적 입장까지 고려하는 인재임을 어필하는 것이 좋다. 자기중심적 시각을 바탕으로 자신의 출세만을 위해 회사에 입사하려는 인상을 심어줄 경우 면접에서 불이익을 받을 가능성이 높다.
- 난처한 질문은 정직한 답변 : 난처한 질문에 답변을 해야 할 때에는 피하기보다는 정면 돌파로 정직하고 솔직하게 답변하는 것이 좋다. 난처한 부분을 감추고 드러내지 않으려 회피하려는 지원자의 모습은 인사담당자에게 입사 후에도 비슷한 상황에 처했을 때 회피할 수도 있다는 우려를 심어줄 수 있다. 따라서 직장생활에 있어 중요한 덕목 중 하나인 정직을 바탕으로 솔직하게 답변을 하도록 한다.

(2) 면접의 종류 및 준비 전략

① 인성면접

　㉠ 면접 방식 및 판단기준

- 면접 방식 : 인성면접은 면접관이 가지고 있는 개인적 면접 노하우나 관심사에 의해 질문을 실시한다. 주로 입사지원서나 자기소개서의 내용을 토대로 지원동기, 과거의 경험, 미래 포부 등을 이야기하도록 하는 방식이다.
- 판단기준 : 면접관의 개인적 가치관과 경험, 해당 역량의 수준, 경험의 구체성·진실성 등

　㉡ 특징 : 인성면접은 그 방식으로 인해 역량과 무관한 질문들이 많고 지원자에게 주어지는 면접질문, 시간 등이 다를 수 있다. 또한 입사지원서나 자기소개서의 내용을 토대로 하기 때문에 지원자별 질문이 달라질 수 있다.

ⓒ 예시 문항 및 준비전략

• 예시 문항

> • 3분 동안 자기소개를 해 보십시오.
> • 자신의 장점과 단점을 말해 보십시오.
> • 학점이 좋지 않은데 그 이유가 무엇입니까?
> • 최근에 인상 깊게 읽은 책은 무엇입니까?
> • 회사를 선택할 때 중요시하는 것은 무엇입니까?
> • 일과 개인생활 중 어느 쪽을 중시합니까?
> • 10년 후 자신은 어떤 모습일 것이라고 생각합니까?
> • 휴학 기간 동안에는 무엇을 했습니까?

• 준비전략 : 인성면접은 입사지원서나 자기소개서의 내용을 바탕으로 하는 경우가 많으므로 자신이 작성한 입사지원서와 자기소개서의 내용을 충분히 숙지하도록 한다. 또한 최근 사회적으로 이슈가 되고 있는 뉴스에 대한 견해를 묻거나 시사상식 등에 대한 질문을 받을 수 있으므로 이에 대한 대비도 필요하다. 자칫 부담스러워 보이지 않는 질문으로 가볍게 대답하지 않도록 주의하고 모든 질문에 입사 의지를 담아 성실하게 답변하는 것이 중요하다.

② 발표면접

ㄱ 면접 방식 및 판단기준

• 면접 방식 : 지원자가 특정 주제와 관련된 자료를 검토하고 그에 대한 자신의 생각을 면접관 앞에서 주어진 시간 동안 발표하고 추가 질의를 받는 방식으로 진행된다.

• 판단기준 : 지원자의 사고력, 논리력, 문제해결력 등

ㄴ 특징 : 발표면접은 지원자에게 과제를 부여한 후, 과제를 수행하는 과정과 결과를 관찰·평가한다. 따라서 과제수행 결과뿐 아니라 수행과정에서의 행동을 모두 평가할 수 있다.

ⓒ 예시 문항 및 준비전략

• 예시 문항

[신입사원 조기 이직 문제]

※ 지원자는 아래에 제시된 자료를 검토한 뒤, 신입사원 조기 이직의 원인을 크게 3가지로 정리하고 이에 대한 구체적인 개선안을 도출하여 발표해 주시기 바랍니다.

※ 본 과제에 정해진 정답은 없으나 논리적 근거를 들어 개선안을 작성해 주십시오.

• A기업은 동종업계 유사기업들과 비교해 볼 때, 비교적 높은 재무안정성을 유지하고 있으며 업무강도가 그리 높지 않은 것으로 외부에 알려져 있음.

• 최근 조사결과, 동종업계 유사기업들과 연봉을 비교해 보았을 때 연봉 수준도 그리 나쁘지 않은 편이라는 것이 확인되었음.

• 그러나 지난 3년간 1~2년차 직원들의 이직률이 계속해서 증가하고 있는 추세이며, 경영진 회의에서 최우선 해결과제 중 하나로 거론되었음.

• 이에 따라 인사팀에서 현재 1~2년차 사원들을 대상으로 개선되어야 하는 A기업의 조직문화에 대한 설문조사를 실시한 결과, '상명하복식의 의사소통'이 36.7%로 1위를 차지했음.

• 이러한 설문조사와 함께, 신입사원 조기 이직에 대한 원인을 분석한 결과 파랑새 증후군, 셀프홀릭 증후군, 피터팬 증후군 등 3가지로 분류할 수 있었음.

〈동종업계 유사기업들과의 연봉 비교〉　〈우리 회사 조직문화 중 개선되었으면 하는 것〉

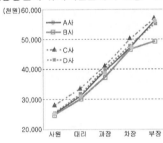

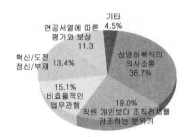

〈신입사원 조기 이직의 원인〉

• 파랑새 증후군
- 현재의 직장보다 더 좋은 직장이 있을 것이라는 막연한 기대감으로 끊임없이 새로운 직장을 탐색함.
- 학력 수준과 맞지 않는 '하향지원', 전공과 적성을 고려하지 않고 일단 취업하고 보자는 '묻지마 지원'이 파랑새 증후군을 초래함.

• 셀프홀릭 증후군
- 본인의 역량에 비해 가치가 낮은 일을 주로 하면서 갈등을 느낌.

• 피터팬 증후군
- 기성세대의 문화를 무조건 수용하기보다는 자유로움과 변화를 추구함.
- 상명하복, 엄격한 규율 등 기성세대가 당연시하는 관행에 거부감을 가지며 직장에 답답함을 느낌.

- 준비전략 : 발표면접의 시작은 과제 안내문과 과제 상황, 과제 자료 등을 정확하게 이해하는 것에서 출발한다. 과제 안내문을 침착하게 읽고 제시된 주제 및 문제와 관련된 상황의 맥락을 파악한 후 과제를 검토한다. 제시된 기사나 그래프 등을 충분히 활용하여 주어진 문제를 해결할 수 있는 해결책이나 대안을 제시하며, 발표를 할 때에는 명확하고 자신 있는 태도로 전달할 수 있도록 한다.

③ 토론면접

  ㉠ 면접 방식 및 판단기준

- 면접 방식 : 상호갈등적 요소를 가진 과제 또는 공통의 과제를 해결하는 내용의 토론 과제를 제시하고, 그 과정에서 개인 간의 상호작용 행동을 관찰하는 방식으로 면접이 진행된다.
- 판단기준 : 팀워크, 적극성, 갈등 조정, 의사소통능력, 문제해결능력 등

  ㉡ 특징 : 토론을 통해 도출해 낸 최종안의 타당성도 중요하지만, 결론을 도출해 내는 과정에서의 의사소통능력이나 갈등상황에서 의견을 조정하는 능력 등이 중요하게 평가되는 특징이 있다.

  ㉢ 예시 문항 및 준비전략

- 예시 문항

> - 군 가산점제 부활에 대한 찬반토론
> - 담뱃값 인상에 대한 찬반토론
> - 비정규직 철폐에 대한 찬반토론
> - 대학의 영어 강의 확대 찬반토론
> - 워크숍 장소 선정을 위한 토론

- 준비전략 : 토론면접은 무엇보다 팀워크와 적극성이 강조된다. 따라서 토론과정에 적극적으로 참여하며 자신의 의사를 분명하게 전달하며, 갈등상황에서 자신의 의견만 내세울 것이 아니라 다른 지원자의 의견을 경청하고 배려하는 모습도 중요하다. 갈등상황을 일목요연하게 정리하여 조정하는 등의 의사소통능력을 발휘하는 것도 좋은 전략이 될 수 있다.

④ 상황면접

  ㉠ 면접 방식 및 판단기준

- 면접 방식 : 상황면접은 직무 수행 시 접할 수 있는 상황들을 제시하고, 그러한 상황에서 어떻게 행동할 것인지를 이야기하는 방식으로 진행된다.
- 판단기준 : 해당 상황에 적절한 역량의 구현과 구체적 행동지표

ⓛ 특징 : 실제 직무 수행 시 접할 수 있는 상황들을 제시하므로 입사 이후 지원자의 업무수행능력을 평가하는 데 적절한 면접 방식이다. 또한 지원자의 가치관, 태도, 사고 방식 등의 요소를 통합적으로 평가하는 데 용이하다.

ⓒ 예시 문항 및 준비전략

• 예시 문항

> 당신은 생산관리팀의 팀원으로, 생산팀이 기한에 맞춰 효율적으로 제품을 생산할 수 있도록 관리하는 역할을 맡고 있습니다. 3개월 뒤에 제품A를 정상적으로 출시하기 위해 생산팀의 생산 계획을 수립한 상황입니다. 그러나 원가가 곧 실적으로 이어지는 구매팀에서는 최대한 원가를 줄여 전반적 단가를 낮추려고 원가절감을 위한 제안을 하였으나, 연구개발팀에서는 구매팀이 제안한 방식으로 제품을 생산할 경우 대부분이 구매팀의 실적으로 산정될 것이므로 제대로 확인도 해보지 않은 채 적합하지 않은 방식이라고 판단하고 있습니다. 당신은 어떻게 하겠습니까?

• 준비전략 : 상황면접은 먼저 주어진 상황에서 핵심이 되는 문제가 무엇인지를 파악하는 것에서 시작한다. 주질문과 세부질문을 통하여 질문의 의도를 파악하였다면, 그에 대한 구체적인 행동이나 생각 등에 대해 응답할수록 높은 점수를 얻을 수 있다.

⑤ 역할면접

㉠ 면접 방식 및 판단기준

• 면접 방식 : 역할면접 또는 역할연기 면접은 기업 내 발생 가능한 상황에서 부딪히게 되는 문제와 역할을 가상적으로 설정하여 특정 역할을 맡은 사람과 상호작용하고 문제를 해결해 나가도록 하는 방식으로 진행된다. 역할연기 면접에서는 면접관이 직접 역할연기를 하면서 지원자를 관찰하기도 하지만, 역할연기 수행만 전문적으로 하는 사람을 투입할 수도 있다.

• 판단기준 : 대처능력, 대인관계능력, 의사소통능력 등

㉡ 특징 : 역할면접은 실제 상황과 유사한 가상 상황에서의 행동을 관찰함으로서 지원자의 성격이나 대처 행동 등을 관찰할 수 있다.

㉢ 예시 문항 및 준비전략

• 예시 문항

> [금융권 역할면접의 예]
> 당신은 ○○은행의 신입 텔러이다. 사람이 많은 월말 오전 한 할아버지(면접관 또는 역할담당자)께서 ○○은행을 사칭한 보이스피싱으로 500만 원을 피해 보았다며 소란을 일으키고 있다. 실제 업무상황이라고 생각하고 상황에 대처해 보시오.

• 준비전략 : 역할연기 면접에서 측정하는 역량은 주로 갈등의 원인이 되는 문제를 해결 하고 제시된 해결방안을 상대방에게 설득하는 것이다. 따라서 갈등해결, 문제해결, 조정·통합, 설득력과 같은 역량이 중요시된다. 또한 갈등을 해결하기 위해서 상대방에 대한 이해도 필수적인 요소이므로 고객 지향을 염두에 두고 상황에 맞게 대처해야 한다.
역할면접에서는 변별력을 높이기 위해 면접관이 압박적인 분위기를 조성하는 경우가 많기 때문에 스트레스 상황에서 불안해하지 않고 유연하게 대처할 수 있도록 시간과 노력을 들여 충분히 연습하는 것이 좋다.

2 면접 이미지 메이킹

(1) 성공적인 이미지 메이킹 포인트

① 복장 및 스타일

㉠ 남성

• 양복 : 양복은 단색으로 하며 넥타이나 셔츠로 포인트를 주는 것이 효과적이다. 짙은 회색이나 감청색이 가장 단정하고 품위 있는 인상을 준다.
• 셔츠 : 흰색이 가장 선호되나 자신의 피부색에 맞추는 것이 좋다. 푸른색이나 베이지색은 산뜻한 느낌을 줄 수 있다. 양복과의 배색도 고려하도록 한다.
• 넥타이 : 의상에 포인트를 줄 수 있는 아이템이지만 너무 화려한 것은 피한다. 지원자의 피부색은 물론, 정장과 셔츠의 색을 고려하며, 체격에 따라 넥타이 폭을 조절하는 것이 좋다.
• 구두 & 양말 : 구두는 검정색이나 짙은 갈색이 어느 양복에나 무난하게 어울리며 깔끔하게 닦아 준비한다. 양말은 정장과 동일한 색상이나 검정색을 착용한다.
• 헤어스타일 : 머리스타일은 단정한 느낌을 주는 짧은 헤어스타일이 좋으며 앞머리가 있다면 이마나 눈썹을 가리지 않는 선에서 정리하는 것이 좋다.

ⓛ 여성

- 의상 : 단정한 스커트 투피스 정장이나 슬랙스 슈트가 무난하다. 블랙이나 그레이, 네이비, 브라운 등 차분해 보이는 색상을 선택하는 것이 좋다.
- 소품 : 구두, 핸드백 등은 같은 계열로 코디하는 것이 좋으며 구두는 너무 화려한 디자인이나 굽이 높은 것을 피한다. 스타킹은 의상과 구두에 맞춰 단정한 것으로 선택한다.
- 액세서리 : 액세서리는 너무 크거나 화려한 것은 좋지 않으며 과하게 많이 하는 것도 좋은 인상을 주지 못한다. 착용하지 않거나 작고 깔끔한 디자인으로 포인트를 주는 정도가 적당하다.
- 메이크업 : 화장은 자연스럽고 밝은 이미지를 표현하는 것이 좋으며 진한 색조는 인상이 강해 보일 수 있으므로 피한다.
- 헤어스타일 : 커트나 단발처럼 짧은 머리는 활동적이면서도 단정한 이미지를 줄 수 있도록 정리한다. 긴 머리의 경우 하나로 묶거나 단정한 머리망으로 정리하는 것이 좋으며, 짙은 염색이나 화려한 웨이브는 피한다.

② 인사

㉠ 인사의 의미 : 인사는 예의범절의 기본이며 상대방의 마음을 여는 기본적인 행동이라고 할 수 있다. 인사는 처음 만나는 면접관에게 호감을 살 수 있는 가장 쉬운 방법이 될 수 있기도 하지만 제대로 예의를 지키지 않으면 지원자의 인성 전반에 대한 평가로 이어질 수 있으므로 각별히 주의해야 한다.

㉡ 인사의 핵심 포인트

- 인사말 : 인사말을 할 때에는 밝고 친근감 있는 목소리로 하며, 자신의 이름과 수험번호 등을 간략하게 소개한다.
- 시선 : 인사는 상대방의 눈을 보며 하는 것이 중요하며 너무 빤히 쳐다본다는 느낌이 들지 않도록 주의한다.
- 표정 : 인사는 마음에서 우러나오는 존경이나 반가움을 표현하고 예의를 차리는 것이므로 살짝 미소를 지으며 하는 것이 좋다.
- 자세 : 인사를 할 때에는 가볍게 목만 숙인다거나 흐트러진 상태에서 인사를 하지 않도록 주의하며 절도 있고 확실하게 하는 것이 좋다.

③ 시선처리와 표정, 목소리

　　㉠ 시선처리와 표정 : 표정은 면접에서 지원자의 첫인상을 결정하는 중요한 요소이다. 얼굴표정은 사람의 감정을 가장 잘 표현할 수 있는 의사소통 도구로 표정 하나로 상대방에게 호감을 주거나, 비호감을 사기도 한다. 호감이 가는 인상의 특징은 부드러운 눈썹, 자연스러운 미간, 적당히 볼록한 광대, 올라간 입 꼬리 등으로 가볍게 미소를 지을 때의 표정과 일치한다. 따라서 면접 중에는 밝은 표정으로 미소를 지어 호감을 형성할 수 있도록 한다. 시선은 면접관과 고르게 맞추되 생기 있는 눈빛을 띄도록 하며, 너무 빤히 쳐다본다는 인상을 주지 않도록 한다.

　　㉡ 목소리 : 면접은 주로 면접관과 지원자의 대화로 이루어지므로 목소리가 미치는 영향이 상당하다. 답변을 할 때에는 부드러우면서도 활기차고 생동감 있는 목소리로 하는 것이 면접관에게 호감을 줄 수 있으며 적당한 제스처가 더해진다면 상승효과를 얻을 수 있다. 그러나 적절한 답변을 하였음에도 불구하고 콧소리나 날카로운 목소리, 자신감 없는 작은 목소리는 답변의 신뢰성을 떨어뜨릴 수 있으므로 주의하도록 한다.

④ 자세

　　㉠ 걷는 자세

　　• 면접장에 입실할 때에는 상체를 곧게 유지하고 발끝은 평행이 되게 하며 무릎을 스치듯 11자로 걷는다.

　　• 시선은 정면을 향하고 턱은 가볍게 당기며 어깨나 엉덩이가 흔들리지 않도록 주의한다.

　　• 발바닥 전체가 닿는 느낌으로 안정감 있게 걸으며 발소리가 나지 않도록 주의한다.

　　• 보폭은 어깨넓이만큼이 적당하지만, 스커트를 착용했을 경우 보폭을 줄인다.

　　• 걸을 때도 미소를 유지한다.

　　㉡ 서있는 자세

　　• 몸 전체를 곧게 펴고 가슴을 자연스럽게 내민 후 등과 어깨에 힘을 주지 않는다.

　　• 정면을 바라본 상태에서 턱을 약간 당기고 아랫배에 힘을 주어 당기며 바르게 선다.

　　• 양 무릎과 발뒤꿈치는 붙이고 발끝은 11자 또는 V형을 취한다.

　　• 남성의 경우 팔을 자연스럽게 내리고 양손을 가볍게 쥐어 바지 옆선에 붙이고, 여성의 경우 공수자세를 유지한다.

ⓒ 앉은 자세

• 남성

> • 의자 깊숙이 앉고 등받이와 등 사이에 주먹 1개 정도의 간격을 두며 기대듯 앉지 않도록 주의한다. (남녀 공통 사항)
> • 무릎 사이에 주먹 2개 정도의 간격을 유지하고 발끝은 11자를 취한다.
> • 시선은 정면을 바라보며 턱은 가볍게 당기고 미소를 짓는다. (남녀 공통 사항)
> • 양손은 가볍게 주먹을 쥐고 무릎 위에 올려놓는다.
> • 앉고 일어날 때에는 자세가 흐트러지지 않도록 주의한다. (남녀 공통 사항)

• 여성

> • 스커트를 입었을 경우 왼손으로 뒤쪽 스커트 자락을 누르고 오른손으로 앞쪽 자락을 누르며 의자에 앉는다.
> • 무릎은 붙이고 발끝을 가지런히 하며, 다리를 왼쪽으로 비스듬히 기울이면 단정해 보이는 효과가 있다.
> • 양손을 모아 무릎 위에 모아 놓으며 스커트를 입었을 경우 스커트 위를 가볍게 누르듯이 올려놓는다.

(2) 면접 예절

① 행동 관련 예절

ⓐ 지각은 절대금물 : 시간을 지키는 것은 예절의 기본이다. 지각을 할 경우 면접에 응시할 수 없거나, 면접 기회가 주어지더라도 불이익을 받을 가능성이 높아진다. 따라서 면접장소가 결정되면 교통편과 소요시간을 확인하고 가능하다면 사전에 미리 방문해 보는 것도 좋다. 면접 당일에는 서둘러 출발하여 면접 시간 20~30분 전에 도착하여 회사를 둘러보고 환경에 익숙해지는 것도 성공적인 면접을 위한 요령이 될 수 있다.

ⓑ 면접 대기 시간 : 지원자들은 대부분 면접장에서의 행동과 답변 등으로만 평가를 받는다고 생각하지만 그렇지 않다. 면접관이 아닌 면접진행자 역시 대부분 인사실무자이며 면접관이 면접 후 지원자에 대한 평가에 있어 확신을 위해 면접진행자의 의견을 구한다면 면접진행자의 의견이 당락에 영향을 줄 수 있다. 따라서 면접 대기 시간에도 행동과 말을 조심해야 하며, 면접을 마치고 돌아가는 순간까지도 긴장을 늦춰서는 안 된다. 면접 중 압박적인 질문에 답변을 잘 했지만, 면접장을 나와 흐트러진 모습을 보이거나 욕설을 한다면 면접 탈락의 요인이 될 수 있으므로 주의해야 한다.

ⓒ 입실 후 태도 : 본인의 차례가 되어 호명되면 또렷하게 대답하고 들어간다. 만약 면접
장 문이 닫혀 있다면 상대에게 소리가 들릴 수 있을 정도로 노크를 두세 번 한 후 대
답을 듣고 나서 들어가야 한다. 문을 여닫을 때에는 소리가 나지 않게 조용히 하며
공손한 자세로 인사한 후 성명과 수험번호를 말하고 면접관의 지시에 따라 자리에 앉
는다. 이 경우 착석하라는 말이 없는데 먼저 의자에 앉으면 무례한 사람으로 보일 수
있으므로 주의한다. 의자에 앉을 때에는 끝에 앉지 말고 무릎 위에 양손을 가지런히
얹는 것이 예절이라고 할 수 있다.

ⓔ 옷매무새를 자주 고치지 마라. : 일부 지원자의 경우 옷매무새 또는 헤어스타일을 자주
고치거나 확인하기도 하는데 이러한 모습은 과도하게 긴장한 것 같아 보이거나 면접
에 집중하지 못하는 것으로 보일 수 있다. 남성 지원자의 경우 넥타이를 자꾸 고쳐
맨다거나 정장 상의 끝을 너무 자주 만지작거리지 않는다. 여성 지원자는 머리를 계
속 쓸어 올리지 않고, 특히 짧은 치마를 입고서 신경이 쓰여 치마를 끌어 내리는 행
동은 좋지 않다.

ⓕ 다리를 떨거나 산만한 시선은 면접 탈락의 지름길 : 자신도 모르게 다리를 떨거나 손가락
을 만지는 등의 행동을 하는 지원자가 있는데, 이는 면접관의 주의를 끌 뿐만 아니라
불안하고 산만한 사람이라는 느낌을 주게 된다. 따라서 가능한 한 바른 자세로 앉아
있는 것이 좋다. 또한 면접관과 시선을 맞추지 못하고 여기저기 둘러보는 듯한 산만
한 시선은 지원자가 거짓말을 하고 있다고 여겨지거나 신뢰할 수 없는 사람이라고 생
각될 수 있다.

② 답변 관련 예절

ⓐ 면접관이나 다른 지원자와 가치 논쟁을 하지 않는다. : 질문을 받고 답변하는 과정에서 면
접관 또는 다른 지원자의 의견과 다른 의견이 있을 수 있다. 특히 평소 지원자가 관
심이 많은 문제이거나 잘 알고 있는 문제인 경우 자신과 다른 의견에 대해 이의가 있
을 수 있다. 하지만 주의할 것은 면접에서 면접관이나 다른 지원자와 가치 논쟁을 할
필요는 없다는 것이며 오히려 불이익을 당할 수도 있다. 정답이 정해져 있지 않은 경
우에는 가치관이나 성장배경에 따라 문제를 받아들이는 태도에서 답변까지 충분히 차
이가 있을 수 있으므로 굳이 면접관이나 다른 지원자의 가치관을 지적하고 고치려 드
는 것은 좋지 않다.

ⓛ **답변은 항상 정직해야 한다. :** 면접이라는 것이 아무리 지원자의 장점을 부각시키고 단점을 축소시키는 것이라고 해도 절대로 거짓말을 해서는 안 된다. 거짓말을 하게 되면 지원자는 불안하거나 꺼림칙한 마음이 들게 되어 면접에 집중을 하지 못하게 되고 수많은 지원자를 상대하는 면접관은 그것을 놓치지 않는다. 거짓말은 그 지원자에 대한 신뢰성을 떨어뜨리며 이로 인해 다른 스펙이 아무리 훌륭하다고 해도 채용에서 탈락하게 될 수 있음을 명심하도록 한다.

ⓒ **경력직을 경우 전 직장에 대해 험담하지 않는다. :** 지원자가 전 직장에서 무슨 업무를 담당했고 어떤 성과를 올렸는지는 면접관이 관심을 둘 사항일 수 있지만, 이전 직장의 기업문화나 상사들이 어땠는지는 그다지 궁금해 하는 사항이 아니다. 전 직장에 대해 험담을 늘어놓는다든가, 동료와 상사에 대한 악담을 하게 된다면 오히려 지원자에 대한 부정적인 이미지만 심어줄 수 있다. 만약 전 직장에 대한 말을 해야 할 경우가 생긴다면 가능한 한 객관적으로 이야기하는 것이 좋다.

ⓔ **자기 자신이나 배경에 대해 자랑하지 않는다. :** 자신의 성취나 부모 형제 등 집안사람들이 사회·경제적으로 어떠한 위치에 있는지에 대한 자랑은 면접관으로 하여금 지원자에 대해 오만한 사람이거나 배경에 의존하려는 나약한 사람이라는 이미지를 갖게 할 수 있다. 따라서 자기 자신이나 배경에 대해 자랑하지 않도록 하고, 자신이 한 일에 대해서 너무 자세하게 얘기하지 않도록 주의해야 한다.

3 면접 질문 및 답변 포인트

(1) 가족 및 대인관계에 관한 질문

① **당신의 가정은 어떤 가정입니까?**
면접관들은 지원자의 가정환경과 성장과정을 통해 지원자의 성향을 알고 싶어 이와 같은 질문을 한다. 비록 가정 일과 사회의 일이 완전히 일치하는 것은 아니지만 '가화만사성'이라는 말이 있듯이 가정이 화목해야 사회에서도 화목하게 지낼 수 있기 때문이다. 그러므로 답변 시에는 가족사항을 정확하게 설명하고 집안의 분위기와 특징에 대해 이야기하는 것이 좋다.

② **친구 관계에 대해 말해 보십시오.**
지원자의 인간성을 판단하는 질문으로 교우관계를 통해 답변자의 성격과 대인관계능력을 파악할 수 있다. 새로운 환경에 적응을 잘하여 새로운 친구들이 많은 것도 좋지만, 깊고 오래 지속되어온 인간관계를 말하는 것이 더욱 바람직하다.

(2) 성격 및 가치관에 관한 질문

① 당신의 PR포인트를 말해 주십시오.

PR포인트를 말할 때에는 지나치게 겸손한 태도는 좋지 않으며 적극적으로 자기를 주장하는 것이 좋다. 앞으로 입사 후 하게 될 업무와 관련된 자기의 특성을 구체적인 일화를 더하여 이야기하도록 한다.

② 당신의 장·단점을 말해 보십시오.

지원자의 구체적인 장·단점을 알고자 하기 보다는 지원자가 자기 자신에 대해 얼마나 알고 있으며 어느 정도의 객관적인 분석을 하고 있나, 그리고 개선의 노력 등을 시도하는지를 파악하고자 하는 것이다. 따라서 장점을 말할 때는 업무와 관련된 장점을 뒷받침할 수 있는 근거와 함께 제시하며, 단점을 이야기할 때에는 극복을 위한 노력을 반드시 포함해야 한다.

③ 가장 존경하는 사람은 누구입니까?

존경하는 사람을 말하기 위해서는 우선 그 인물에 대해 알아야 한다. 잘 모르는 인물에 대해 존경한다고 말하는 것은 면접관에게 바로 지적당할 수 있으므로, 추상적이라도 좋으니 평소에 존경스럽다고 생각했던 사람에 대해 그 사람의 어떤 점이 좋고 존경스러운지 대답하도록 한다. 또한 자신에게 어떤 영향을 미쳤는지도 언급하면 좋다.

(3) 학교생활에 관한 질문

① 지금까지의 학교생활 중 가장 기억에 남는 일은 무엇입니까?

가급적 직장생활에 도움이 되는 경험을 이야기하는 것이 좋다. 또한 경험만을 간단하게 말하지 말고 그 경험을 통해서 얻을 수 있었던 교훈 등을 예시와 함께 이야기하는 것이 좋으나 너무 상투적인 답변이 되지 않도록 주의해야 한다.

② 성적은 좋은 편이었습니까?

면접관은 이미 서류심사를 통해 지원자의 성적을 알고 있다. 그럼에도 불구하고 이 질문을 하는 것은 지원자가 성적에 대해서 어떻게 인식하느냐를 알고자 하는 것이다. 성적이 나빴던 이유에 대해서 변명하려 하지 말고 담백하게 받아드리고 그것에 대한 개선노력을 했음을 밝히는 것이 적절하다.

③ 학창시절에 시위나 집회 등에 참여한 경험이 있습니까?

기업에서는 노사분규를 기업의 사활이 걸린 중대한 문제로 인식하고 거시적인 차원에서 접근한다. 이러한 기업문화를 제대로 인식하지 못하여 학창시절의 시위나 집회 참여 경험을 자랑스럽게 답변할 경우 감점요인이 되거나 심지어는 탈락할 수 있다는 사실에 주의한다. 시위나 집회에 참가한 경험을 말할 때에는 타당성과 정도에 유의하여 답변해야 한다.

(4) 지원동기 및 직업의식에 관한 질문

① 왜 우리 회사를 지원했습니까?

이 질문은 어느 회사나 가장 먼저 물어보고 싶은 것으로 지원자들은 기업의 이념, 대표의 경영능력, 재무구조, 복리후생 등 외적인 부분을 설명하는 경우가 많다. 이러한 답변도 적절하지만 지원 회사의 주력 상품에 관한 소비자의 인지도, 경쟁사 제품과의 시장점유율을 비교하면서 입사동기를 설명한다면 상당히 주목 받을 수 있을 것이다.

② 만약 이번 채용에 불합격하면 어떻게 하겠습니까?

불합격할 것을 가정하고 회사에 응시하는 지원자는 거의 없을 것이다. 이는 지원자를 궁지로 몰아넣고 어떻게 대응하는지를 살펴보며 입사 의지를 알아보려고 하는 것이다. 이 질문은 너무 깊이 들어가지 말고 침착하게 답변하는 것이 좋다.

③ 당신이 생각하는 바람직한 사원상은 무엇입니까?

직장인으로서 또는 조직의 일원으로서의 자세를 묻는 질문으로 지원하는 회사에서 어떤 인재상을 요구하는 가를 알아두는 것이 좋으며, 평소에 자신의 생각을 미리 정리해 두어 당황하지 않도록 한다.

④ 직무상의 적성과 보수의 많음 중 어느 것을 택하겠습니까?

이런 질문에서 회사 측에서 원하는 답변은 당연히 직무상의 적성에 비중을 둔다는 것이다. 그러나 적성만을 너무 강조하다 보면 오히려 솔직하지 못하다는 인상을 줄 수 있으므로 어느 한 쪽을 너무 강조하거나 경시하는 태도는 바람직하지 못하다.

⑤ 상사와 의견이 다를 때 어떻게 하겠습니까?

과거와 다르게 최근에는 상사의 명령에 무조건 따르겠다는 수동적인 자세는 바람직하지 않다. 회사에서는 때에 따라 자신이 판단하고 행동할 수 있는 직원을 원하기 때문이다. 그러나 지나치게 자신의 의견만을 고집한다면 이는 팀원 간의 불화를 야기할 수 있으며 팀 체제에 악영향을 미칠 수 있으므로 선호하지 않는다는 것에 유념하여 답해야 한다.

⑥ 근무지가 지방인데 근무가 가능합니까?

근무지가 지방 중에서도 특정 지역은 되고 다른 지역은 안 된다는 답변은 바람직하지 않다. 직장에서는 순환 근무라는 것이 있으므로 처음에 지방에서 근무를 시작했다고 해서 계속 지방에만 있는 것은 아님을 유의하고 답변하도록 한다.

(5) 여가 활용에 관한 질문

① 취미가 무엇입니까?

기초적인 질문이지만 특별한 취미가 없는 지원자의 경우 대답이 애매할 수밖에 없다. 그래서 가장 많이 대답하게 되는 것이 독서, 영화감상, 혹은 음악감상 등과 같은 흔한 취미를 말하게 되는데 이런 취미는 면접관의 주의를 끌기 어려우며 설사 정말 위와 같은 취미를 가지고 있다하더라도 제대로 답변하기는 힘든 것이 사실이다. 가능하면 독특한 취미를 말하는 것이 좋으며 이제 막 시작한 것이라도 열의를 가지고 있음을 설명할 수 있으면 그것을 취미로 답변하는 것도 좋다.

(6) 지원자를 당황하게 하는 질문

① 성적이 좋지 않은데 이 정도의 성적으로 우리 회사에 입사할 수 있다고 생각합니까?

비록 자신의 성적이 좋지 않더라도 이미 서류심사에 통과하여 면접에 참여하였다면 기업에서는 지원자의 성적보다 성적 이외의 요소, 즉 성격·열정 등을 높이 평가했다는 것이라고 할 수 있다. 그러나 이런 질문을 받게 되면 지원자는 당황할 수 있으나 주눅 들지 말고 침착하게 대처하는 면모를 보인다면 더 좋은 인상을 남길 수 있다.

② 우리 회사 회장님 함자를 알고 있습니까?

회장이나 사장의 이름을 조사하는 것은 면접일을 통고받았을 때 이미 사전 조사되었어야 하는 사항이다. 단답형으로 이름만 말하기보다는 그 기업에 입사를 희망하는 지원자의 입장에서 답변하는 것이 좋다.

③ 당신은 이 회사에 적합하지 않은 것 같군요.

이 질문은 지원자의 입장에서 상당히 곤혹스러울 수밖에 없다. 질문을 듣는 순간 그렇다면 면접은 왜 참가시킨 것인가 하는 생각이 들 수도 있다. 하지만 당황하거나 흥분하지 말고 침착하게 자신의 어떤 면이 회사에 적당하지 않는지 겸손하게 물어보고 지적당한 부분에 대해서 고치겠다는 의지를 보인다면 오히려 자신의 능력을 어필할 수 있는 기회로 사용할 수도 있다.

④ 다시 공부할 계획이 있습니까?

이 질문은 지원자가 합격하여 직장을 다니다가 공부를 더 하기 위해 회사를 그만 두거나 학습에 더 관심을 두어 일에 대한 능률이 저하될 것을 우려하여 묻는 것이다. 이때에는 당연히 학습보다는 일을 강조해야 하며, 업무 수행에 필요한 학습이라면 업무에 지장이 없는 범위에서 야간학교를 다니거나 회사에서 제공하는 연수 프로그램 등을 활용하겠다고 답변하는 것이 적당하다.

⑤ 지원한 분야가 전공한 분야와 다른데 여기 일을 할 수 있겠습니까?

수험생의 입장에서 본다면 지원한 분야와 전공이 다르지만 서류전형과 필기전형에 합격하여 면접을 보게 된 경우라고 할 수 있다. 이는 결국 해당 회사의 채용 방침상 전공에 크게 영향을 받지 않는다는 것이므로 무엇보다 자신이 전공하지는 않았지만 어떤 업무도 적극적으로 임할 수 있다는 자신감과 능동적인 자세를 보여주도록 노력하는 것이 좋다.

02 면접기출

1 인성면접

① '1분간 자기소개를 해보시오.

② 본인의 장·단점에 대해 말해보시오.

③ 한국환경공단에 지원했을 때 주위사람들의 반응은 어땠습니까?

④ 한국환경공단이 하는 일에 대해 얼마나 알고 있다고 생각합니까?

⑤ 한국환경공단 입사 준비를 하면서 가장 힘들었던 점을 무엇이 있었습니까? 또 그 일을 어떻게 극복했습니까?

⑥ 한국환경공단이 안전한 생활환경 조성을 위해 해야 할 업무에 대해 아는 대로 말해보시오.

⑦ 현재 환경에 관한 이슈 중 가장 관심 있게 본 것은 무엇입니까?

⑧ 한국환경공단에 입사하게 된다면 어떤 부서에서 일하고 싶습니까?

⑨ 본인이 지금 나(면접관)에게 추천해 주고 싶은 책은 뭐가 있습니까?

⑩ '취직을 하면 이런 사람은 되지 않겠다.'를 말하고 자신은 어떤 직원이 되고 싶은가?

⑪ 직장 상사가 나보다 어리면 어떻게 할 것인가?

⑫ 상사에게 부당한 지시를 받으면 어떻게 할 것인가?

⑬ 자신의 취미와 특기에 대해 말해보시오.

⑭ 최근 주의 깊게 본 시사 이슈는 무엇인가?

⑮ 지방이나 오지 근무에 대해 어떻게 생각하는가?

⑯ 자신만의 스트레스 해소법은 무엇인가?

⑰ 자신이 좋아하는 인간상과 싫어하는 인간상에 대해 말해보시오.

⑱ 10년 후 자신의 모습에 대해 말해보시오.

⑲ 자신을 어필할 수 있는 말은 무엇인가?

⑳ 우리 공단에서 당신을 뽑아야 하는 이유에 대해 말해보시오.

㉑ 우리 공단에 대해 아는 대로 말해보시오.

㉒ 상사나 동료와 마찰이 생겼을 경우 어떻게 대처할 것인가?

㉓ 본인이 잘 할 수 있는 것에 대해 말해보시오.

㉔ 살아오면서 자신의 역량을 발휘하여 문제를 해결한 경험이 있다면 말해보시오.

㉕ 환경공단이 위험 방지를 위해 해야 할 업무에 대해 설명해보시오.

㉖ 다른 사람이 하지 않은 것을 스스로 자진해 한 경험이 있는가?

㉗ 한국환경공단의 홈페이지는 봤는가? 개선점이 있다면 어떤 것이 있는지 말해보시오.

㉘ 인간관계 요소 중 본인이 중요하다고 생각하는 것은 어떤 것인지, 이유는 무엇인지 말해
보시오.

㉙ 한국환경공단이 운영하고 있는 폐기물관리 시스템에 대해서 말해보시오.

㉚ 한국환경공단의 주요사업 중 환경오염물질 배출 방지·저감을 위한 사업에는 어떤 것이
있는지 말해보시오.

㉛ 한국환경공단의 슬로건이 무엇인지 아는가?

㉜ 평소에 본인이 환경을 위해 해왔던 노력이 있다면 무엇인지 말해보시오.

㉝ 텀블러를 사용하지 않고 테이크아웃 잔을 사용한 사람(면접관)을 비판해보시오.

㉞ 본인의 전공은 무엇인가?(해당 전공와 관련한 질문)

㉟ 살면서 가장 힘들었던 경험이 있다면 무엇인가?

㊱ 한국환경공단의 핵심가치에 대해 말해보시오.

㊲ 공부외에 몰두한 교외활동(대외활동)이 있다면 무엇인가?

㊳ 아르바이트 한 경험을 말해보시오.

㊴ 한국환경공단의 비전을 말해보시오.

㊵ 시기를 놓쳐 보고서를 제출하지 못했다면 어떻게 할 것인가?

2 직무관련 PT면접

① 2050 탄소중립에 맞춰 우리 공단이 나아가야 할 방향에 대해 말해보시오.

② 최근 정부의 온실가스 감축계획에도 불구하고 국내 석탄화력발전소 건설이 2021년까지 지속적으로 늘어날 것으로 전망되고 있다. 이와 관련하여 석탄화력발전소 건설에 대해 말해보시오.

③ 탄소포인트제에 대해 말해보시오.

④ 노후 경유차의 매연저감장치 지원에 대해 말해보시오.

⑤ 경유차의 질소산화물 배출검사 의무화에 대해 말해보시오.

⑥ 하수도 원인자부담금 인상에 대해 말해보시오.

⑦ 현재 우리나라의 하수처리시설 방류수 수질기준과 행정처분방법에 대해 말해보시오.

⑧ 상수원 수질개선을 위한 물 이용 부담금 인상에 대해 말해보시오.

⑨ 해수의 담수화 정책에 대해 말해보시오.

⑩ 생활폐기물 불법투기와 관련한 행정처분 강화에 대해 말해보시오.

⑪ 폐자원 에너지화 사업에 대해 말해보시오.

서원각과 함께

꿈의 날개를 펴라

기업체 시리즈

한국조폐공사　　　　소상공인시장진흥공단　　　　NH농협중앙회 | 은행　　　　한국서부발전

온라인강의와
함께 공부하자!

공무원 | 자격증 | NCS | 부사관·장교

네이버 검색창과 유튜브에 소정미디어를 검색해보세요.
다양한 강의로 학습에 도움을 받아보세요.

유튜브무료강의

소정미디어 홈페이지에서
다양한 강의를 확인해보세요.